山西民间文献粹编·第一辑　郝平　主编

山西关帝庙碑刻辑选

闫爱萍　辑选

商务印书馆
创于1897
The Commercial Press

2023年国家社科基金冷门绝学研究专项学术团队项目"太行山传统村落文献的抢救性保护与数字化整理研究"（批准号23VJXTO20）

2016年国家社科基金项目"明清山西关帝庙碑刻资料收集整理与研究"（批准号16BZS112）

山西民间文献粹编
总　序

　　历史是特定群体对过往岁月的集体记忆，型塑了当下现实中的自我认知，引领了未来理想中的自我预期。传统史学是史官之学，王朝政治遂成为中国人自我认知和自我认同的主要方式，上下五千年被浓缩在一首朗朗上口的朝代歌之中。普通老百姓在历史上是失语的，他们既没有话语权，也没有代言人。现代新史学诞生以来，史学研究越来越重视将民间社会历史纳入史学的整体叙事之中。然而，研究思路的转变并不是一朝一夕的事情，也不会立竿见影地体现在研究实践之中，两千多年的史学研究传统积累了深厚的基本观念、基本方法和基础史料，要想突破并非易事。仅从史料角度来说，新史学的诞生和新史料的发现密切相关，20世纪以来，甲骨文、简牍文献、敦煌文书、明清档案等的发现大大推动了新史学的发展，产生了一系列标志性成果。这些新史料要么是考古发现的石木载体刻写记录，要么是宗教徒封藏的写本文献，要么是近世官方档案文献。它们虽然也都反映了丰富的民间社会情况，但并非以民间社会为主体创造的史料。宋代以来，人口增长、商业繁荣、印刷术流行、识字率提高、民间文化兴起，这些因素都促使以民间社会为主体创制、传播、使用和收藏的民间文献日益增多。晚明以后，这种情况更加普遍，尤其是清中叶以后的民间文献目前仍大量存世。总的来说，除了徽州文书等少数区域性个案之外，现存民间文献尚未引起史学界的普遍重视。

　　山西历史悠久，文化传统深厚。由于地处山区，又毗邻唐宋以来历朝国都，凡中原有战乱灾荒发生，山西就成了民众重要的避风港，也成了历史文化的保留地。特别是北宋南渡之后，北方迭遭兵燹，朝代反复更替，华北平原人口凋零，唯山西稍显安定。宋代以来山西的这种区位特征决定了山西保留了较为丰富的民间文献。现存山西民间文献主要包括两大类：石刻文献和纸质文献。石刻文献主要是碑刻，主体是村落社会，大部分散落在村落祠庙；纸质文献主要是文书，主体是山西商人，大部分流散在文物市场。碑刻体现了村落社会宋代以来的长时段演变，晚宋时期社会经济的高度发展，国家治理转向间接的经纪型统治，以佛教为代表的建制性宗教走向衰落，村落社会经济和文化进入前所未有的兴盛时期。在经历了金元至明前期的曲折发展之后，文化传统得以延续，在晚明社会变迁的背景下，村落社会迎来了一个新的繁荣时期。村落社会实现了很大程度的自我管理，各种民间习惯法走向成熟，形成了独特的集体经济模式，以戏曲为代表的民间文化繁荣发展。文书有大量土地房产等不动产契约，也有不少民间借贷契约，但最具特色和学术价值的还是山西商人原始经营文书。单件类文书大多是商人票单契据，是商业经营的原始单据和凭证，是商业经营活动正常开展的重要文书基础，其中的民间金融票贴还涉及清中叶以来货币金融领域的重大理论问题。书信介于单件和簿册文书之间，反映了山西商人独特的书信经营模式，是明清时期专业化商人从事跨区域长途贸易过程中解决异地管理问题的制度性方案。簿册类文书多为商业账簿，反映了山西商人合伙制、会计体系、利润结构、商号管理等多方面微观经济的重大问题。商人规程、著述、课本和广告等文书大多是簿册类文书中的独特类型，属于间接经营文书，涉及学徒教育、经验积累、标准制定、商业宣传等方面，为商号直接经营活动服务。村落社会碑刻与商人经营文书这两类文献密切相关，村落社会是山西商人兴起的社会文化基础，山西商人是村落社会发展到一定阶段的转型和升级，将这两类民间文献研究结合起来能够展示一幅山西民间社会整体发展比较完整的历史面貌，也是宋代以来中国民间社会历史演变的一个典型缩影。

　　山西大学民间文献整理与研究中心是民间文献整理研究的专门机构，是山西大学历史学科长期发展的结果，也是适应学术新趋势和时代新使命的结果。山西大学历史学科历来就有关注民间社会的学术传统，从改革开放以前农民战争研究范式下的捻军研究、义和团和辛亥革命研究，到改革开放之初近代社会史研究方向的探索，再到近 20 年来水利社会史、集体化时期基层档案、传统村落与土地契约等研究领域的开拓，形成了"走向田野与社会"的学术传统。改革开放以来，史学研究进入新一轮的新史料挖掘、新方法引入和新领域开拓的阶段，特别是进入新世纪以来，文化遗产保护利用日益受到国家和全社会的重视，山西商人研究也促进了晋商文化收藏的热度，大量传统村落和山西商人民间文献井喷式地涌现出来。山西民间文献的学术价值和现实价值越来越受到相关研究者和有识之士的重视。在此基础上，历史文化学院于 2013 年成立民间文献整理与研究中心，立足山西、扩展华北、面向全国，专门开展民间文献的搜集、整理和研究工作。几年来，中心成员在民间文献的田野调查、文献整理和学术研究方面做出了很多探索工作。

民间文献要么散落于村落，要么流散在文物市场，田野调查是发现、搜集和理解民间文献不可或缺的重要研究方法。中心师生先后在 10 余个省，数千个村落或会馆开展常态化田野作业，确立了基本的民间文献田野作业方法论体系，包括"史料之搜集、整体之认识和同情之理解"的调查宗旨，"以村落会馆为单位，以建筑遗存为单元，以民间文献为重点"的调查目标，"选点式探查、区域性普查和专题性调查"的调查类型等。

民间文献整理目前缺少学术规范，也缺少标志性和范例式学术成果，这是制约这一领域发展的主要障碍。民间文献有一套不同于士大夫传统的俗文字和民间书法体系，还有一些地方性或专业性的语言文字惯例，这方面的研究基础都非常薄弱。民间文献在版本、装帧和制作等方面均有不规范之处，保存状况和市场流散等原因进一步增加了其整理难度。民间文献整理是这一研究领域的基础工作，涉及金石学、建筑学、文物学、文化遗产学、文书学、档案学、文献学等很多学科。几年来，民间文献整理与研究中心已经整理各类民间文献达数百万字，这方面研究工作仍处于探索阶段，目标是建立完整系统的民间文献学。山西民间文献在时段上主要集中于宋代至民国，区域上以华北为中心辐射全国乃至整个东亚，群体上主要是村落社会和商人，学科领域上主要是明清社会经济史，主题上主要涉及基层社会治理、村落社会惯例与经济、民间文化、生态环境演变、工商业字号利润及其制度基础、商品与市场结构、货币金融体系、商业惯例与文化、政治与民间社会关系、民间社会经济与文化互动等。几年来，中心围绕上述领域成功申请到 2 项国家级重大课题、2 项国家级重点课题、多项国家级和省部级一般课题，出版著作 10 余部，发表论文近 200 篇，初步奠定了山西民间文献整理研究的学术基础。

在山西大学即将迎来双甲子华诞之际，民间文献整理与研究中心特推出《山西民间文献粹编》丛书的第一辑，作为中心献给母校的一份特别的生日礼物。这套丛书是对中心几年来所做文献整理和研究工作的阶段性总结，共包括 6 册，其中石刻文献 4 册，纸质文献 2 册，均由中心老师承担编著任务，是中心集体成果的一次彰显。

郝平辑录的《黎城县碑文辑录》是在县域田野作业基础之上完成的，2018 年暑假期间，中心组织师生在长治市黎城县展开县域民间文献普查，这种研究能够揭示县域范围之内民间文献存量情况。截至目前，中心已经在山西高平、武乡、太谷和河北蔚县等地开展了县域民间文献普查工作，今后将拓展到其他市县。此书是这一类型民间文献搜集整理和研究工作的典型代表。刘伟国辑释的《沁河中游地区传统堡寨村落碑刻辑释》以村落为中心展开民间文献的整理研究，此书选取了晋东南沁河中游地区堡寨这一独特类型的村落为基本单位，立足于村落社会整体对碑刻文献进行系统搜集整理。几年来，中心已经完成的村落民间文献调查达几千处，积累了丰富的个案，目前急需开展类型化、谱系化的研究，这是推进民间文献整理研究最重要的方法。闫爱萍辑选的《山西关帝庙碑刻辑选》以祠庙为中心展开民间文献的整理研究，是作者长期开展关公文化研究的成果积累，体现了关公文化研究与民间文献研究的结合，表现出民间信仰研究从神灵中心转向祠庙中心的研究趋势。现存碑刻绝大部分位于各类祠庙之中，历史时期的祠庙承担了远超当代庙宇的复杂功能，祠庙是村落社会开展各类政治、社会、经济和文化活动的公共空间。与祠庙和民间信仰研究的结合是民间文献研究走向深入的重要途径。杨波辑考的《山西村社碑刻辑考》利用碑刻材料试图从整体上把握山西村社发展的长时段历史演变和综合研究的分析框架，地理空间、社会经济和文化都被整合在村社宋代以来的长时段发展历程之中。晏雪莲、周超宇辑释的《山西布商文书辑释》从山西布商这一行当角度出发综合搜集整理了各种类型的相关文书，包括规程、信稿、运单和契约，其主体是规程和信稿等簿册类文书。山西商人原始经营文书的研究首先要重视对各种形态文书的分类整理研究，更重要的是围绕特定问题综合运用各种类型文书来深化相关主题研究，此书就是这方面的一个很好的尝试。周亚辑释的《山西票号书信辑释》搜集整理了五件反映山西票号经营活动的"号信"信稿。山西票号是从事异地白银货币汇兑业务的金融机构，书信经营制度是解决票号异地经营管理、白银货币跨区域平衡调度、分号之间业务协作、商业信息沟通等重要问题的重要工具。山西票号书信是山西商人书信类文书最典型、最成熟的案例。

以上4部与碑刻有关的民间文献著作分别从县域、村落、祠庙、专题和整体四个不同角度展开，2部与文书有关的民间文献著作分别从书信、文书两个不同角度展开，这些角度大体上代表了目前山西民间文献整理研究的主要视角。

由于出版时间紧张，民间文献整理又异常复杂易错，计划中的几部书稿未能在这一辑中一起出版，收入这一辑的书稿也有部分内容不得不舍弃，这些遗憾只能留待以后弥补。民间文献整理研究尚处于起步阶段，问题不够聚焦，规范不够完备，方法尚在探索，各种问题在所难免，本套丛书的推出也意在抛砖引玉，希望学界同仁多多关注民间文献，共同推动这一研究领域不断向前发展。

郝　平

2023年12月

目　录

前　言 ……………………………………………………………………1

凡　例 …………………………………………………………………10

一、运城市解州关帝庙

1. 宋元祐年间（1086—1094）重修庙记 ……………………………1

2. 明万历二十二年（1594）郭宠与妇谷氏肩铎募众建庙碑 …………2

3. 明万历二十二年（1594）郭宠与妻铸狮祈福碑记 …………………4

4. 明万历四十二年至四十七年（1614—1619）时大明□□平阳府解州安邑县四□□□□□等施茶记 …………………………………………5

5. 明天启元年（1621）新创莲池记 ……………………………………6

6. 明天启元年（1621）关老爷盛会施茶记 ……………………………8

7. 明崇祯十三年（1640）关帝庙重贴金身碑记 ………………………9

8. 清康熙十二年（1673）重修崇宁宫三清殿庑碑记 …………………11

9. 清康熙三十七年（1698）解梁关公父祖辩 …………………………17

10. 清康熙三十七年（1698）六碑说 …… 19

11. 清康熙五十五年（1716）庙火布施记 …… 20

12. 清康熙五十六年（1717）永禁霸截山水侵占关庙廊房碑记 …… 24

13. 清康熙五十七年（1718）重建解州关侯庙碑 …… 27

14. 清康熙五十八年（1719）重修关夫子庙碑记 …… 29

15. 清雍正三年（1725）重立君子上达碑记 …… 30

16. 清雍正十二年（1734）和硕果亲王题诗碑 …… 32

17. 清乾隆二十五年（1760）重修关帝庙记 …… 33

18. 清乾隆二十七年（1762）重修结义园记 …… 34

19. 清乾隆二十七年（1762）重修解州关圣庙记 …… 35

20. 清乾隆三十五年（1770）捐造灵佑大帝行轿布施碑记 …… 39

21. 清乾隆四十二年（1777）解州正堂李友洙为关博士赡养立案碑 …… 41

22. 清乾隆四十二年（1777）六月重新大庙增修结义园记 …… 42

23. 清嘉庆七年（1802）重刻奏准春秋祭祀疏 …… 46

24. 清嘉庆十四年（1809）重修解州关帝庙碑 …… 48

25. 清嘉庆十四年（1809）重修解梁关帝庙碑记 …… 49

26. 清嘉庆十四年（1809）州正堂吴示大庙规条碑 …… 51

27. 清嘉庆十七年（1812）知芮城县事林芬诗碣 …… 53

28. 清嘉庆十九年（1814）谒关庙敬赋 …… 54

29. 清道光五年（1825）重修关帝庙碑记 …… 56

30. 清道光二十八年（1848）胡公祠地基立案碑 …… 57

31. 清同治九年（1870）关帝庙重建春秋楼碑记……58

32. 清同治九年（1870）重建春秋楼绅商布施碑记（一）……63

33. 清同治九年（1870）重建春秋楼绅商布施碑记（二）……65

34. 清同治九年（1870）重建春秋楼绅商布施碑记（三）……67

35. 清同治九年（1870）重修春秋楼并碾楼四坊布施碑记……70

36. 清同治九年（1870）重建春秋楼并建碾楼六路地亩布施碑……75

37. 清同治九年（1870）重建春秋楼本州绅民布施碑记暨客商捐修廊房碑记……77

38. 清同治九年（1870）重建春秋楼布施碑记……79

二、运城市解州镇常平关帝庙

1. 金大定十七年（1177）汉关大王祖宅塔记……81

2. 明嘉靖八年（1529）重修关王祖庙塔茔施银碑……82

3. 明嘉靖三十四年（1555）解州常平里重修汉义勇武安王庙记……83

4. 明嘉靖四十四年（1565）重修解州常平义勇武安王庙记……87

5. 明嘉靖四十四年（1565）监察御史胡钥告义勇武安王文……88

6. 明嘉靖四十四年（1565）平阳府解州为常平村礼仪事批照碑……89

7. 明隆庆二年（1568）重修常平庙记……91

8. 明隆庆三年（1569）买地碑记……93

9. 明万历二十一年（1593）解城居民敬具牌并门对碑……95

10. 明万历四十五年（1617）重修常平关帝庙记……97

11. 明崇祯二年（1629）□□□□□□□□祀田碑记 …… 99

12. 清顺治十五年（1658）常平村偏苦免纳柴薪碑记 …… 102

13. 清康熙五年（1666）康熙五年中秋赛会石碣碑记 …… 103

14. 清康熙十九年（1680）前将军关壮缪侯祖墓碑铭 …… 104

15. 清康熙二十年（1681）创建关帝祖茔萧墙暨重修墓冢施资助工官民碑记 …… 109

16. 清康熙二十二年（1683）万老爷遗爱碑 …… 112

17. 清康熙二十三年（1684）创塑关圣父母金身碑 …… 114

18. 清康熙二十七年（1688）创建关圣乐楼塑圣父母金身表扬助缘善士姓名碑 …… 116

19. 清康熙二十八年（1689）募修常平关夫子庙引 …… 123

20. 清康熙二十八年（1689）重修常平关夫子庙记 …… 125

21. 清康熙二十八年（1689）新立清明节会捐输银碑记 …… 127

22. 清康熙三十三年（1694）重修常平寝殿碑记 …… 130

23. 清康熙五十一年（1712）重修乐楼萧墙记 …… 131

24. 清雍正二年（1724）重修关公祖墓记 …… 133

25. 清雍正八年（1730）重修常平关公庙记 …… 134

26. 清乾隆三年（1738）创建乐楼东铺房记 …… 139

27. 清乾隆十四年（1749）重修东西牌坊记 …… 140

28. 清乾隆二十八年（1763）常平里创建关圣祖庙记 …… 141

29. 清乾隆二十九年（1764）信士徐会施地碑 …… 149

30. 清嘉庆元年（1796）重修碑记 ……………………………………… 150

31. 清嘉庆十五年（1810）兴贤会义学碑记 …………………………… 151

32. 清嘉庆十九年（1814）重修常平关帝庙记 ………………………… 154

33. 清嘉庆二十二年（1817）关圣祖宅塔铭 …………………………… 155

34. 清嘉庆二十五年（1820）重修常平庙碑 …………………………… 155

35. 清道光十五年（1835）重修关帝家庙暨祖茔陵寝碑记 …………… 163

36. 清道光二十三年（1843）帝君祖茔碑记 …………………………… 164

37. 清道光二十九年（1849）重修关帝祖茔家庙碑记 ………………… 165

38. 清咸丰十年（1860）遇闰加增钱粮碑记 …………………………… 166

39. 清光绪十六年（1890）常平关帝庙进烛碑记 ……………………… 167

三、临汾市襄汾县陶寺村关帝庙

1. 元至正二十六年（1366）新修关公行祠记 ………………………… 169

2. 清康熙二十六年（1687）重修关圣庙碑记 ………………………… 174

3. 清康熙二十六年（1687）捐施关帝庙前后石柱记 ………………… 180

四、临汾市古县热留村关帝庙

1. 明正德十六年（1521）重修关王庙碣（一） ……………………… 182

2. 明正德十六年（1521）重修关王庙碣（二） ……………………… 184

3. 明万历十六年（1588）弱柳三官阁碑记 …………………………… 185

4. 清康熙十年（1671）舍地豁粮碑记 ………………………………… 186

5. 清乾隆六十年（1795）修文昌阁并文笔布施碑记……187

6. 清嘉庆五年（1800）露崖寺香火地详案……188

7. 清嘉庆十二年（1807）禁赌碣……190

8. 清道光十三年（1833）关帝庙重修碑记……191

9. 清道光十九年（1839）重修陂池碑记……192

10. 清道光十九年（1839）风脉碑……193

11. 清咸丰二年（1852）重修启文书院碑记……194

12. 清咸丰二年（1852）捐资碑……195

13. 清光绪二十年（1894）重修关帝庙碑记……196

14. 清代捐资碑……198

五、晋城市巴公镇渠头村关帝庙

1. 清康熙三十六年（1697）重改修关帝圣像记……202

2. 清康熙四十八年（1709）关帝庙创建西偏殿六圣祠众姓施金碑……204

3. 清乾隆十五年（1750）复起路灯会碑记……205

4. 清乾隆五十二年（1787）堰头北白衣阁募金置田碑……207

5. 清乾隆六十年（1795）息讼碑……208

6. 清嘉庆三年（1798）嘉庆三年告示……209

7. 清嘉庆三年（1798）公议乡风十二劝……209

8. 清嘉庆二十一年（1816）渠头村改中里碑记……212

9. 清道光三年（1823）嘉庆二十四年免出借仓谷碑……213

10. 清道光六年（1826）正北社刘爷会分贮仓谷记·················214

11. 清道光八年（1828）记事碑·················215

12. 清道光二十七年（1847）凤台县严禁扰民告示·················216

六、晋城市高平郭庄关王庙

1. 晚明石刻·················218

2. 明万历九年（1581）重修关王祠记·················219

3. 明万历四十六年（1618）重□大圣仙姑庙□碑记·················221

4. 清顺治十二年（1655）□处补葺关圣庙记·················222

5. 清顺治十四年（1657）增修碑记·················224

6. 清乾隆三十五年（1770）万善同归碑记·················225

7. 清乾隆五十一年（1786）告示碑·················226

8. 清乾隆五十八年（1793）恩泽普沾碑记·················227

9. 清道光十□年重修大殿捐资碑·················228

10. 清道光二十三年（1843）重修诸神庙碑记·················229

11. 清光绪元年（1875）重修关帝庙碑记·················231

七、晋城市高平寺庄镇寺庄村关帝庙

1. 清康熙二十四年（1685）重修圣贤庙叙·················235

2. 清嘉庆二年（1797）重修关帝尊神庙碑·················237

3. 清咸丰四年（1854）重修关帝庙碑记·················238

4. 清光绪八年（1882）创修舞楼暨耳楼碑记……243

八、晋城市高平陈区镇大山石堂会关帝庙

1. 明天启四年（1624）创修敕封三界伏魔大帝神威远镇天尊关圣
   帝君庙碑记……245
2. 明天启六年（1626）创修碑……246
3. 清顺治三年（1646）创修关圣帝庙前钟鼓舞楼碑……247
4. 清康熙四十二年（1703）申禁凿山取石碑记……248
5. 清康熙四十七年（1708）重修关帝庙碑记……250
6. 清乾隆三十年（1765）借用墙垣分明碑记……253

九、晋城市高平北城街道王降村关帝庙

1. 清道光十九年（1839）重新改修关帝庙碑记……255
2. 清咸丰七年（1857）重修舞楼碑记……259
3. 清咸丰七年（1857）彩画舞楼捐钱碑……260
4. 清咸丰七年（1857）补刻重修关帝庙捐钱碑……261

十、晋城市泽州县天井关村关帝庙

1. 清雍正七年（1729）重修关帝庙记……264
2. 清雍正七年（1729）重建费用碑记……266
3. 清乾隆六十年（1795）重修碑记……270

十一、大同市灵丘县平型关老爷庙

1. 清乾隆三十六年（1771）重修关帝庙碑记……………………272
2. 清道光十四年（1834）关圣帝君庙重修碑记………………277
3. 清咸丰九年（1859）重修关圣帝君庙碑记…………………279

十二、阳泉市城区义井村关帝庙

1. 清康熙五十三年（1714）无题名批示碑……………………285
2. 清雍正二年（1724）平定州正堂李大老爷批示碑…………285
3. 清乾隆二十四年（1759）重新金妆三官圣像碑……………286
4. 清乾隆三十五年（1770）无题名批示碑……………………287
5. 清乾隆三十九年（1774）增修观音殿记……………………287
6. 清道光二十八年（1848）重立义东沟村帮贴夫役公费碑记………290
7. 清道光二十八年（1848）无题名碑…………………………291
8. 清道光二十八年（1848）无题名诉讼碑……………………292
9. 清咸丰三年（1853）义井镇公立禁赌碑……………………293
10. 清光绪七年（1881）义井镇纳草豆旧规碑………………294
11. 清光绪十一年（1885）无题名捐地碑……………………295
12. 清光绪二十二年（1896）无题名捐地碑…………………296

十三、晋中市寿阳县朝阳镇孙家庄关帝庙

1. 清道光二十年（1840）重修关圣帝君庙碑记……………………297

后　记……………………………………………………………………311

前　言

古碑碣是历史文化的组成部分，是千百年来我国人民智慧创造的结晶，是历史文化的珍贵遗产，也是研究我国历史的丰富资料。山西地处华北地区的"黄河金三角"地带，历代人文荟萃，是我国文化发祥地之一。关帝庙作为众多民间神庙的代表，为数极多，分布极广，几乎遍布全省各地。其中内容涉及多个历史时期的军事、政治、经济、宗教、文化、水利、生产以及自然风景和灾荒的真实情况，保存了大量内容丰富、类型多样的碑碣，为我们进行历史研究、认识民间社会提供了无可替代的原始史料。这些丰富的资料，是研究社会历史的珍贵依据，是领略关公文化的直接载体，是见证地方文化的"鲜活"证据，是传承传统文化的绝好媒介。

一、民间文献：关帝庙碑刻特征

近年来，民间文献大量涌现，得到了学界研究者的关注和重视。这种趋势的出现，正是为了彰显和实践特定的研究理念。随着19世纪末以来的社会政治变迁，普通民众的价值得到尊重和强调；现代学术在中国确立；西方人文社会科学领域中的"社会调查"方法引入国内，并逐渐受到多方重视。在这样的背景下，学者们研究社会事实时多从人和人的行为出发解释社会历史，而非遵循政治和道德的叙述。清末以降，政府为了巩固自身统治的需要开展了对于民商事等的社会调查。在这样的背景之下，学术研究的重心逐渐从关注精英人物和国家政治大事的"大历史"转向了普通民众的社会、经济、文化生活的"小历史"。这种转向带来了一个很大的变化就是原来传统的四部典籍和官府档案无法适应研究的需求,于是产生"眼光向下"倡导,深入民间寻求资料和解决办法。只有在把民间社会生活作为考察对象和中心话题时,这些文献被置于民间历史文献这样一个集合概念之下进行讨论才有意义。①

"民间"的概念对应于"官方"而言,其范畴为非官方性质的其他社会领域,包括不同的阶层、组织和族群。②这个范畴包括两个层次:一是个人和家庭,像文人士大夫等精英阶层只要不以官方身份活动的都可视为是"民间"的。因为,在具体社会生活中精英阶层与民众的生活并非是完全隔绝的。二是非政府性社会组织,如家庭、村落、会社、庙宇、会馆、商铺、戏班、学校等。在中国传统社会,公共和私人组织之间的划分,实则面临很多困难,在具体研究中很难实施。比如庙宇创建这个活动,有的是官方和民间共同实施的,有的即便是民间实施的,但在一些环节还是能看到官方的影子。

与此同时,我们对于民间文献这类材料的使用理念和处理方法也要相应改变,首先要看其记录的是否是民间的社会生活,同时还要看文献的生命周期是否与民间社会生活之间存在关系。一般而言,在史学研究思路中材料都是为解决问题而服务的,也就是在明确问题的前提下,按照问题去搜集和选择材料,进而按照研究问题的需要组织材料。但是,这种做法在民间文献的使用和研究中却存在很多问题。当然,我们不能按照"对""错"来进行简单判定,因为这里面隐含着重要的方法论问题。鉴于民间文献的数量众多,类型庞杂,我们在使用和研究中首要解决的问题就是要有一个整体性的认知,然后在此基础上进行普遍性规律的提炼和归纳。正如前面所述,在传统

---

① 杨培娜,申斌:《走向民间历史文献学——20世纪民间文献搜集整理方法的演进历程》,中山大学学报,2014年第5期。

② 刘永华:《民间何在?——从弗里德曼谈到中国宗教研究的一个方法论问题》,收入复旦大学文史研究院编:《"民间"何在 谁之"信仰"》,中华书局2009年版,第25页。

史学研究中,我们对于"大历史"中的重要人物、重要事件的个别性记载非常关注,然而在民间文献中,我们关注更多的则是"小历史"中的共性的制度规范、总体趋势、集体记忆等,至于文献中记录的某一件事情、某一个历史人物,在某种意义上并不是关注的重点,所以对于民间文献的整体性认知是非常重要的。按照问题选取材料,还是根据材料提炼问题,即理论与实践的辩证关系,这是学术研究中重要的方法论问题,对于解读和使用民间文献具有非常重要的意义。但是在具体实践过程中,我们又常常按照对待传统文献的做法去处理民间文献,结果可想而知,至少存在很多缺陷。明清时期山西保存了数量丰富的关帝庙,关帝庙内保存了数量众多的碑刻资料,对于这类重要的、具有代表性的民间文献的使用和处理成为首先要解决的问题。因此,本书的研究和碑刻辑选都贯穿着对于这个命题的解决办法的思考。

二、关帝庙碑刻价值

山西碑刻资料多,散落各地并遭到严重破坏的碑刻资料也多,这可以说是我们着手编选山西碑刻资料的一个初衷。另外,清代山西巡抚胡聘之曾主持编印《山右石刻丛编》,搜集从北魏到元代的山西碑刻资料712篇,但缺乏明清以来之山西碑刻。今人,虽有《三晋石刻总目》《晋中碑刻选粹》《河东百通名碑赏析》《河东出土墓志录》《山西戏曲碑刻辑考》《五台山碑文选注》《晋城金石志》等的出版,但把关帝庙作为独立的碑刻集进行整理出版的很少,因此编选明清山西关帝庙碑刻资料十分必要。关帝庙碑刻的价值主要体现有如下几方面:

(一)历史学价值

从历史学的视野来看,碑刻这类非常独特的文献,无疑是历史学研究中非常重要的原始史料。广泛分布于传统社会村落生活中的关帝庙，其中保存的各类关帝庙碑刻是地方社会的政治、经济、文化等各方面情况的载体，尤其是在明清时期表现更加突出。如太原市尖草坪区镇城村关帝庙内的清道光二十四年（1844）《重修永安堡记》记载修堡目的有二：一是在兵荒马乱的年代，村里不断加固以防外来者破坏和侵犯；二是取干龙任丙有关的风水来提高村里的运气。因为北干方为天门，东南为地户，天门地户相接，地脉相通，村安可保，加之关隘所在，历来村里很重视这方面的维护，是村里永安和出人才的有力保证，意义重大。再如，泽州的村社制度中有一个重要问题，就是村社的社首制度。而社首这种说法是研究者的概括，碑文上并不是都叫社首，至少有社首、维首、维社首、首领人、为首、维那、执事者、经理人、经领人、社头、社长、社领，以及由以上词汇衍生出来的其他复合词汇（如督工社首等），那么这些词汇的含义是不是都是等同的呢？如果我们认为社首和维首其实是同义词，可以相互替换，那么我们就会发现对于有些文献，这种说法解释不了，例如高平市东李门关帝庙内现存民国四年（1915）《关帝庙东大社遵官谕断碑记》的碑文中有"维首侯来旺，冯金盛；社首冯根则、侯群孩、冯如庆、冯群生、冯永发、史广得、祁巧年、冯双红、郭连花"的记录。如果维首和社首的含义是一样的，为什么碑文中会同时出现维首和社首呢？而这种维首和社首同时出现的例子在碑文中比比皆是。但是在另外一些碑文中，维首确实就是村社的领导者，和社首的含义是等同的。因此，如果研究者说维首就是社首，这个结论不能说是完全错误的，但是确实不是完全正确的。对于直接的研究者来说，这也许并不是一个特别严重的问题，因为这些研究者占有了丰富的材料，对相关问题是熟悉的，不会因此造成更加严重的误解。但是对于那些对材料不熟悉的研究者来说，这个结论就是贻害无穷的，他们会因此认为维首和社首是完全一样的，然后再将这个不完全正确的结论运用在其他地方，衍生出新的错误。这样的例子在关帝庙碑刻中可以说实在是太多了。

（二）经济学价值

一般来说，关帝庙碑刻资料由碑阳和碑阴两个主要部分构成。碑阳的内容通常意义上都是对于立碑缘由、庙宇修建历史、某些重要话题的论述、地方事务、官府通知等相关信息的说明。碑阴则主要是对于庙宇修建过程中的捐赠人员、捐赠资金、捐赠物品及各类收支情况等的记载。长期以来，学术界对于碑阴部分的资料使用程度非常有限，主要原因一是碑阴部分记载资料零散，不成体系，很难使用；二是这类材料的分析角度比较单一。通过长期的田野调查，在收集整理关帝庙碑刻资料的过程中，我们发现大量关帝庙碑刻资料中的碑阴部分保存了非常多重要的信息，比如在解州关帝庙、常平关帝庙等重要的标志性关帝庙内保存了大量碑刻资料的碑阴部分，以及山西境内的重要关口天井关、平型关、偏关等处的碑刻中，清楚明确地记载了各地、各类人群的捐赠信息，对当时山西商人所走过的商道、进行过的商业活动等都有直接明确的记载。

又如一个小的区域范围内，关帝庙碑刻资料中同样记载了当地商业活动信息。阳泉市城区义井村关帝庙现存清康熙五十三年（1714）《无题名批示碑》中有"遵何太老爷批谕，念地方苦累，或遇粂枲买卖干菜，每斗抽钱三文，每斤抽钱二文，以帮往来夫役之资"。干菜的买卖需要交纳牙佣，此碑规定了干菜买卖中的牙佣征收标准、牙佣给付驿道上的夫役劳务费用，这时地方上出钱来雇用夫役。这里的干菜是平定的特产，是一种易于长途运输的干货食品，以黄瓜干为主。当时属于义井镇的义东沟村则出产芥丝："缘义东沟村出卖芥丝，每卖一斤出钱二文，贴帮义井办理差务事，前兴讼屡屡，今春蒙州主公断，照遵旧，规业已刻立碑石，永无反复。"[①] 这里的芥丝与干菜类似。雍正二年（1724）有类似的碑文："念系地方苦累所有卖靛一事，买靛一瓮，诉出用钱五十文，以作往来夫役之资，不得少与，亦不得多抽，

---

① 道光二十八年（1848）《无题名诉讼碑》，现存义井村关帝庙。

永远遵行，此照。"①此碑同样规定了卖靛的牙佣征收标准，同样用于雇用夫役。这里的靛又称"靛蓝""靛青"或"蓝靛"，是古代一种矿物染料，所染颜色是蓝色和紫色混合而成的一种颜色。平定商人有很大一部分从事染坊的生意，靛蓝是染坊所使用的主要原料之一。道光时期义东沟村有人偷运芥丝，被乡地抓住："缘义东沟村出卖芥丝，每卖一斤出钱二文，贴帮义井办理差务事，前兴讼屡屡，今春蒙州主公断，照遵旧，规业已刻立碑石，永无反复。不意今秋杨九仓等仍私卖芥丝，黉夜窃走，被乡地王宝泰等阻挠，得芥丝四驮。"②从这里可以看出这些芥丝是用牲畜驮运的，义井镇利用其便利的交通条件贩卖本地出产的干货和染坊原料。碑文中说"义东沟村杨九仓等贩卖芥丝，干菜，每年不减万余斤"③，销售数量还是相当大的。从现存碑文中可以看出，义井镇主要有干菜、芥丝和靛几种商品，这些商品通过井陉运往河北。诸如此类的事例非常多，并且其中很多内容是研究区域经济，以及传统社会时期，尤其是明清时期山西商人非常重要的史料，具有非常重要的经济学价值。

（三）宗教学价值

关公信仰在中国民间信仰中占有重要地位，可谓深入民心，源远流长，因此成为学界关注的研究对象。但以往的研究多局限于文献文本和关公信仰的宏观描述，缺乏对于这一活态信仰文化的实证研究。本书一方面在整体史视野下对于山西省境内明清时期的关帝庙做了详尽的文献梳理，勾勒出关帝庙分布的整体图景。另一方面，对于重点区域内的关帝庙进行了田野作业，收集到大量的一手资料。如运城市解州镇常平村关帝家庙保存了大量的碑刻资料，例如关公家庙（又称关帝祖祠，位于今山西省运城市盐湖区

---

① 雍正二年（1724）《无题名批示碑》，现存义井村关帝庙。
② 道光二十八年（1848）《无题名诉讼碑》，现存义井村关帝庙。
③ 道光二十八年（1848）《重立义东沟村帮贴夫役公费碑记》，现存义井村关帝庙。

解州镇常平村西，始建年代不详，历经明清不断增建或重修），与解州镇的关帝祖庙，常平村的关帝祖茔共同构成了中国历史上非常重要的一个文化现象。这一文化现象体系庞杂，内涵丰富，其中通常意义上我们认为"一家一事"的家庙，透过长时段历时性观察，发现关公家庙的修建，从明嘉靖二年（1523）开始出现了"官修"，对此现象，直到民国时期受命为关公修家庙的时任右玉县教谕的曲乃锐仍然提出过疑问。他在民国十四年（1925）《重修常平庙碑记》中说："壮缪侯之祀于常平也，旧名关氏家庙，因侯之祖茔在焉。庙祀侯之夫妻、父子、并三代考妣，且追溯始祖夏大夫，纯然为家庙体制。相传侯即常平人，第宅久不存，后裔亦无一家一人住此者……既为家庙，建筑当出自后裔，公家断无为人修家庙之事。"①

从关公家庙现存的明代碑文可以看出关公是忠孝统一的代表，忠孝可以两全，河东都转运盐使高梦说在嘉靖四十年（1561）《汉前将军关侯祖墓碑记》中提出关公"孝以承先之志为大"，"能公而忘私，国而忘家者，祖与父未有不色喜者"。通过对忠孝二者间关系的论述，构建关公成为忠孝两全的完美代表。高梦说认为最大的孝道就是尽忠报国，这样就将儒家的忠孝观提升到新的高度，从而否定了"忠孝不能两全"的说法，进而批评了世人"仅知公之忠，而不知公之孝也。非不知公之孝，以为忠不能兼及乎孝，而孝之适足以防乎忠也"。他进一步反问"审如是，将所谓求忠臣于孝子之门者何谓乎？"②这个时期，解州也修建了二忠祠，时任解州知州吕柟在《重建二忠祠记》中曰："二忠祠，祀汉关云长、张翼德也。刘先主玄德与之桃园结义，起兵讨贼，兴复汉室，志虽未成，义则已立，曰二忠……然云长，解之常平里人，志殄二贼，威震华夏。"③因此，这样忠孝统一的孝道观，既强调了孝

---

① 民国十四年（1925）《重修常平庙碑记》，现存常平关帝庙圣祖殿后。
② 嘉靖四十年（1561）《汉前将军关侯祖墓碑记》，现存常平关帝庙寝宫东墙外，张培莲主编：《三晋石刻大全》（运城市盐湖区卷），三晋出版社2010年版，第115页。
③ 光绪《解州志》卷14《重建二忠祠记》，《中国地方志集成·山西府县志辑》第56册，凤凰出版社2005年版，第570页。

是忠的道德基础，又表达了忠是最高最完美的道德体现，且核心的思想是彰显"百善孝为先"的孝道思想，从而达到让民众在孝道修养的基础上，忠于国家。

在关帝庙碑刻资料中可以清楚看到这样一些传统儒家思想，另外对于关公信仰发展历程中的重要节点、重要事件、重要人物等都有明确记录，对于我们探讨作为民间信仰中代表性的关公信仰有重要的宗教学研究价值和意义。

三、整理说明

本书按照庙宇将碑刻进行归户的原则来选定，从而形成"互证"的功能和效果。《山西关帝庙碑刻辑选》（以下称《碑刻辑选》）选了来自山西各地市、县，共13座关帝庙，150通碑刻，时间主要集中于明清，同时也包括宋元时期的碑刻。尽管这些碑刻无法完全代表明清山西境内关帝庙碑刻的全貌，但从中我们还是可以见证和感受关帝庙和关帝庙碑刻中所包含的地方社会中政治、经济、文化、信仰等方方面面的图景，最终透过这些冰冷的石刻文字感悟历史时期的国家和地方社会、官方和民间的互动、信仰和日常生活的千丝万缕的联系，等等。整理这些矗立在各地关帝庙但鲜为人知的碑刻，将对关公信仰、关公文化等方面的研究有所裨益。

（一）碑刻来源和辑选标准

本《碑刻辑选》的碑刻来源主要有两类：一是前人所编辑出版的涉及关帝庙的碑刻资料集，这些材料为本课题的研究奠定了一定基础，为我们进行田野调查提供了很多线索和目标；二是来自于本项目研究者长期田野调查所积累的关帝庙碑刻资料，并且，在本《碑刻辑选》中我们尽可能使用来自田野调查中自己抄录、整理的碑文，这样从某种意义上也是对于关帝庙碑刻资料的收集整理做出自身的贡献。

本《碑刻辑选》中碑刻的选择按照这样几个方面来考虑：一是现存年代最早的关帝庙碑刻要辑选，这是区域社会中关公信仰发展历程的重要见证；二是标志性的关帝庙碑刻材料要辑选，这是关公文化的重要空间场域，见证和代表了传统社会时期关公信仰发展的辉煌和繁荣；三是保存碑刻数量多、保存质量较好的关帝庙是我们选择的对象；四是山西境内一些重要地理节点的关帝庙是我们选择的对象，比如重要关口，因为这些碑刻材料能反映出区域社会曾经的经济、文化等事项的发展态势。

（二）碑刻整理的方法

总的来说，目前学术界对于碑刻整理没有具体的标准和规则。因此，不同的学者根据自身研究的习惯、学科的惯例进行了整理，比如碑刻材料的录入有的是横排，有的是竖排；有的碑刻整理没有标点符号，用空格来区分，有的则是使用标点符号。此外，将碑刻和碑刻所在地点进行分别整理，导致我们看到碑文不能直接和其所在区域空间进行联结，某种程度上剥离了其存在的空间范围。诸如此类的问题和现象还有很多，不能完全说明。

因此，鉴于上述所列举的情况，本《碑刻辑选》采用"归户"的思想，把关帝庙和关帝庙碑刻放到同一论域加以说明，就是由一个一个关帝庙的"点"来统领一块一块的碑刻，因为只有这样才能更好地理解不同地域内关帝庙碑刻内容之间的差异性，进而通过特殊性去理解更大范围内的整体性，这点非常重要，可以改变以往庙宇和碑刻分离的问题，进而充分展现这样一个宏大的、高高在上的关公信仰是如何实现从"悬置化"到"在地化"的转变之旅，这样遍及九州的数量庞大的关帝庙是如何完成从"局部性"到"整体性"的理解之路。

同时，对于具体碑文的整理我们也是遵从一般碑刻资料整理的原则，尽可能如实全面地反映出碑刻的原始状态。当然，这里面难免存在不少问题，希望在未来的持续研究中可以得到很好的纠正和提升。

凡　例

一、本《碑刻辑选》的目的是为学术研究提供第一手资料，故对所辑选的碑文进行了点校，尽量保持原貌。

二、为保持资料的完整性，碑文编排尽量选取山西境内有代表性的关帝庙，按照州县、村落、关隘等类型来对碑刻进行归户。

三、原碑有碑名者均行照录；原碑无碑名者，或以碑额为名，或依据碑文内容拟定。

四、碑文和捐款部分的文字和数字既有繁体，也有简体，还有同一碑中繁、简掺杂者，均改为简体字。

五、碑文漫漶不清或缺损之处，可确定字数者以□代之，无法确定字数者，以"（此处漫漶）"等标注。

六、碑文中之误字、缺字，除明显可据者予以订正、增补，其余全部照录。对碑别字、俗字等情形分别做了处理，异体字原字加圆括号"（）"，后面加"[ ]"补出通行规范汉字。碑文中疑为错字的，于疑错字后加圆括号"（）"补出疑是字。碑文中省略了的字在后面加方括号"[ ]"补出省略的字。

七、因版面原因，捐款部分无法按照原碑格式，只得改排。其中大多是将原来的横排改为竖排，也有一些将竖列改为横排，主要以方便阅读为原则。标点采用现代横排标点符号。多个人名并列时，人名之间空一个字符。

八、原碑文遇"皇朝""国朝"等字，均提头或上有空方，释文改为直书。

九、碑文长者，酌情分段。

一、运城市解州关帝庙

解州关帝庙，据说创建于隋初开皇九年（589），历来都被称为"天下最大的关帝庙"，位于解州城西。解州当时并不是县治州所，由于它的地理位置在盐池西端，解州人主要是围绕盐业与盐运发展各种产业，大量食盐去往陕西、甘肃、内蒙古、河南等地必由此起运，所以商贾云集，形成了唐初设县、五代之后设州的基础。随着官方对于关公信仰的不断推崇，关公故里地方社会的各个群体也纷纷加入这一信仰行列，尤其是商人群体，共同商议筹资建庙，在解州城西创建了早期的关帝庙。解州作为关公故里，庙宇兴建历史颇早。解州关帝庙作为现存规模最大的关帝庙，被誉为武庙之祖。解州关帝庙景区是全国重点文物保护单位，国家4A级旅游景区。围绕解州关帝庙，从历史上就形成了规模大、影响远的古庙会，成为当地一项非常重要的文化资源。

1. 宋元祐年间（1086—1094）重修庙记

此碑已佚，碑文存于《解梁关帝志·艺文上》。[1] 碑文撰写者为郑咸，据民国《解县志》卷五记载："郑咸，元祐间为解县尉兼主簿事，长于文学，又善为楷书，一时碑记多出于其手，重修武安王庙记，尤脍炙人口。"[2] 从碑文中可以看出郑咸对于关公的描述还是按照正统说的观点，侧面反映出宋代的文人们对于关公的态度和评价。光绪《解州志》中碑题名为《重修武安王庙记》。[3]

---

[1] 宋万忠、武建华标注：《解梁关帝志》，山西人民出版社1992年版，第167页。
[2] 民国《解县志》，《中国地方集成·山西府县志辑》第58册，凤凰出版社2005年版，第27页。
[3] 光绪《解州志》，《中国地方集成·山西府县志辑》第56册，凤凰出版社2005年版，第564页。

【碑阳】

碑额：无

题名：重修庙记

  侯讳某姓关氏，以忠义大节事蜀先主昭烈皇帝，为左右御侮之臣，官至前将军，假节钺。侯之名闻天下，后世虽老农稚子，皆能道之。然皆谓侯英武善战，为万人敌耳，此不足以知侯也。方汉之将亡，曹孟德以奸雄之资，挟天子以据中原，虎视领国，谓："本初犹不足数，而况其下哉？"独先主区区欲较其力而与之抗，然屡战而数败矣。士于此时，怀去就之计者，得以择主而事之。苟不明于忠义大节，孰肯抗强助弱，去安而即危矣。夫爵禄富贵，人之所甚欲也。视万钟犹一芥之轻，比千乘于匹夫之贱者，岂有他哉，忠尽而义胜耳。侯以为曹公名为汉臣，实汉仇也。而先主固刘氏之宗种，侯尝受汉爵号矣。苟为择其所事，则当与曹乎？当与刘乎？曹、刘之不敌，虽愚者知之。巴蜀数郡，以当天下之半，其成功不可待也，而侯岂以此少动其心哉？秋霜之严，见日则消；南金之坚，遇刚则折。而侯之忠义凛然，虽富贵在前，死亡居后，不可夺也。孔融、杨彪皆巨德元老，一日少忤曹公，乃戮而囚之。侯为曹公所得，不敢加无礼焉；比其去，熟视而不敢追。然则侯之所以胜曹公多矣。盖有以服其心而折其气，岂在行阵间乎！侯本解人，庙于郡城之西。庙久不治，里中父老相与经营，加完新焉。时维太守张公，别乘张公相与为雍容镇静之政，而解民熙然乐之，日有余暇，可以致力于神矣。然则神安其宅，厥有由哉。

2. 明万历二十二年（1594）郭宠与妇谷氏肩铎募众建庙碑

  此碑现存解州关帝庙刀楼西墙侧。青石质，圆首龟趺，碑高1.11米，宽0.45米，厚0.10米；座高0.26米，宽0.46米。碑文楷体，保存完整。郡人董一魁书。

碑文记叙了郭宠与妇人谷氏募众建庙于蒲州郡外北隅，第二年则将余赀铸造圣像二、香炉一和回子、狮子各二，进贡于解州关帝庙两廊。作者对"宠直一贫叟耳"，却能募众完成建庙的举动予以充分肯定，余赀"复进贡于解，立碑于解"的行为，与碑阴部分提到蒲州善人信士的行为，从侧面反映出解州关帝庙作为"祖庙"的中心地位在明代就已经存在。

【碑阳】

碑额：碑记

题名：郭宠与妇谷氏肩铎募众建庙碑

夫汉寿亭侯，精忠大义，闪灼当年，迄今业越数千载。凡含生辈犹尔口碑载道，心歌震天，甚至负香叩步，千里谒庙，其至德感人神哉若是。吾蒲叟有曰郭宠者，与妇谷氏，尝肩铎募众，建庙于吾郡外郭北隅，踰季业就。载出余赀货□，铁铸圣像二、香炉一、回子、狮子各二，贡解梁置大庙之两廊。是固甚盛举哉！犹不没人善，欲字石纪众，以垂不朽。及叩其费，对百余金；扣其人，对百余家。噫！宠直一贫叟耳。所谓百余家，胡不狐疑其它，慨然竟捐金以副，吾固知寿亭侯纯粹精英，素有以入人心骨故矣。向令匪厥，侯则神则为淫，事则为媚，即宠叟好事煽伙，希福众也。方避者避，嗤者嗤，矧庆诚靡，从害以得。唯不是以一叟募之，众士襄之，创庙于郡未几也，复进贡于解，立碑于解，令万世而下目石者，咸知募若众者，郭宠也。成若功者，碑中众士也。纪若事者，郡人生员王者民也。

时万历二十二年四月吉日

郡人董一魁沐手谨书

【碑阴】

碑额：万善同归

题名：无

　　山西蒲州众善人等信士刊铭于后

　　　首人党天叙　宋得隆　高位　叶拜周　宋得盛　傅得才　张廷实　任居士　樊仲德　张守业　张守恩　宋自乐　张思明　解道　张汝道　马登云　以上各出银一钱

　　　张汝进　党登科　王守干　南芬　鲁尚义　党僚　权化众　杨守财　以下各出银五分

　　　吉旦仝立

　　　帖碑匠薛登林

3. 明万历二十二年（1594）郭宠与妻铸狮祈福碑记

此碑现存解州关帝庙春秋楼东侧铁狮砖砌基座上，砂石。碑高0.32米，宽0.54米。碑文行书，保存一般。

碑文记叙了郭宠铸造铁狮子，并于四月初八与妻子谷氏、儿子郭齐柏进贡于解州关帝庙的过程，以及"保佑十方，永受平安之福"的诉求。助缘人中也有很多女性以"王氏""任氏"等称呼出现。

【碑阳】

碑额：无

题名：郭宠与妻铸狮祈福碑记

　　　大明国山西平阳府□州□□，郭宠今在尚文地方居住，夜□□狮子一对。次日，举□处□化十方善士，至掘地造炉，□又得砖一个，上印二科官字二□，□铁二定，重斤十四两。仝入炉内，今已完成。于四月八日同妻谷氏，男郭齐柏谨上。祈神保佑十方，永受平安之福。计开：

兵部郭

张大□仍王氏

中书张

生员贾希山

助缘人薛一正　贾宗仁

洪九韶　李伸　李可久　梁成　常□□　王青□

□三桂　□□□　康□直　□□知　王氏　□氏

冯推赓　荀仕和　侯杲　师良　韩志廉　杨木

冯勤　杨尚慈　杨成　田万　洪志　姚春

任氏　马氏

万历二十二年四月初八日立

4. 明万历四十二年至四十七年（1614—1619）时大明□□平阳府解州安邑县四□□□□□等施茶记

此碑现存解州关帝庙。青石质，圆首，座丢失。碑高1.03米，宽0.48米，厚0.15米。碑文行书，碑身下部断为两截。

碑文记叙了一众信女从万历四十二年至四十七年期间施茶的善举，这是女性参与关公信仰活动的重要史料。

【碑阳】

碑额：施茶记

题名：时大明□□平阳府解州安邑县四□□□□□等施茶记

窃以

泗上首出，是谓西汉；南阳有造，是谓东汉。迨□昭烈而帝炎祚不绝如缕，□非我关公精忠大节，□扶其间，□吹既灰之□乎？越千百年而四方持香火者，辅辏庙廷，不啻亿万，猗欤休哉！我公之烈□，前无古后□今矣。虽□飨□之期，属在初□□□颇□□□。安邑南乡善人解□，捐□□得□□岁于西□下施茶十□年，已□而春秋于兹，虽□□□所□几何而惓惓□□□□洧之思也，用题于石，以志不磨。

　　施茶信女解门赵氏　□□解财

　　汤里景门申氏□□□　景尹孙景辉　张氏　张门□氏

　　王□雨王门赵氏　男□□□□　王之佐妻张氏

　　下夏□□□杨门刘氏　景门□氏

　　梁氏男张□□□

　　汤里□门王氏　生员□□　□□□

　　申门吉氏　□门谢氏

　　□门徐氏　□门曲氏

　　吴门□氏　王门□氏

　　□门申氏

　　万历四十二年起至四十七年□月二十一日乙亥

　　竖碑□石□解氏□榆

5. 明天启元年（1621）新创莲池记

此碑现存解州关帝庙君子亭北。青石质，圆首方座，碑身高1.6米，宽0.66米，厚0.14米；座高0.3米，宽0.73米，厚0.55米。碑文楷书，保存较好。碑文撰写者解州州同张九州，字易之。该碑由丘养龙等立，尹三征理石。

碑文记叙了张起龙创修莲池的过程。据《解州志》卷五记载："张起龙，字雨苍，直隶高邑县人。明天启年间任解州州中，关庙每年四月八日大会向有客货税银七十九两。万历二十七年税监至省，额外搜求增香税银九百四十三两。商民苦之,起龙莅任,即申请永远除免。商民勒碑。"①碑文以张起龙到任后即将多年未举的修庙计划付诸行动为背景,详细介绍了莲池创修的经过。

【碑阳】

碑额:新建莲花池记

题名:新创莲池记

  历考亘古以来,圣帝明王,赫奕当代。然遑遑随世湮没,传之史册,仿佛其事迹,惟关圣帝英灵住世,历汉至今千五百余年,莫可磨灭,其祠宇遍天下,人无不凛凛崇奉,而在解者更巍峨宏丽,解人士尤崇奉笃挚,盖解属钟灵之地云。后因香火抵充国税,累年缺修补费,殿庑渐颓圮。先州守唐公有感于黄冠之奏,转详院道批允修葺,委前王二守,估计工费约一千七十两零。适唐公升去,熊公相继,未久迁。延至二年外未行,会今霖苍公张堂尊甫下车,即毅然举是事,命不佞总挥之,选省祭耆中忠诚者董用宽、丘养龙督理之,又省祭刘养民等十三人分理之。庙前大坊首兴工,张堂尊见坊南隙地数十余亩中一池,深丈余,即慨然曰:"此地可种莲。"因下为川泽,为力甚易也。且北映帝宫,可壮观。时已季春,即远购莲秧数十株栽其内。彼时不佞执谚说:"莲过谷雨日栽,则不花。"堂尊云:"不然也。"未几,生机勃发,渐吐叶;又未几,生一二菡萏,已自称奇;无何花满池,开数百十朵,其茂盛若经数载,结莲实大而蕃,凡解乡绅士民及外郡邑香客行商望之者,无不人人奇异,恍若帝灵助其间者。维时,有意在池南建一莲亭,因庙工未完,暂待之。及今年春正月,庙工报完,堂尊即捐俸金,金圣躬。旋又修老子庙暨官厅,旋又创莲亭三楹。其莲池水取给南山泉,因连岁

---

① 民国《解州志》卷5《名宦传》,《中国地方志集成·山西府县志辑》第58册,凤凰出版社2005年版,第75页。

抗旱，水不常继，又不欲分士庶灌田之利，命池边凿井二眼以灌之，委省祭董用宽督其事。时不佞不幸丁母忧，因扶柩乏费，艰于行，亦时监修其内，不一月而功告成。省祭辈向不佞前请记勒石，以志不朽。不佞一腐儒也，愧不能文，且斩然在忧戚之中，其何成思？然实不忍泯没张堂尊之明德，故不揣鄙俚而为之记。至堂尊远韵清标，雅所称莲花君子者，解乡绅士民当自有口碑在。是举也，经始于万历四十八年二月，断手于天启元年三月。捕衙焦兄始至，亦捐金凿井，共助其美。道官武和英奔走效劳，于亭东隅造道院一区，令住持之，以看守池亭焉。

　　天启元年三月吉旦解州同知张九州撰

　　督工丘养龙　冠禄　吕庆　李国琦　南国英

　　董用宽　张三易　李嘉祥　丘永芳　吉国安

　　刘养民　王懋德　王弘学　史建勋　辛荣　仝立

　　鹤云山人尹三征理石

6. 明天启元年（1621）关老爷盛会施茶记

此碑现存解州关帝庙。青石质，圆首，底部有榫，座散失。碑身高0.91米，宽0.43米，厚0.15米。碑文行书，保存一般。

碑文记叙了夏县信女刘门张氏等人从万历三十九年（1611）开始，每年四月初八在关帝庙庙会期间"施茶结缘"，这种善举不仅是"祈保合家平安吉庆"，也可以看出明代民众对于关公信仰的践行行为虽然小，实则是非常有意义的。同时，碑文也是女性参与公众活动非常重要的史料。

【碑阳】

碑额：无

题名：无

　　夏县朱昌里信女刘门张氏等，从万历三十九年起，每年四月初八日关老爷圣会施茶结缘，祈保合家平安吉庆，开列化名于后：

信士刘秉均　长男刘圣恩　妻李氏　孙男刘登基

随茶师冯里信女牛门张氏　男牛耀娃

本里信女杜门□氏　二人随茶四年

大明天启元年四月初八日

完茶善人牛门张氏　刘门张氏　杜门□氏立

7. 明崇祯十三年（1640）关帝庙重贴金身碑记

此碑现存解州关帝庙崇宁殿月台基座南壁。青石质，圆首，碑身高 1.15 米，宽 0.55 米。碑文楷书，碑身多处裂缝。蒲郡庠生张际可撰并书。

碑文记叙了明末李自成起义军在夺取北京的过程中，山西多地受到侵扰，唯独蒲、解幸免于难，作者把这归结为关公神灵护佑之功。在这样的背景下，解州信女路氏发愿要重塑关帝金身，因此于明崇祯十一年（1638）去蒲州募化，得到当地民众响应，到了崇祯十三年（1640）实现了"重贴寝殿关圣帝君金身，关圣娘娘金身，殿中所有无不具备"的愿望。碑文中记载由女性路氏发起的参与公共事务活动，并且布施人员名单中也有众多女性以家族或者个体身份参与捐款，这是研究女性参与公共事务活动的珍贵史料，也是女性角色参与关公信仰活动的直接证据和体现。

【碑阳】

碑额：关帝庙重贴金身碑

题名：关帝庙重贴金身碑记

解梁有关帝庙，其创建有自来矣。而关帝灵爽，虽万古如一日。故炎汉社稷赖以匡扶，大明山河藉以庇护。精忠贯乎日月，大义参乎天地，所以四海共荷，默佑万方，咸赖康宁。如曩者流寇猖獗，三晋悉为蹂躏，唯蒲、解二郡士民安堵，城社宁谧，皆有仗庇神圣之灵默默护佑者也。昨戊寅岁，解梁有信女路氏，虔诚发愿，叩化蒲郡，重贴寝殿关圣帝君金身，关圣娘娘金身，殿中所有无不具备，皆以报答神德于万一耳。而蒲郡人□沐神庥，皆乐有是举也，捐金施舍者云集。迨今岁孟夏事竣，索记于余。余曰："善哉此举。故为记，以永垂不朽云。"

时崇祯十三年庚辰岁孟夏吉日

蒲郡庠生张际可沐手谨撰并书

（后附布施人名）

太学士韩宅施银二两　太常寺张宅施银一两　参政张宅施银一两　贾宅施银一两

吏部张宅施银一钱二分　通判李宅施银二钱　罗宅施银一两

王门吴氏一两　首人冯门李氏一两　首人韩门张氏一两　韩王氏一钱二分　蒋门景氏五钱　董门周氏五钱　董门姚氏二钱　董门李氏一钱二分　杨门杜氏一钱二分　朱门梁氏三钱　韩四宅银二钱　王门秦氏四钱　王门栾氏四钱二分　韩宅二钱　王门吴氏二钱　王门□氏二钱　王门□氏二钱　田门□氏一钱二分　王门□氏一钱　刘门杜氏一钱二分　□州捐银四□　李门王氏□化　张门朱氏□化　王门郭氏□化　梁门段氏□化　董门陈氏□化　□门文氏□化　韩门陕氏一钱二分　张门贺氏三钱　王门李氏二钱□分　王门杨氏五钱　王门书氏一钱二分　郭应才三钱二分　朱门郭氏一钱二分　尚门丁氏一钱二分　□门弋氏一钱二分　乔门张氏一钱　秦门□氏二钱　张门王氏一钱二分　张门郝氏一钱二分　当门曾氏一钱　张门张氏一钱二分　陈门赵氏一钱二分　韩门马氏一钱二分　刘门杨氏一钱二分　□门□氏一钱二分　李门刘氏一钱二分　乔门栾氏一钱二分　胡门杨氏四钱五分　李门赵氏一钱　王门卫氏一钱二分　何门史氏一钱二分　杨国春十一钱　杨门何氏一钱二分　韩门王氏三钱　朱门卫氏一钱二分　李门吴氏一钱二分　孟门段氏一钱二分　景门栾氏一钱二分　□门王氏一钱二分　尚门赵氏一钱二分　解门赵氏一钱二分　王门陈氏一钱二分　山西太原榆次县东阳

都□秦永兴赵氏施银五钱　牛门姚氏三钱　崔门曹氏　牛门李氏　任门李氏三钱五分　牛门张氏　杨门李氏二钱　郭门姚氏二钱　张进三钱　姚氏二钱六分　高门陈氏一钱　尚门王氏一钱二分　王门张氏一钱二分　王门韩氏一钱二分　王门李氏一钱二分　郑门韩氏五钱六分　郑门□氏一钱二分　郑门杨氏一钱二分　郑门韩氏一钱二分　李门孙氏一钱二分　李门周氏六分　王门毛氏一两　王门娄氏一钱二分　姚门杨氏二钱　谭门陈氏二钱　习门赵氏一钱二分　贾门张氏二钱　周新命二钱　王应习一钱二分　韩志林三钱　张仕有一钱　杨体志七分　李玉叩一钱二分　李照祖一钱　李治国一钱二分　李华身一钱　韩理王一钱　姚进□七钱　王门李氏七钱　宁门吉氏一钱　赵门黄氏一钱二分　李门雷氏□□　白东一两　姚东奉一钱　曹有勋一钱二分　王养法二钱　冠亨二钱　常城村一钱　侯峰村三钱　西王村七钱　韩村五钱

　　管庙乡老侯世卫　史龙锡　刘继□　郭于晋　蒲舜鼎　马衍秀

　　首人李成　杨栋　马庆　董继兴

　　书匠席庆□　□应凤

8. 清康熙十二年（1673）重修崇宁宫三清殿庑碑记

此碑现存解州关帝庙东宫。青石质，方首，碑身高2.18米，宽0.85米，厚0.2米；座高0.32米，宽1.04米。碑文楷书，碑身多处裂缝。侯世汾撰，刘文谟书。

碑文记叙了重修崇宁宫的经过。首先从何为"宫"展开讨论，阐述了解州关帝庙崇宁宫的历史渊源。由此以"甲申鼎革，陵谷变迁"的时代背景，因为官方对关帝庙疏于管理，导致"殿庑颓废荒秽"，"廊庑余地，攘为己私"，出现了"嫚神亵道，未有过而问之者"的景象。到了康熙十一年（1672），知州陈士性任命李仁彦为道正司长官，按照"敝者新之，缺者补之，亦复其旧"的原则重新整饬修缮崇宁宫。碑阴部分则记录了来自本州、临汾、运城等地官员、民众的捐赠银钱数量，同时还有本州各行匠人的捐赠信息，为后续对碑阴部分信息的解读提供了重要的史料来源。

【碑阳】

碑额：大清

题名：重修崇宁宫三清殿庑碑记

　　羽流聚族而居名曰观，大之则名曰宫。宫之取义者何？奉道三清天尊，故尊之曰殿而宫称焉。三清者何？黄籙所谓"太清、上清、玉清"也。亦如释之所谓"三世诸佛"也。是三是二不必深论，大抵开辟以来之神，而周之老子位第三，是孔子从而问礼称之为犹龙者也，是唐之开元追尊为太上轩元皇帝者也。夫老子为孔子师，则道德五千言，非杨朱辈比，岂可以异端目之。自明皇尊崇，以迄宋元，道教日隆，为宫为殿，天下之道观皆然。吾解有崇宁宫，其名则昉于宋，为关帝庙香火设也。元季修之，明嘉靖时两修之，牧伯黄公、菲庵赵工问义同传不朽，贞珉岿然尚存，可听其殿庑颓废荒秽而弗之理耶？甲申鼎革，陵谷变迁，诸羽流窃割廊庑余地，攘为己私。住持而佩累若者，又有所利而为之。阛阓之雄，日相率饮博于中，嫚神亵道，未有过而问之者。岁在壬子，今牧伯天行陈公，简羽流之勤而直者，以又轩李子仁彦署道正司事，李子固羽流之翘楚也。心公而计周，同侪素所推服，而牧伯又识拔于稠人之中，知必不负其任矣。李子既典厥职，亟聚族而谋曰："三清者，道之宗也。吾辈从道奉为先师，今于祖宗师长而弗知，尊礼道教之谓何？"众唯唯谨受教。于是量其入，各输赀以赎故地，复规制如旧。请命于牧伯，牧伯曰："可！"乃捐俸助成之。夫以牧伯之廉明，嘉李子之才智，俾主道录而司庙中诸务，则三清之殿庑门垣，岂异人任欤？殚其才智，不畏疆御，而身自作苦，为众羽流倡。道祖有灵，群皆效力。始于壬子秋，迄癸丑春，前后仅五阅月而告成功。李子可谓道祖之功臣，而牧伯乐与人为善，视昔之黄公、赵公有同心焉，俱可传以不朽矣。余读石岩李先辈碑文，嘉靖庚申时，司道正者为谭崇轩，董官工者为康崇熙，犹二人事也。今之李子仁彦则于道正、董工而兼之，合二人之身为一人。众皆为李子难之，而李子为之愈力。神人交赞，勤直有终。上不虚牧伯之委任，下能孚同侪之信徒。李子其谭、康之后身乎？工既竣，例有文以纪之。

三清正殿五楹，仍旧贯碧瓦朱甍，鸟革翚飞，神像俱焕然矣！旁庑二十楹，敝者新之，缺者补之，亦复其旧。为醮祝客寮庖厨所改巷于开之外，以便出入门则时加扃钥。更请牧伯申饬禁谕，俾囊之嫚神亵道者，悚然起敬，弗敢萌觊觎心，法诚备矣。是役也，倡工者李子也，所以使之成功者，牧伯也。牧伯姓陈，讳士性，籍浙之会稽；署学正姓姚，讳吉人，籍晋之徐沟；郡幕姓朱，讳仔，籍浙之义乌，均有造于不朽之缘者，得如例并书。

康熙十有二年岁次癸丑秋九月吉旦

敕部简选特用通判郡人侯世汾撰　山人刘文谟书

道官李仁彦

阳官王崇震

分守山西蒲州营游府李景祚施银五两

荣河县知县李长庚施银一两

芮城县知县毕盛讚施银一两

住持杨本焕

上库陈本当

宫门王本绍

下库程正寺

督工孙仁瑞　张义尚　杨正柏　辛德熊　扆义质　杨义报　王德阶 张仁准　薛本晓　李仁处　董本勋　扆本龄　仝立石

稷山宁如彩刊

【碑阴】

碑额：无

题名：无

本州乡官

特用通判侯世汾男县佐宜人孙聚贵施银三两

龙泉知县王念祖施银一两

贡监李浚　男□贡绳祖施银二两

贡监侯万户施银一两

生员李淑　陈大玭　陈大珽　焦惟一　李□　闫君弼　弟子李仁处银三两　本州生员黄景宪银二钱　武童刘四皓银一钱　生员胡周珍砖一百　信士蔡守业银一钱　弟子辰义质银五钱　师祖□本当三钱　信士史忠　男文焕银三钱

本州乡耆王希禹　孙刘创绩银五钱　周进良银三钱　雷国英银一钱　贾自恩银一钱　卫之铨银一钱　徒孙杨礼椎三钱　高礼铨三钱　王智称二钱　席智冉二钱　陈智再二钱　弟子辰本龄银一两　徒胡仁珊银五钱　弟辰本历银一两

本州信士苏有高银一钱　弟子樊正□银二两　孙樊仁陆　弟子李本烈　徒刘仁裔共银二两

夏县大羊村信士朱逊　张其烈　张各训　张顺凤　郑公才　朱祯祥　弟子李礼范　徒王智远共银二两　弟子薛义叙银一两　徒相礼玮银五钱　弟子张仁喻银一两　弟子张义嵩银□两

临汾县鼎顺铺宋绽荣等施银二两

汾阳县信士张善政施银五钱

洪洞县王自修　卜承志　王洪哲　孟圣传　崔光辉　郭新镇　李玉胜　刁云程　岳高仕　董保才　太平县崔如胜　郭承业　文质彬　垣曲尹瑞林　吕正□银一两

夏县常自余　牛一灵　本州信士张守正银六钱　弟子孙仁瑞　孙董礼代曾孙赵智成　胡智拜银三两　本州桃花洞神会首人任福禄等银四两

运城弟子杜海清　弟子张义尚银二两　徒张礼绘银五钱　孙□智温　□智洪　柳礼□银五钱

三原县刘成访施银一两一钱　弟子柳本守银三两　曾孙王礼惺银一两　弟子李本白　徒王仁兰银二两　弟子王本绍　孙韩义□　曾孙吕礼配共银二两　弟子刘仁伟　徒王义志　孙杨礼任共银二两　弟子刘正澄银一两　侄李本兴银三钱　弟子张德阳银一两　徒张正妙五钱　弟子姚义赏银五钱

本庙道官李仁彦　徒谢义鸾　刘义虞　柴义□　孙杜礼瓒　汪礼珏　杨礼坡　王礼德　贾礼琛共银五两

本州后学生员介倜施银一两　弟子陈正宦　徒李本桓　玄孙黄礼畹　贺礼曛　宋礼昭　王礼署　本州刘芳远　刘琏　生员南廷秀　刘淳　程大中　刘洽　孙永祚　马兴武　生员侯世仍　南居敬　马自盛　郭自光　裴德有　杨起明　王启周　吕升　马永强共银四两

弟子薛本晓　徒王仁集　孙张义塼　张义斑　原义戬　曾孙汪礼随　曹礼□　师张正符银三钱　运城罗真人弟子银五钱　芮城贡监阴汝俨　阴汝份　阴暐□各三钱　阴淳二钱　阴更　刘门阴氏　阴门徐氏　崔希颜　崔希雨　许公　李发各一钱　曲沃县原国翰　原宗闵仝施银三钱　临晋县杨自兴一钱　以上共银四两三钱

弟子高仁虞　徒高义祉　王义栋　孙贺礼慈　南扶生员赵璀奎　王法男　王义□　三娄村信士吕□柟　高转　贾淑俞　安头村信士高令通　高智　高房　孙呈□　石毓明　临晋县信士邵邦栋　尚从古　猗氏县信士季应旌李国标　以上共银三两

弟子张本恺　徒薛仁运　曾孙孙礼然共银二两　弟子姚仁豸银一两　孙朱礼聚五钱　弟子杨本几　孙李义调　重孙王礼玛　次徒雷仁殿

共银一两四钱　弟子高礼轲　弟李礼倬共银□两□钱　信士□□理　陈营会　本宫弟子谢仁廊　靳礼回　高□虞　扆□□　薛□□　□仁集　高礼铨　李礼□　董礼代　张义□　因朝武当山一□人　施银五钱　弟子辛德熊银二两　孙阅本生银七钱　曾孙高仁欢银二钱　次徒李正建银一钱　又银一钱二分　本州举人工弘施银一两　弟子董本勋　徒谢仁廊　孙常义严　董义比共银四两

临晋县北睹底信士程应元　程文　程恂　程腾凤　高折桂　程佐世　高登桂　高自桂　程良规　高云桂　张国珍　王法圣　程随　程槃　程用　程范　程清　王朱　程厚　程见　程苗　程应直　程允贺　贾永祥　仵福荣　程爵凤　程勋　程果　王尊明　朱起元　张国玺　程隆　程威　张天祥　程允珍　王得凤　程门王氏　弟子王正道银二两　孙杨仁聘银五钱　曾孙杨义报银四钱　玄孙许礼垣银一钱　云孙李智稷　杨智巽　张智拱　薛智诩　弟子张义高　徒贺礼捷共银三两　弟子荆义木　徒薛礼条　张礼义共银三两　信□张化龙　张国臣　张曾爵　弟子周本隼　徒苏仁福共银一两　弟子张本清　弟子尚本诚　弟子张本孟　徒李仁□共银二两　弟子张仁旺　徒张义杓共银一两五钱　外化银一两　弟子刘仁斜银五钱　徒尚义贻银□钱　师祖陈正品银四钱　弟子池仁□银一两

催募化石头首人　王仁□　谢□□　张礼会　□□代　董礼用　董义比　薛礼腾　信士李国忠　弟子王德阶　徒王正侣　侄程正寺　孙张本润　李本□共银二两

稷山县信士王增禄　王增顺　宁承布　张登年　宁瑾　宁国瑞　柳花荣　王□山　宁文□　宁国伏　宁国杜　宁承吉　王增立　王上平　宁承因　赵秀　宁承前　宁国玺　宁立采　宁国鼎　猗氏县刘崇道　张□道　弟子杨本焕　徒张仁□　侄张仁职　邓仁寿　孙王义重　张义勇　孙义魁　谷义三　曾孙高礼节共银三两四钱

杨照祥　本州岛刘自成　马国盛　曹国秀　郭启麟　袁启凤　马明

坤　梁兴元　王衮　生员李寿　王启周　刘足才　郭自奇　梁春　生员刘维宁　王景祥各一钱　李特生　弟子杨正柏　徒杨本分　杨本格　杨本□　师叔□德世　本州长江府后营庄信士邵成富　李檀　相维猗氏县下任镇信士苏从德等　樊振一共施银三两　弟子张义鼎　徒薛礼腾　次徒王礼丑　张仁□　三徒安礼嵩　四徒李礼古　孙吕智渌曹智抱共银三两　本州各行匠人梁天禄　俞法　吴治　胡侣　弟子张本初　徒裴仁竹共银二两　李仲技　郭自成　郭自贵　张福　弟子靳礼回　徒陈智雅　弟董礼用　侄丘智熟共银二两　陈德禄　王金荣　弟子聂义廷　银乙两　徒王礼皡　师王仁化银五钱　弟子郭义盖　徒韩礼珺　师祖樊本判　芮城县西陌村生员马呈瑞众善人等共银一两　弟子朱仁汤银一两

　　住持薛仁运

　　官门张仁准

　　下库宸义质

　　守库韩义侃

9. 清康熙三十七年（1698）解梁关公父祖辩

此碑现存解州关帝庙。青石质，圆首无座，碑身高 1.21 米，宽 0.52 米，厚 0.13 米。碑文行书，碑文整体分为三段，其中前两段为"解梁关公父祖辩"，第三段题为"六碑说"。许礼垣、柳礼素刊，江阎书。

碑文记叙了关公父祖信息考辨的过程。首先从于昌和王闰对刻有关公父祖的一块砖开始发问，同时对相关年号进行考证，从而确认了"关氏实有其人"。但对最初残砖上并没有"关某祖、关某父之说"，也没有"载某代某年几世孙立石"，碑文作者认为这样的做法缺乏依据，予以质疑，所以结尾劝诫"前贤概未之及，一旦引无稽之名讳而实之，考古者固如是乎？"这种勇于质疑和严谨的做法对当下研究者也有重要的启示价值。

【碑阳】

碑额：无

题名：解梁关公父祖辩

  公父祖从未见之史传，见之自解梁近日始。予于康熙壬申冬来守是邦，越二年，甲戌八月，公事稍闲，作崇宁宫碑及常平寝殿，因考公之先世。先是康熙戊午州守王朱旦以于昌一梦一砖，遂执残砖所见字，指为公之父祖讳。甲子、乙丑间，张运使鹏翮诣庙辨之详矣。余乃传至于昌，叩其故。昌曰："戊午夏，昼梦关某手书'大易'二字，且云'汝视殿西为何物？'既觉。殿西适浚井，得碎砖，砖有字画，拼凑验之，左偏字五，曰'生于永元二'，右偏字三，曰'永寿三'；中十七字，曰'先考石盘易麟隐士关公讳审字问之灵位'，旁有字三，曰'男毅供'；砖背字二，曰'道远'。昌因州吏目致之王州守，守指屈年号，谓即关祖若父云。其砖正书字，挟之去。"今盐池巡检王闰久官兹土，并传至备询之。闰曰："王州守在官，闰犹未至；闰至，自庚寅比奉张参议大本修石盘沟墓，掘地得旧碑于墓所，碑亦正书，刊'汉寿亭侯关公祖考石盘公之墓'，但无建碑岁月，建碑人姓氏；潘州守天植改书'关圣帝君祖墓'，参议公闻而非之，寻复如旧。"夫发砖者，于昌也。当其面，予去当时已十有七年，年且七十矣。发碑者，王闰也。当余问答时，去当日亦十有五年。按永元、永寿、汉和帝、桓帝年号，石盘字砖与碑合，是关氏实有其人，即疑"道远"字为毅之字似矣。独残砖上初无关某祖、关某父子之说，及碑出，亦未备载某代某年几世孙立石，安知同姓中别无其人？安知所遗正书无岁月一碑，不由于后世之穿凿附会者造作哉？辄臆断为某之父若祖，其谬实甚。且石盘沟口犹存明崇祯元年张参议法孔碑，上书"关圣祖宗神道碑"，使确有可考。前人何不大书特书某讳某字，但书祖宗？不竟书祖，不书名书字，可谓有识者矣。盖自汉迄今，若干年前贤概未之及，一旦引无稽之名讳而实之，考古者故如是乎？君子曰：阙文可也，存疑可也，可杜撰乎？

10. 清康熙三十七年（1698）六碑说

此碑现存解州关帝庙。青石质，圆首无座，碑身高1.21米，宽0.52米，厚0.13米。碑文行书，碑文整体分为三段，其中前两段为"解梁关公父祖辩"，第三段题为"六碑说"。许礼垣、柳礼素刊，江闿书。

碑文记叙了作者对当地"产于斯，宦于斯"的六人各立一碑于州东门外，通过谥号的考证来表明碑文作者对于关公"壮缪"谥号的看法，认为是"大非"。

【碑阳】

碑额：无

题名：六碑说

予治解之明年，考前代之产于斯，宦于斯者六人，各立一碑州之东门外，盖将使后之问俗者知所考，产于斯，宦于斯者知所勉焉。一曰轩辕名臣风后，一曰汉名臣关公羽，一曰唐名臣柳公奭，各书故里字于名之末；一曰宋名臣欧阳文忠，一曰宋名臣包孝肃，一曰明名臣吕文简，各书旧治于下。文忠、孝肃、文简立之者何也？贤之也。然则风后何以不谥？曰上古无谥。关、柳二公不谥何也？揆诸义例，关公得谥忠武，如诸葛武侯、郭令公、岳少保，谥皆忠武。令公有志竟成，公与武侯，少保未竟其志，忠义无异，谥壮缪，大非。谥法：壮与庄同，壮之义，死于原野，武而不遂；庄之义，不屈而死，似矣。缪与穆同，穆之义，绝无当缪之义，名与实奭，名实过奭。公固何罪而蒙此恶谥哉？故宁书公书名而不书谥，讥后主也。讥者何？谥失实也。柳公于唐为宰相，以得罪武后死，高宗朝例得谥，高宋、中宋无足论责矣。睿宗不久在位，明皇御宇若而年，姚、宋、张、韩为之相，曾无一人为之请复爵易名，何哉？故亦书公、书名而不书字，所以甚唐之失而讥之也。讥者何？赏罚不明，失劝惩也。君子于是知玉环之祸不旋踵而至，唐祚之终于不振也已。已解之山石不可碑，购之他境，久而后全碑□□□为之说。

　　康熙戊寅冬日江南江阎书于崇宁宫西之讲堂
　　□□董礼用　旧道官许礼垣　柳礼素刊

11. 清康熙五十五年（1716）庙火布施记

此碑现存解州关帝庙崇宁殿东侧墙壁。青石质，圆首无座，碑身高0.47米，宽0.92米。碑文行书，无首题。

碑文记叙了康熙四十一年（1702）农历四月初三日解州关帝庙忽遭炽火大灾后，李从善募化修缮的过程。从施财人员中可以看出此次募化范围很广，涉及临汾很多村庄，捐赠不仅有银两，还有"锦袍""红罗"等物品。

【碑阳】

碑额：无

题名：无

　　尝思入庙思敬，睹形生畏，所以动人为善去恶之心者，以其有所感触而然也。若是则庙貌之赫奕，冠服之壮严，顾可以不设乎哉。粤（撟）[扴]关圣帝君，其一片精忠大义，振乾坤、贯日月者，实足以矣炙人之口颊而沁人之心脾。故夫凡有血气，莫不尊亲。而惟解郡之庙貌冠服，甲诸天下，盖日崇其所自生焉耳。亡何于康熙壬午四月初三日，忽遭炽火大灾，举所为起敬起畏者，尽已消归乌有。单子善一往过之，不禁触目伤心，徘徊感叹而不能去。因思创建殿宇，□造廊舍，妆塑神像，非亿万莫支此。自有圣夫子之晓谕，诸要路之提调，与夫巨家大族之经营措置，固无庸蚊虫效技为。惟是锦袍一领，所费不过数十金，或可勉强募化而成之。或者谓神灵大德无边，□无先文之至，文亦安籍，此区区锦绣以为华美乎哉？虽然神灵，固不藉此，而人之所恃以生其敬畏者，舍此莫属。故衣裳之设，武周所以有事于春秋也。神鬼讵有二理哉！且也幽中福庇，暗熏推持，殆不啻尽天下之人而衣之，而被之矣。夫在神衣之、被之中而不思少报其万一，是犹之乎见善而知为，遇恶而不思去也。呜呼！迄今多历年所汇集告成，爰藉乎大力者，货维扬而贡之殿下矣。因布施之多寡，以定姓氏之先后，全刊诸石，永垂不朽。庶几不没人善之意也云尔。

化主李从善

施财芳名后开：

临汾县大苏村张再敞施银二两八钱并稍锦袍　张再鸾一钱二分　张星炫　张权　张氏适县底范门　祁见堂

百帝村祁希孟　牛拱微　祁永杲　祁文焕　祁文瑜　祁达升　祁文玮　牛汉如　祁俊傅　祁希璋　以上各六分

翟村

李得金　妻祁氏红罗一丈八尺　赵维才　妻石氏白布一匹

南原村

裴孟俊　裴光明　裴奉宝　裴立芳　裴奉奇　裴孟肃　裴辅宦　裴孟星　裴孟斗　裴光祚　裴达魁　张复果　张茂才　裴立振　赵国璋　裴□□　裴门赵氏　裴达召　裴良标　裴连望　裴连报　裴连兴　裴连富　裴明召　裴立息　裴明元　裴连标　裴历智　以上各六分

亢原村

亢希标一钱二分　亢思升　亢希禹　赵文秀　李居美　段明俊　刘金升　亢思宏　亢进荣　卢洪达　以上各六分　亢生方五分

赵村河

杨文斗　李□□　杨文高　杨文赟　李文广　李文榜　杨文海　杨伟良　李祥秀　杨威定　以上各六分

赵村北河

赵禾富一钱

梁村靳氏　梁尚仓　梁承家各六分

沟西岭

张云英　张茞临各一钱五分　张宿童二钱四分　张明景　张明是俱六分

苏寨村

李文泰　张守志　张新纪　张星烈　荆存善　张连壁各六分　张可则八分

赵王脚村

吴得才二钱　李重喜一钱二分　宋国兴一钱　赵演昌　赵廷基　景光玉俱六分

东关里

王仁英　妻张氏一钱三分

南窑里

赵九臣　韩奇标　韩奇栋　韩奇林各六分

小苏村

苏国朝募银五钱

襄陵县孔家河新庄

孔奇标一钱八分　孔荣瑞一钱二分　张明起一钱五分　孔奇昌　孔自兴　孔复兴俱六分

沟南村

裴弘禄一钱五分　裴现童　王奇俊各一钱五分　裴怀玉　裴乐宝各六分

东张

李柱一钱二分　乔国祚　梁得志　张居升　张三伟　苏良臣　李时集　李洪彬各六分　刘大贤　刘鸠祚　续□□各五分

孔家庄

李洪祉　李奇德　古维风各六分

新庄

章学志　章学诗　章大兴　章国泰各六分　章进富四分半

周家庄

周万才一钱二分　□之芳　周代治各六分

张村

裴应铨　杨三成各六分

裴家庄

裴应祥一钱二分　乔昌祚　李庆新　裴凤栖　裴凤起各六分　张洪玺四分

东侯村

张门张氏　一钱二分　南梁张统　妻许氏化布一匹

浮山县坡里庄

祁忠孝　祁景　陕可烦　孟衣富各六分

刘家庄

张星元　张星明各一钱二分　裴大湖　裴大海　祁文瑞　张文祥　张海立各六分

荆庄

陕洪亮　陕洪道　陕皇基　刑治全各六分

芝麻山

毕元美　程文升各六分

翼城县张王庄

陈金魁一钱二分　杜维忠　□浍　康一杰各六分

曲庄

丁起凤　张凤起　李生才　姚存仁　崔济　燕进国各六分

神□里

古凤翔　洪齐各六分

康熙岁次丙申闰三月穀旦立石

稷山县石匠谷永辉刊

12. 清康熙五十六年（1717）永禁霸截山水侵占关庙廊房碑记

此碑现存解州关帝庙崇宁殿前西侧。青石质，螭首龟趺，额高 0.97 米，宽 0.91 米，厚 0.24 米；碑身高 2.19 米，宽 0.83 米，厚 0.2 米；座高 0.38 米，宽 0.94 米，厚 1.32 米。碑文楷书，无首题。碑身上半部有断裂，保存较好。

碑文记叙了解州关帝庙在康熙四十一年（1702）忽遭炽火大灾，虽幸得李从善进行了募化和修缮，但未能焕然一新。同时，庙内的各项管理规定也受到影响，遭到破坏。时任解州知州的祝增，疏请对关帝庙各项规章重新加以整肃，在康熙二十八年（1689）碑文基础上增加了祝增整治的内容。碑阴部分记载了具体地亩信息，尤其是粮食"斗""升""合""勺""抄"的度量衡体系，有重要的史料价值。

【碑阳】

碑额：大清

题名：永禁霸截山水侵占关庙廊房碑记

解州正堂加一级纪禄一次陈，蒙本府正堂加二级祝为谕饬事：

仰州官吏，文到即查。康熙二十九年奉抚院批：按察司饬将关帝庙会场租税银两，着管庙道人经收，修葺庙宇，不得侵吞。原立碑文督令该道官照依旧式，刊碑监立，以垂永久。蒙此，即查二十八年卷宗并碑内原文，仍照式刊立，以昭府宪敬神至意。

解州知州万奉宪勒石，永禁侵占略节。平阳府解州为逆旨霸占关帝庙敕庙，强夺圣庄神水等事。蒙山西等处提刑按察使司按察使能批，据解州申祥、许礼垣等控告前事看得此案，当以霸截山水，侵占廊房为重。查浇灌神庄山水，曾于康熙二十五年据董礼岱具告，亲诣查勘，着令各就山势，凡可引水到地，不妨公用，此可姑置勿论。若夫廊房之侵占，凛遵摘其数多者讯问，大都咸以从前曾经修过，即为已业，甚至转展典卖。夫庙为帝君之庙，廊为庙内之廊，就使舍宅为庙，亦属琳宇公物，岂可视同祖父世产，久假不归乎？即曰：当日曾费工本，自当食利。已经年久，尽可偿其所费，应否无论侵占多寡，宽其已往。自康熙二十八年开始，但属庙内廊房、乐楼、午门、碑亭、牌楼、川廊等处地址，悉归庙内收赁；公贮庙库所收银数，果有若干，亦以康熙二十八年为始，遴选清高有德道众数人，专董其事，据实造册申报，宪台就银数酌定，或公存为香火，修理之用；抑或积为五年小修，十年大修，着为定例，使神庙永无颓塌渗漏之虞。抑卑职更有请者，席棚铺面，虽系庙内地基，每值会场，土人自备芦席、椽木、绳索搭盖，赁典四外客商卖货，此则自出物料人工，会毕即便拆去，较廊房不同。倘尽令道众从事，恐无如许物料人工，若任其空间，则客商难以露宿；又恐裹足不前，合无仍照往规听其搭盖，止输地租，以供庙用。亦以本年为始，银数多寡，并入册内申报，俟详允之日，勒石遵守，永昭宪台。秉公敬神之盛举等缘由，申详本司蒙批。神庙廊房基址，岂容豪强侵占，既经该州查明如详，悉归庙内收赁，仍选有德道众，经管造册报查，积为本庙五年小修，十年大修之用，余俱照议行，仍勒石永禁。以后如有侵占情弊，该州查明申报以凭严究缴等，因蒙此。又蒙本府正堂加一级周批详蒙批，既经臬司批允，仰照司详行，仍候转报守道批示，缴蒙此。又蒙山西分守河东道布政司参政王批，详同前事等因，蒙□拟合勒碑永禁，俱即查照遵行。

康熙二十八年闰三月十八日立石

康熙五十六年七月吉旦重立

【碑阴】

碑额：无

题名：无

地亩计后：

□□伙□峪神庄□座，计地九十二亩二分六厘，粮三石七斗九升□合□勺五抄九□。

□□地□□段，东至庵道，南至庙，西至道中，北至蔡□芳，计地一百六十亩一分九厘一毛，粮一十二石八斗一升五合二勺八抄。

□□庄，计地十亩九分，粮八石七升二合。

□□关市古店，□□店，后又□基地二亩。

砂地二十亩，粮七斗□升。

□□段坐落庙前，东至天地坛，南西俱至龙堰，北至道，计地七亩四分五厘，粮二斗七升五合六勺五抄。

□□段坐落泰康坊，东至道，南至街，西北俱至二化，计地□亩四分七厘□毛，粮七斗五升八合三勺。

□□段坐落庙西南，东至坝，南至□衮扬，西至道，北至辰景庙，计地四亩八分，粮一斗七升七合六勺。

□□段坐落庙西，东至□，南至荆□，西北俱至奕政，计地十亩三分六厘，粮三斗八升□□合三勺二抄。

□□段坐落镇山坊，东北俱至水涧，南至山，西至道，计地一亩八分九厘，粮六升九合九勺三抄。

□□段坐落庙西，东至□，南至道，西至涧心，北至本□，计五十五亩一分二厘，粮二石零三升九合四勺四抄。

□□段，计地一十五亩八分，粮五斗□八升四十六勺。

□□地四段□坐落冯家庄，计地四十六亩四分五厘五毛五系，粮一石七斗二升三合二勺。

□□庙平坡砂三□□，计地四十三亩六分五厘。

砂□□段坐落崇宁坊，东至道，南至堰，西至石滩，北至候武场，计地六分，粮二升二分二勺。

砂□□段坐落史家庄西南，东至沟心，西至关中，南北至史□，计地一亩八分，粮六升六合六勺。

本庙坐落□□，东至吊桥，南至龙堰，西至石桥，北至饮马池。

13. 清康熙五十七年（1718）重建解州关侯庙碑

此碑现存解州关帝庙春秋楼西侧。青石质，螭首龟趺，额高 0.97 米，宽 0.93 米，厚 0.27 米；碑身高 2.31 米，宽 0.89 米，厚 0.23 米；座高 0.39 米，宽 0.9 米，厚 1.41 米。碑文楷书，保存较好。张廷枢撰，乔于沆书丹，张殿振篆额，陈时镌碑。

此碑记叙了祝增就任解州知州后，面对因康熙四十一年（1702）大火之后"千年胜地，荡为瓦砾；荒凉丘墟，神人俱戚"的破败关帝庙，即上疏请求重新修缮的过程，即使祝增升平阳府守后依然总理关帝庙重修事宜，终于使关帝庙在一片废墟的基础上焕然一新。从文中可以看出康熙四十一年的大火对于关帝庙的破坏非常严重，因解州是关公故乡，官方非常重视，康熙御书"义炳乾坤"，地方官员做到"不可使毁而不复固其所也"，充分反映出清代信仰关公的鼎盛状态。

【碑阳】

碑额：皇清敕制

题名：**重建解州关侯庙碑**

秦与河东分一带水，而解与吾韩城人地相望，仅百里而遥。汉前将军关壮缪侯生长于斯。父母之邦，神所凭依；有庙肖然，祀典特崇。韩之人士，岁时走望，弗绝于道。盖侯之忠义，留于人心；毕荒内外，聚族结社，骏奔而至者类然也。况密迩于解者乎？而余以系官京师，王事靡监，独未有休假日得一过而瞻庙貌，仰神威焉。乃壬午岁，适值庙灾，千年胜地，荡为瓦砾；荒凉丘墟，神人俱戚。阅十余年而晋抚苏公疏请重修，光复旧制。工既讫，事道流辈感公之功德，摧庙图而来求文，以志兴复之由。余以始愿未遂，披图而观，庙貌神威如或见之。他日得赐假归里一阅，新宫如旧游焉。且因公而得载名其间，尤所愿也，其可无言。噫嘻吁哉！自神之庙食于解，煌煌帝阙，仪像庄严，鼍鼓云璈，凛然如在，神依其所，众邀其福，何其盛也！而灰烬之余，一切乌有，从而经始，不亦难哉。盖自十余年来，议鼎新者屡矣，而讫无成功。乃公毅然起而任其事，以前州守升平阳府尹海宁祝君者，素称才良，遂专委之。用人用物，咸得其理，竟不三稔而复睹其盛焉。公长白名族，昔奉简命巡薦，厘弊剔奸，商民胥悦，继乃承宣三秦使，吾秦民秀愚不失其业，至于今颂德者口碑载路，天子嘉乃丕绩，锡之宠命，以都御史督抚山西。公和恒直方，春生秋肃，阳开阴闭；大法小廉，悉就纲纪；爱民事神，政以次举。而解之庙祀其重者也。先是今上告祭岳渎，怀柔百神，以福国佑民。解为神之故乡，特御书"义炳乾坤"四字赐之悬额。今夫侯之庙祀遍天下，而解之神灵为上，特重如此，其不可使毁而不复，固其所也。今公克襄厥事，以成君命，以答神庥，以慰民望。而韩与解相距既如一乡，自今以后，系惟解与韩之人士，得以趋承瞻拜，祈神之福。而光天之下聚族结社而至者，仰其聿新盛事，无不喜舞而归功于公。则公之功德，当与庙祀而俱永。于是，深喜大功之有成，而生平之蓄志而未遂者，庶乎其且有待也，已他如货材役力之所费若干，经始告成之为日几何，职事者能悉其祥，兹不复赘。

　　赐进士第光禄大夫经筵讲官刑部尚书加三级张廷枢撰文
　　内阁候补中书遵例检选知县乙酉科解元乔于沆书丹
　　户部四川清吏司郎中加七级张殿振篆额
　　中宪大夫知平阳府事加四级祝增经理
　　奉直大夫知解州事加一级纪录一次陈时镌碑
　　督修浙江嘉兴县监生李建大　山东郓城县贡生祝士毅
　　吏目加一级姜鹏
　　道官董礼用　许礼垣

康熙五十七年岁次戊戌闰八月吉旦

14. 清康熙五十八年（1719）重修关夫子庙碑记

此碑现存解州关帝庙崇宁殿西侧。青石质，螭首方座，额高0.93米，宽0.93米，厚0.25米；碑身高2.31米，宽0.89米，厚0.21米；座高0.43米，宽1.19米，厚0.73米。碑文楷书，保存较好。介孝璪撰，乔于沆书丹，张殿振篆额，陈时镌碑。

碑文记叙了解州知州祝增修缮关帝庙的过程，并且从各方面说明了祝增的贡献。在整个叙述过程中阐明了几个重要观点：一是"盛德大业，虽鬼神不能忌，此人定也"，说明办大事人定胜天的道理；二是知人善任，"定识定力"；三是对于祝增的功绩给予高度评价，使之"自当铭旗，常耀史策"。

【碑阳】

碑额：敕修

题名：无

今上御极之，四十有一年。岁壬午夏，关夫子庙灾，越次年癸未冬，皇上圣驾西巡，道幸解，见之怃然，勒加意修复，会当事者弗善事，遂中格。十余年来，过者叹，拜者泣，徒奔走于荒烟蔓草而已。越己丑，海宁祝老公祖来牧解。甫下车，瞻拜彷徨，即锐意兴复，大力独运。首从春秋楼起，以次创复。洎三年壬辰，公以循良冠河东，今抚宪苏公特提超升平阳大尹，承天子命踵成前事。公益鸠材庀工，其用不赀，经营措办，运化若神。甫二年而厥功告成，不减于初。呜呼！非常之功有待而成，岂偶然哉！余用是慨然于天人之际矣。盖百六阳九，虽圣贤不能度，此天定也；盛德大业，虽鬼神不能忌，此人定也。当其厄于数，困于劫，至邀九重亲顾，岂非千载一时哉！而遏仰掣肘，卒弗克就，徒悼叹于天之所废，谁能兴之也？有大力者出，人见其不征发，不期会，不动声色，而成此巍巍之盛事，不知其诚一无妄之心，寓于精明强固之内，定识定力，相辅而行。智者不能谋，勇者不能断，以至祝融、回禄能乘机肆虐，至是若皆俯首听命，而不能争一日之长。噫，盛矣哉！既襄事，将勒石以垂不朽。余谨记其终始，可以仰答圣天子礼神重祀之心，可以克副大中丞知人善任之意，且以告天下后世，知古今大事尽在人为，岂得籍口于冥冥之中，而悠悠以任重也哉！至公之流风善政，遍于平壤、挚于解郡者，自当铭旗，常耀史策。兹不概及云。

　　赐进士第翰林院检讨辛卯科福建正主考纂修国朝功臣傅前翰林院清书庶吉士己卯科解元介孝璨撰文

　　内阁候补中书遵例检选知县乙酉科解元乔于沉书丹

　　户部四川清吏司郎中加七级张殿振篆额

　　奉直大夫知解州事加一级纪录一次陈时镌碑

　　署解州捕厅加二级胡承勋

　　督修山东郓城县贡士祝士毅　浙江嘉兴县监生李建大

　　道官高智佐　董礼用　许礼垣

　　阴阳官王兆璇

　　道士雷仁电　杜本格　张本润　庞本全　张仁喻　郭义盖　南仁题　张义延　张义深　侯义丹　张义菅　张义法　王智称　薛智诚　常智选　席智多　管智服　吴智瑢　李智内　李智均　郭智益　任智尔　张信项　樊信印　孙信宠

　　康熙五十八年岁己亥三月吉旦

15. 清雍正三年（1725）重立君子上达碑记

此碑现存解州关帝庙崇宁殿月台下西侧。青石质，螭首龟趺，额高1米，宽0.93米，厚0.24米；碑身高2.34米，宽0.90米，厚0.20米；座高0.38米，宽0.90米，厚1.17米。碑文上部从右至左横书"君子上达"四个大字。碑文行书,保存较好。碑文由刺史龚廷飙撰写,后学廪膳生员南孝增书丹。

碑文记叙了重立君子上达碑的缘由,阐述了"君子循天理"的处世之道。同时,对于关公一生所为归结为"循理而已"。

【碑阳】

碑额:皇清

题名:重立君子上达碑文

  乙巳之秋九月重九后三日,余自解返蒲,过虞乡,有临邑秀才师择善揖余而言曰:"谨述所闻,陈所见,恳立石以彰神教。"余曰:"云何择善?"对曰:"生幼年诵读时,先生讲书至《君子上达》一章,为生言曰:'有明万历年,蜀中一孝廉,平生疑惑"君子上达",至公车□途过解梁,宿于关公庙,夜梦关公云:"汝疑君子上达乎?要知此书实理,即以吾解之,生为列大夫,殁为英神明。"孝廉梦觉,顿为豁然。此赴京入闱,题即四字,因得及第,回公庙遂立石镌"君子上达"四字。'先生之言如此。生后谒庙,寻至乐楼东北隅,果一碑高五尺,面镌四大字,旁有数行,系记事年月乡贯姓氏,生今忘矣!康熙四十一年庙焚,碑亦殁,今值庙复修,又值新建敕封关公三代祠,乞复立此碑,以彰神教,俾后之学者传为道学中一段佳话云。"余闻而悚然曰:"有是哉!生言之有关兴教也。"按子朱子"君子上达"注云:"君子循天理,故曰进乎高明。""天理"二字,人之所以人者,此也;神之所以神者,此也。无人徒见关公生为大将,威震华夏,殁为正神,灵赫中外。几疑关公别有神奇莫测之异,不知关公一生学问只是循理而已矣!辞曹归汉,秉烛待旦,不过理当如此。认理不确,便至淫于富贵,移于贫贱,屈于威武,关公研之以定识,守之以定力,是以百折不回之概,直至塞天地而无间,贯古今而不变,迄今人不死,神不没,总由理不磨也,此其所以上达也。夫关公循理,何以若此之明且确也?噫!其得力于《春秋》

乎？师生首肯，余言而退，余遂允生所请而勒诸石。

　　刺史龚廷飙记

　　后学廪膳生员南孝增书

　　本庙道官张义营

　　住持高礼户

　　上库张礼同　下库　相礼瑾

　　官门吕礼岑

　　雍正三年岁次乙巳仲冬吉旦

16. 清雍正十二年（1734）和硕果亲王题诗碑

　　此碑现存解州关帝庙崇宁殿前东侧碑亭内。青石质，螭首须弥座，额高0.62米，宽0.89米，厚0.25米；碑身高1.81米，宽0.87米，厚0.21米；座高0.81米，宽0.98米，厚0.48米。碑文楷书，保存较好。碑文由和硕果亲王胤礼敬题。碑左下方有两方印章，分别是"沾膏挹露长乐太平年"和"和硕果亲王宝"。

　　碑文记叙了和硕果亲王亲临解州关帝庙拜谒关帝时所留的诗文。《解州全志》记载："雍正十二年果亲王谒庙，指写圣像，敬留诗章联额。"和硕果亲王，即爱新觉罗·胤礼，康熙第十七子，雍正之弟，善书画。

【碑阳】

碑额：无

题名：无

　　英风贯金石，壮节植纲常。
　　庙食遍天下，神栖归故乡。
　　平生一片心，皎如赤日光。
　　当其忠义发，直欲凌太行。

万古春秋志，唯公升其堂。

入庙瞻遗像，云旆俨飞扬。

和硕果亲王敬题

17. 清乾隆二十五年（1760）重修关帝庙记

此碑现存解州关帝庙崇宁殿前东侧。青石质，螭首龟跌，额高 1.06 米，宽 0.9 米，厚 0.24 米；碑身高 2.27 米，宽 0.85 米，厚 0.19 米；座高 0.39 米，宽 0.81 米，厚 1.22 米。碑文楷书，保存较好。碑文由乔寿恺撰写。

碑文记叙了关帝庙经历了康熙四十一年（1702）"回禄之变"的五十余年后，中州韩桐捐金重修，之后张镇接着修缮，并且增建君子亭、创建莲池的过程。碑文对于关公的生前身后事做了简要的介绍，对于解州关帝庙的发展历程也做了描述。

【碑阳】

碑额：皇清

题名：重修关帝庙记

从来非常之人，必建非常之功；而又非常之功，必食非常之报。如吾解之关圣大帝，夫非当此而无愧者乎！盖帝降生于常平里，在条山之麓，傍鹾水之滨，川岳佳气固钟而为非常之人矣。当东汉末运，炎祚式微，群雄蜂起，独帝志存正统，委身昭烈，艰难百战，不二其心。视一时智名勇功之士，徒孙、曹之门而窥窃神器，妄希爵禄者，相去何啻霄壤。昔孔子当成周之季，笔削鲁史，定为大法，而万古之纲常以明。帝自幼雅嗜《春秋》，深明大义，以故择主而事，其所宗者正也。厥后镇荆十有余年，恩信大行，威震华夏，曹瞒议避其锋，恢复之功，罕有其匹。虽天不祚汉，功败垂成，而精英叠见，崇正黜邪之心，历千百年如一日。由是累代袭封，由侯而王而帝，固弥进日上矣。至我朝褒加"忠义神武"徽号，复追封三代，俱以公爵。录其苗裔，世有博士一员，生前大节，取法尼山，殁后余荣，争辉阙里。吁！伟矣！解为帝故里，宋祥符年间创建祠宇于州城之西门外，历金、元、明，接时增修，庙貌辉煌甲天下。至本朝康熙壬午，陡遭回禄之变，画栋雕梁，荡为灰烬。越数岁，海宁祝君增照依旧规重建，迄今五十余载，廊庑倾颓，金碧剥落，前牧中州韩君桐，劝捐五十余金，择绅士之老成者董其事，殿阁长廊以次葺补，重绘帝之遗事于壁间，功兴未半，旋调忻州。山左张君镇，踵而修之，经营区画，修极匠心。以从前乐楼逼近正殿，士女喧哗，颇觉亵渎，遂移建雉门内，而雉门复增高之。重立牌楼，益加宏敞。午门傍增置牌坊各一，盖鸠工庀材已三载于兹矣。又念庙南旧祀结义神像，内有池沼遗址，疏其湮塞，砌以砖石，植以芰荷。其中央建亭榭三楹，总开四面，颜曰"君子"。高墉四围中，桃红与柳绿相映，修竹偕古柏交加，自春徂冬，清香远袭，彷佛昔日桃园胜境也。栖神之所，洵为巨观。而张君之循猷茂绩，雅人深致，不于此略见一斑乎？夫汉代至今千有余岁，吴魏故都，尽成丘墟，而帝庙巍焕，久而弥新。是非以精忠大义维系人心，使闻者畏其威而怀其德，奚能当此？呜呼！此真所谓非常之人建非常之功，而食非常之报者欤？兹因土木工竣，爰缕陈其颠末，以告后贤之思踵其事者。

乾隆壬申恩科举人甲戌科会试明通吏部候选知县郡人乔寿恺撰书

督工绅士董伊志　马诒端　蒲耀祖　乔寿恺　焦兰　介玉泽　李涌　张知勉　李一谦　阎士毅

道官乔嘉智

大清乾隆二十五年岁次庚辰正月吉日立

18. 清乾隆二十七年（1762）重修结义园记

此碑现存解州关帝庙结义园结义亭前照壁上。碑为长方形，碑身高 0.84

米，宽 1.39 米。碑文行楷，保存较好。碑文由言如泗撰写。

碑文记叙了结义园重修的经过。言如泗，清乾隆二十六年（1761）补解州知州，碑文作者说明了重修的缘由并主持重修的事宜。

【碑阳】

碑额：无

题名：重修结义园记

　　解梁为关圣故里，常平祖墓岿然。庙在州西门外，南峙条峰，北环鹾海，山雄水阔，诚胜区也。庙南有园，左右莲池，前为君子亭，林木蓊郁，池泉清澈，颇有幽趣，游人于兹憩息焉。后建结义庙三楹，左关右张，中位昭烈，遥与大庙相对。余莅州瞻谒，心窃不安者久之。粤稽三国本传，昭烈为平原相，夫子与桓侯为别部司马，分统部曲，与二人寝则同床，恩若兄弟，而稠人广坐，侍立终日。桓侯传又称，夫子年长数岁，飞兄事而已。结义名称非古也。矧君臣分定，并坐一堂，且君庙北向，臣庙南向，神其安否？余进州人士而正告之，桃园结义正史不传其说，夫以异姓不啻同气友恭，推及朋侪。夫子一片丹诚，同心戮力，共扶汉室，始终不渝。不特可以风后世之为人臣，并可以风后世之为人弟，为人友者，其说至今存可也。师其意，不妨留其迹，爰撤像绘图，（彷）[仿]佛当年微时景象，并重构数楹，勒石于内，题额曰"结义园"。俾四方人士憩息之余，瞻仰仪容，肃然以思，爽然若失。则斯举也。宁惟是神人，胥安而敦伦伤纪，维持风化，亦于是乎寓也。是为记。

　　州守言子七十五世孙如泗谨识

　　乾隆二十七年岁次壬午孟夏月穀旦

19. 清乾隆二十七年（1762）重修解州关圣庙记

此碑现存解州关帝庙春秋楼东侧。青石质，螭首龟趺，额高 0.98 米，宽 0.88 米，厚 0.26 米；碑身高 2.03 米，宽 0.83 米，厚 0.2 米；座高 0.5 米，宽 0.9 米，厚 1.55 米。碑文楷书，保存较好。碑文由言如泗撰写，张楺书，熊名相篆额。

碑文记叙了重修解州关帝庙的经过。创自于宋大中祥符年间的关帝庙，位于州西门外，清康熙四十一年（1702）"回禄之变"被毁，乾隆十八年（1753）知州韩桐到任后，承前辈之迹，致力于重修关帝庙的工程，后因调任忻州而未竣工。碑文的作者言如泗肯定韩桐的贡献后，叙述了自己重修关帝庙的经过。碑阴部分列出来自各地绅民、商人、行当等捐赠的银钱数量，经手道人的具体人名信息。

【碑阳】

碑额：皇清

题名：重修解州关圣庙记

国朝文武二庙并重。厥里解梁为先圣发祥地，庙貌尊严，祀事孔肃。顾文庙在郡邑，民间不得专祀，惟武庙遍列中外，忠义精爽，实足以摄人心而风百世；密迩桑梓，祖垄岿然，家尸户祝，亦固其所。州西门外大庙，创自宋祥符年间，康熙壬午回禄。圣祖西巡，特发帑金修复旧制，钦颁御书"义炳乾坤"匾额。世宗践阼，恩纶载沛，追封三代，爰巫苗裔，世袭博士。今上龙飞以来，正谥加封，岁给祭银，典礼克崇，几与孔林并峙。守土有司，远溯神功，仰承圣化，聿昭诚敬。庶上以事神，即下以治民。乾隆十八年，知州韩桐来守是邦，筑城建学，百废具举，而于圣庙，尤致力焉。督率绅士，共襄斯役，增修废坠，规模大备。惟庙南结义园，有志未逮；如泗承乏厥后，补苴经费，凿池建阁，俾四方人士瞻仰之余，憩息有所，而大功皆韩牧一手运筹者也。泗窃惟山川雄伟，奇杰之气，磅礴郁绩，风云际会，则必笃生伟人，以扶持世教，振动人心。自古忠义正直，率为奸邪所陷，其精英不可磨灭，往往屈于一时而伸于万世。公为解产，解地逼近中条，涑川鹾海，回环绾结，而又复大河绕外，砥柱当中，山雄水阔，地脉钟灵，亘千古而生公一人。其雄劲阔达，岳峙渊渟，适与山川形势相肖，且公为夏大夫龙逢后，大夫以直谏被祸，林墓近在安邑。世泽贻庥，克昌厥后；天挺神武，再造汉室；忠肝义胆，一脉流衍；水木本源，有自来矣。所谓明得之后，必有达人，天不变则道不变，中条涑水当与东山泗水，同其高且长可尔。我朝以神武定鼎，同符合德，以故公灵应丕昭，屡微显异，而解庙实公枌榆，在天之灵，默默凭依，宜乎典礼优崇，度越前代。凡我有位，职在典守，何敢不敬？谨将事无旷厥官，仰答神贶。如泗以贤荫起家，守公故里，作令时曾为韩牧属吏，目击缔造维艰。庙功告竣，伐石未镌，何以示后？谨盥手恭纪。前任知州韩讳桐，字兆凤，河南武安县人，由拔贡知县升任解州，调任忻州云。

  山西直隶解州知州军功加一级言子七十五世孙如泗谨识

  直隶解州州判熊名相篆额

  安邑县知县杨国翰

  夏县知县李遵唐

  平陆县知县陈庆

  芮城县知县莫溥

  解州学正张锡锦

  吏目韩极

  盐池巡检黄斌

  长乐巡检孙之震

  城守司殷思功

  督工绅士董伊志　马诒端　蒲耀祖　乔寿恺　焦兰　介玉泽　李涌　张知勉　李一谦　阎士毅　马若熊

  书丹张榆

  圣裔五经博士　关金钟

  道正卢祥剑　马信妥　季嘉智　王信贤

乾隆二十七年岁次壬午闰五月吉旦

【碑阴】

碑额：无

题名：无

捐输地名开列于后：

州城四关绅士商民共捐银二百六十两零九钱二分　经收道人姬信录　张宗凤　张信韩　阎加卓

正东路绅民共捐银三百七十八两六钱九分　经收道人于信应

东北路绅民共捐银二百五十二两九钱九分二厘　经收道人张智瑶

正西路绅民共捐银三百二十六两九钱六分三厘　经收道人徐信还

西北路绅民共捐银三百零六两二钱六分七厘　经收道人王信成

南路绅民共捐银一百六十一两七钱四分八厘　经收道人燕智欵

北路绅民共捐银一百九十两零二钱四分八厘　经收道人卫智宾

四月会客商共捐银二百零三两六钱一分七厘

油行廊租二百八十九两

估衣行廊租一百七十四两一钱五分　又捐银一十二两　经收道人胡义经

运城官捐银八两　经收道官卢祥钊

安邑县绅民共捐银三百六十七两八钱　经收道人蔡信泰　谢智冬

夏县绅民共捐银一千一百八十七两七钱　经收道人张加正　王祥怡

平陆县官民共捐银三百一十五两二钱五分一厘　经手道人王信爱　洛加武

芮城县绅民共捐银三百九十五两二钱二分　经收道人赵信开　王加德

泽州府官捐银二十四两　经收道人王祥吉

绛州绅民共捐银三十二两七钱　经收道人任信有

绛县官民共捐银一百六十六两五钱　经收道人李信灏　李祥瑞

闻喜县绅民共捐银四十六两二钱　经收道人刘祥进

临汾县绅民共捐银四十两　经收道人黄嘉辇　王礼敬

曲沃县绅民共捐银六十八两九钱二分　经收道人孙信筹　李祥春

洪洞县刘绅捐银五十两　经收道人吕礼貌

太平县官民共捐银八十一两三钱二分　经收道人王信贤　杨智甲

襄陵县绅民共捐银十三两一钱六分　经收道人吕礼貌　乔信用

翼城县官民共捐银一百一十八两八钱　经收道人朱宗麟　李祥生

原任浙江衢州府龙游县知县甲午科亚魁马允尚　妻孺人张氏凤愿乐输帝庙工程银五十两　子贡生诒端遵全于乾隆二十九年捐助故里牌坊

乾隆二十九年十一月充光号布施庙内旗伞銮架全副计工料二百五十两

运司商人范天锡　粪公正　郭顺昌　王广昌　刘集成　郭永益　郭恩顺　王恒泰　郭丰泰　李玉隆　尉世隆　刘公朴　刘阜和　巩振铎　许晋魁共捐银八百两

20. 清乾隆三十五年（1770）捐造灵佑大帝行轿布施碑记

此碑现存解州关帝庙崇宁殿西侧墙壁内。碑为长方形，碑身高 0.65 米，宽 1.05 米。碑文楷书，保存较好。

碑文记叙了乾隆三十五年（1770）捐造灵佑大帝行轿的布施人员名单及具体的银钱数额。

【碑阳】

碑额：无

题名：无

捐造灵佑大帝行轿功成告竣，今将乐输布施善士姓名开列于后，均赖圣恩，以垂永久。

　　蒲州协中军都司加一级纪录一次王□捐银四两　刑部清吏司郎中马楠捐银六两　候补守巡道梁思炽捐银八两　汾州府介休县范充光捐银四两　平阳府曲沃县吉永顺捐银三两　绛州诚意号捐银五两　诚意铺捐银二两五钱　安邑运商生员谭慎机捐银二两五钱　蒲州虞乡贡生杨维仁捐银二两　汾州府介休县范天德捐银二两　本郡候选州判李洁捐银二两　本城西关德成应捐银二两　本州南关荆振先捐银二两四钱　芮城陌底生员樊三凤捐银二两　本州西关郭有章捐银二两四钱　平阳府太平县广和当捐银一两五钱　平阳府襄陵县义兴号捐银一两二钱　元亨号捐银一两二钱　永盛号捐银一两二钱　绛州天育号捐银一两二钱　解州运城王珠熙捐银一两二钱　关帝会侯建忠　王兴周捐银二两四钱　大庙灯棚会捐银二两　本郡西关生员阎旼捐银一两四钱　芮城县监生陈祥捐银一两二钱　本郡柴家窑国学裴学书捐银一两二钱　常平村监生刘居敬捐银一两二钱　沙窝村王焕捐银一两二钱　平阳府襄陵县恒益号捐银一两二钱　城隍庙灯棚会捐银一两二钱　关圣会孙本城捐银一两　本郡车盘生员费即元捐银一两二钱　监生□宗义捐银一两二钱　本州交斜村贡生李荫洽捐银一两　芮城县蔡村吏员李承唐捐银一两五钱　荣河县赵树本捐银一两　运商郭顺昌捐银一两　郃阳县毡行捐银一两　闻喜县陈廷喜捐银一两　永济县金铺杨捐银一两　本郡小张坞监生王养志捐银一两　王成章捐银一两　柳马村监生宸元勋捐银一两　阎家庄监生常有伦捐银一两　席张镇监生阎衍庆捐银一两　在城苏王顺捐银一两　马永贵捐银一两　张万疆捐银一两　李智广捐银一两　史家庄张学禹捐银一两　顺城关张重旺捐银一两　在城□□□捐银一两　竹器□□□川捐银一两　在城李祯祥捐银一两　闻喜县三合号捐银五钱　北曲栾胡耿太捐银五钱

　　本庙四圣宫余嘉恭捐银一两　古槐宫李太保捐银一两　万寿宫张祥堉捐银一两　永庆宫秦祥忻捐银一两　永乐宫巩宗镒捐银一两　城隍庙张信韩捐银一两

本庙住持郭信福

库家李信直

本庙道正司王信贤

募缘道人王祥吉　王信寔　李祥瑞　杨智甲　杨信泰　王信成　张祥埔　王祥怡　张智瑶　梁祥惟　申嘉焘　李祥春　姬信禄　张信韩　梁信刚

大清乾隆三十五年岁次庚寅十月吉日刊立

21. 清乾隆四十二年（1777）解州正堂李友洙为关博士赡养立案碑

此碑现存解州关帝庙崇圣祠正殿前。青石质，圆首方座，碑身高 2.03 米，宽 0.83 米，厚 0.2 米；座高 0.5 米，宽 0.9 米，厚 0.42 米。碑文楷书，保存较好。碑文由李友洙刻。

碑文记叙了李友洙受内蒙抚宪巴大人之托，用五百两银置买产业收租，作为关氏后裔博士关金种的赡养之资。文中对于产业管理具体办法做了详细描述，关博士感谢的话也一并记载在碑文最后。这是一种通过关公后裔扶持说体现的信仰方式，值得注意。

【碑阳】

碑额：皇清

题名：无

　　直隶解州正堂李为详明立案，以垂永久事。

　　乾隆四十一年十月，内蒙抚宪巴大人发银五百两，令本州岛置买产业，收租以为关博士养赡之资。仰见大人垂念圣裔，俾得长有膳资，此无量功德，永感鸿恩于生生世世矣。本州岛随查得崇宁坊马玉麟有西街铺房前后二十四间，觅主出卖。当令介绪五，张懋修公，同估值价银五百两，随照数发给置买。令马玉麟书立卖契。此铺仍令李富川等照旧赁居开铺，另立赁契，每年共出租银六十两，于乾隆四十二年正月起，按夏冬两季收租。每年扣除银八两以为修房之费，其余银五十二两给博士领用，官为催收，年底报销，毋庸博士经理，免致变卖。而大人培植之德，足垂永久。当将马玉麟卖契，李富川等赁契存卷，绘具房图一纸，另誊卖赁各契，详送抚宪查核批示立案。蒙批：据详已悉，仰即立石，以垂永久。详报缴图契租约存等因。又据博士关金钟禀谢云"窃钟忝居世职，家业寒微，仰蒙大人垂念，解囊发银五百两，令本州岛主置买铺房二十四间，官为收租，于每年夏冬给钟以为永远养赡之资。此诚窦台仁心广被，善举宏施，念先泽而推恩，垂后裔以食德。自今已往，关姓子孙咸沐生成之德，于生生世世矣"等情，拟合备叙，一并勒石以垂永久，是为记。

　　乾隆四十二年五月吉旦
　　知州李友洙敬刻

22. 清乾隆四十二年（1777）六月重新大庙增修结义园记

　　此碑现存解州关帝庙崇宁殿东侧。青石质，螭首龟趺，碑额高0.95米，宽0.86米，厚0.21米；碑身高2.12米，宽0.82米，厚0.19米；座高0.36米，宽0.8米，厚1.09米。碑文楷书，保存良好。由李友洙撰文，张楡书丹。

　　碑文记叙了时任解州州牧的李友洙重修大庙及增修结义园的经过。作者首先介绍了康熙五十三年（1714）祝增重修关帝庙，乾隆二十三年（1758）州守张镇修建君子亭，乾隆二十七年（1762）州守言如泗创建三义阁，改名为"结义园"。到了乾隆三十七年（1772），李友洙自己任州牧后见"丹垩之陈者渐就剥落，而园泉不至，涸为枯池，红莲碧沼，已不可识"的景象后，即捐俸为倡，州之士踊跃咸赴，重修大庙及增建结义园。碑阴部分记载了此次活动参与捐赠的个人和众多商号。

【碑阳】

碑额：皇清

题名：重新大庙增修结义园记

初，乾隆二十八年，洙摄平陆县事，诣州谒关夫子庙，仰见殿阁宏敞，乔木蔚秀，虽丹垩已古，巍然称杰构焉！循视碑文，则康熙五十三年州守祝增请帑重修者也。庙之南，旧名莲华池，前明州守张起龙建亭栽莲，后废。乾隆二十三年，州守张镇于遗址开东西两池，筑君子亭。二十七年，州守言如泗于亭后建三义阁，绘图刻石供阁中，改额"结义园"。翼以坊、亭，皆北向，阁后穿渠叠桥，累石成山，盛栽花竹；又于东南建小亭，颜曰"熏风"，而园之名益称。洎三十七年，洙奉全擢解州牧，以八月莅任，诣庙肃事。见丹垩之陈者渐就剥落，而园泉不至，涸为枯池，红莲碧沼，已不可识，瞿然若惕于中。即捐俸为倡，州之士踊跃咸赴，欣襄盛举，乃疏渠引泉，复达于园之前后三池。阁之后，面渠筑三楹，颜曰"教忠堂"，尊夫子之道也。环以长廊，辅以夹室，结构宏整，风气益固。两池之旁各建舟亭以临之，一曰"秉正"，一曰"尊王"，明结义之志。于是园之胜概毕臻，规模亦略载矣。人有余力，彻庙之内外更而新之，若御书楼，若大殿、乐舞楼、午门、两庑画壁、钟鼓楼、庙城及门东西坊两重次第修理。起癸巳孟春，迄于丁酉季夏，阅五载而工竣焉。惟夫子之灵，爽贯古今，塞天地，无远弗届，况解梁桑梓之乡，千秋万岁，尚其眷故土而式佑之。凡有守土之责也，虔恭集事，人神以和，前守诸君子既有成效矣！洙从诸君子后张举而润色之，咸曰麻哉，神将永妥。后之继今者踵兹葳事，随时而整齐之，且事半而功倍。若斯锯丽，谓百世常新可也，能无厚望于将来哉。是为记。

诰授奉政大夫知直隶解州事卓异候升知府浙江海宁李友洙撰

学正史洭

训导姚光

吏目胡尔楷

城守张凤

书丹张榆

督理介玉泽　张知勉　刘帝裕　马若鳌

道官李祥瑞

乾隆四十二年岁次丁酉六月吉旦

【碑阴】

碑额：无

题名：重刻奏准春秋祭祀疏

　　□输□□太□□□　□寿　李□　张知勉　张兴　王天祚　王永温　□成　李□　□甲　□州　□徒　□大志　□玉章　□绍武　□□□□业　□□葛　□□坊……

　　全宇号　新合号　丙□号　张学禹　仁合号　梁狗儿　孟□宽　和合记……赵□□　闫□□　卫□□……□大有　雷中地　闫继周　千二百八十……

　　恒通号　合义号　王兴号　段廷会　梁廷忠……吕保□　朱存礼　□□□　李思成……张□□　李□□　李□芮　□□□　王思忠　□□□铺四十文　□□□十五两……

　　赵□□　胡□□　张□□　杨存福　□□□　高□□　高□□　马惟□　□□□　侯□□　李发□　费□□□□　王□□　杨□□　刘□□

　　王往兴　□祥号　□盛号　兴盛号　日盛号　李国竹　□盛号　协盛号　永合号　马天盛　福兴号　日新号　李掌财　王宁国　□兴号　恒盛号　□□茂　仁合号　□施□□□民　李□□　叶之惠　杨□

桂　□□□　□宗尚　董□□　李天寿　马铭□　高铭盛　□少青　张田铭　二千六百四十　卫师久　各十四两

　　王万邦　李得中　史统显　皋和号　恒泰号　亨□号　忠义号　□魁号　杨立新　□□店　□□号　万盛号　新盛号　正兴号　双盛号　毡行　冯□　思义号　万盛号　长升号　胡□凤　义兴铺　万顺号……闫□□　王□义　柳昌魁　雷云载　贾□　董元英　张鹏　景君奇各五两

　　顺昌号　□合兴　宝兴号　张天成　承兴号　天佑号　杨时充　承顺号　万盛号　刘天盛　陈奕千　新兴合　兴升号　□兴号　义兴号　□兴号　信兴号　四合号　郑□粮　铜器铺　郭□□……曲美申　张□受　□田宗　孙树相　裴骏　郑□盛　□□电　王恒泰各□两　郭□顺　宏庆号　□隆号　□盛号　□新号各二钱四分

　　□盛铺　□和号　□□□　冯广钦　冯□章　□兴号　常存□　通顺号　□□□　坛盛号　义合号　太和号　李太□　新兴号　□天佑　樊□□　赵□□　闫□□　吕树□……行公益　□号　盛长号　忠信号　德昌号　成兴号　世兴号　义合号　永兴号　□魁号　合义号　广盛号钱各五□

　　晋生号　张世秀　日兴号　忠盛号　郑布儿各□□五分

　　丰兴号　李景信　李思敬　南盛□　侯志道　刘□□　李□□……樊公□　存诚通　继新号　义合号　朱□□　新生号　通顺号　惠成号　盛□号　永□号　新盛号　郭君盛　合盛号　马永□　六合号　生正号　兴盛号　□□□　刘□德　马□□　马□□　吕□□各四两

　　□甲　□相、孙大□　张澄江　□□诚……全万成　草帽行　恒升号　兴隆号　王云如　焦大□　万盛号　霍天盛　□大号　兴盛馆　□□号　崇□号　元盛号　天茂成各九□□分

　　武成保　杨□□　冯□□　冯□□　赵志周　王□才　王国治各□两

赵□　张鹰扬　吕天培……□益号　降兴号　□□号　义兴号　兴顺号……白士□　侯天福　永盛号　万成号　侯书华　姜学□　李即宅　高有翼　卫士会　赵元□……日盛号　协成号　□□号　合□号　李昌林　正□号　三合号　康学孟……杨陶璋　曲惟新　王克孙……益增号　赵大智……白锡铭　兴□号　□林

23. 清嘉庆七年（1802）重刻奏准春秋祭祀疏

此碑现存解州关帝庙御书楼西侧。青石质，螭首方座。碑额高0.8米，宽0.8米，厚0.18米；碑身高2.01米，宽0.76米，厚0.15米；座高0.33米，宽0.87米，厚0.52米。碑文楷书，保存较好。

碑文记叙了郡贡生胡龙光听到蒲昭的后裔蒲大观和蒲培基等的讲述后，感念"蒲君之功而乐其后人之有是举"，遂将原有的关帝庙祭典赡田的碑文重新立碑的经过。疏文中详细记载了关帝庙春秋二祭的费用来源，并记录了祭田被占后，官方出面解决，勘定明悉神庙官地，不许侵占，道士作为管理者，不许典卖。此碑文是了解关帝庙春秋祭祀相关规定的重要史料。另碑文中提到康熙四十一年（1702）关帝庙火灾的时间是四月初二。清康熙五十五年（1716）《庙火布施记》中记载是四月初三，从间隔时间来看，应该是四月初三更加准确，有待后续进一步考证。

【碑阳】

碑额：大清

题名：重刻奏准春秋祭祀疏

赐进士出身，诰授奉政大夫知解州直隶州事卓异侯升中州，胡龙光为郡贡生。蒲昭，字克明，原任山东青州府昌乐县县丞，于前明弘治三年为大学生时，奏准关帝庙祭典赡田，旧有碑记，载志疏文。因国朝康熙四十一年壬午四月初二日庙灾碑毁，遗迹弗存。今伊后裔蒲大观，蒲培基等为余述其本末，欲复立以垂不朽。余念蒲君之功而乐其后人之有是举也，即依其请，俾镌诸石焉。

疏曰：钦奉诏书天下祀典，神祇所以保庇生民，有司务在诚敬奉祀。坛庙损坏，随即修理，毋致亵渎废弛。臣窃见汉寿亭侯关某，解州宝池南下冯村人，生为豪杰，建功汉室，殁为正神，佐护皇明。四方仰其威灵，九州蒙其神泽。建庙于解城之西，赐田于庙寝之外。田有五顷，以为道士佃种之业；税出十石，以为神庙修理之资。此古今崇报之盛心也。奈何近来地方灾伤，神庙道士乞食外郡，本州人民蔡秀、刘宣等假立文契，强将应祀神庙地混为买到私田，递年挨耕霸占，致使寝庙疏漏。道士复还，欲为修理，而措置无资。臣生长于斯，每遇朔望拜谒，追慕靡胜。伏望圣恩，乞敕该部转山西布政司行委公正官员，亲诣解州督同掌印正官将臣所奏前项霸占神庙官地，与同道士王知通等勘断明白，仍旧给付道士为业。得籽粒，因时修理庙宇，买办品物，办纳春秋二祭，免致科派小民。仍令有司立石碑，记其庙地周围四至，禁使后日道士不许典卖，庶有以酬神御灾捍患之功，而昭圣朝崇德报功之典。

奉圣旨户部知道

七世孙大观　培基　大海　大端　依兰　大定　厉芳　依丹　述基　依蓉

八世孙男携　秉良　秉恭　敬宗　玉叶　向荣　孝宗　继宗　思问　思义　玉池　玉凤　玉发　秉仁　秉义　秉礼　居坤　成烈　仲鄂　叔鄂　玉昌　育麟　育鳌　育彪　迎和　迎祥　迎泰　玉林　玉其　思顺　伯鄂　思敬　继成　久成　中立　季鄂　玉清　思忠　成群

嘉庆七年岁次壬戌九月二十八日重立

24. 清嘉庆十四年（1809）重修解州关帝庙碑

此碑现存解州关帝庙御书楼西侧。青石质，螭首龟趺。碑额高 0.94 米，宽 0.94 米，厚 0.23 米；碑身高 2.3 米，宽 0.86 米，厚 0.21 米；座高 0.36 米，宽 0.89 米，厚 1.18 米。碑文楷书，保存较好。碑文由成宁撰写，刘大观书丹。

碑文记叙了成宁主持重修关帝庙的经过。作者介绍了山西地理环境，提出因山西土脉敦厚而有关公的出现，之后历述关帝庙历次修建的过程，详细介绍了此次修缮活动的各个环节。重修工程从嘉庆十三年（1808）八月二十七日开始，次年六月初六就完工，重修活动得到了官员、富户、河东商人等的大力支持。

【碑阳】

碑额：重修解州关帝庙碑

题名：重修解州关帝庙碑记

岁在丙寅十月，余奉天子简命巡抚山西。山西，神京之右臂也。倚三关而跨两河，井陉、蒲津之险峻，风藏水聚，气脉盘纡，称天地之奥区焉。丁卯冬，奉命阅山西营伍，取道潞、泽，经平阳而之蒲、解。纵观山势，由太行直走中条，起伏开阔，晴晦万变，其西又有黄河奔注，以相为萦绕。窃念山水融结如此雄奇，虽平阳蒲坂，基肇唐虞，而安邑亦为神禹故都，恐扶舆盘薄之气发抒犹未尽也。意秦汉而下，必复有一代伟人，毅然杰出乎其间。及至解州谒帝庙，咨问州牧及帝后裔世袭博士，知帝发祥于是州常平乡，在州东二十里。昔邹鲁之野有泰山，遂生孔子；三晋表里山河，土脉敦厚，故亦宜有帝也。帝之有庙，昉自陈隋，宋大中祥符间重建，金大定三年，元泰定元年，明洪熙、成化、正德、嘉靖、隆庆之间，迭经修葺。国朝康熙四年，陕抚贾汉复以占籍曲沃，居近圣人，捐廉重修。三十五年五月，圣祖仁皇帝御书"义兵乾坤"匾额，敬悬殿内。四十一年四月庙灾，四十二年圣祖西巡，特发帑金修复旧制，迄今百有余年矣。虽庙貌尊严如旧，而栋宇渐就倾圮，瞻拜之下，愀然动容。窃欲鼎而新之，以费巨未敢发也。适河东观察来谒，言及此举，观察瞿然曰："此盛事，必当为；为之，必不可缓。"乞余捐廉倡始，不足者募之。及旋太原，又谋之方伯金公，方伯曰："某前任河东，蓄此志而未果，适拜湖南臬司之命，至今耿然。今得捐俸以酬夙愿，不胜幸甚！"自是廉访观察郡守以下皆趋义，输金各有差。诸郡富户及河东商人亦踊跃从事，经画一载而费集。敬卜戊辰八月二十七日兴工，次年六月初六日告成。是举也，既以报帝之德，且足以仰慰圣祖褒崇神圣之灵于陟降焉。夫秦汉而下名臣众矣，惟帝明于正统，精于大义，扶炎汉于天下三分，兄弟君臣，人伦之至，佐大清而万年一统。神武忠义，帝德周衍，盖秦汉以来一人而已！宜乎庙祀十九省，极之海上十洲，日本五岛而无遍。而解州为帝故里，庙固宜雄甲天下也。谨采摭原委，勒之贞珉，以告后之司土者，使随时修举焉。

钦命兵部侍郎兼都察院右副都御史巡抚山西兼管提督盐政印务节制太原城守尉调任陕西巡抚成宁撰文

钦命兵部侍郎兼都察院右副都御史巡抚山西兼管提督盐政印务节制太原城守尉前山西布政使金应琦

升任湖北布政使前任山西按察使张映汉

山西等处承宣布政使司布政使前山西按察使刘清

分守山西河东平蒲解绛霍隰地方水利兵备道兼管山陕河南三省盐法道刘大观书丹

大清嘉庆十四年岁在己巳秋九月吉日立

25. 清嘉庆十四年（1809）重修解梁关帝庙碑记

此碑现存解州关帝庙御书楼西侧。青石质，螭首龟趺。碑额高0.94米，宽 0.83 米，厚 0.2 米；碑身高 2.28 米，宽 0.83 米，厚 0.18 米；座高 0.37 米，宽 0.9 米，厚 1.18 米。碑文行书，保存较好。碑文由刘大观撰写并书丹。

碑文记叙了重修关帝庙的经过。与嘉庆十四年成宁所撰的《重修解州关帝庙碑》所记是同一事情，但两篇碑文采用的角度不同。碑文作者刘大观首先讲述了嘉庆九年（1804）和十年（1805）的河东旱灾，民生憔悴，朝廷赈灾，其间发生的河东道人郑人庆拜谒关帝庙，一日一见则一告，数见则数告。到了介休遇到前任翼城令蔡曾源，通过扶乩进行祈祷，当晚蒲、解、平阳等多地降下大雪，旱情得以缓解。众人感帝之德，因此关帝庙重修之时，无不竭其诚殚其力。碑文中作者提到的扶乩之事，无法考证其真伪，但通过这种方式获得众人对于庙宇重修活动支持的做法，这在其他很多地方也出现过。

【碑阳】

碑额：重修解州关帝庙碑

题名：重修解梁关帝庙碑记

庙之重修也，其谋始成终之大局，已见于中丞碑记矣。有帝之慈惠，切于桑梓而感于观之心脾者，宜纪其略。遂再伐中条之石，觏缕其事焉。嘉庆九年甲子，河东旱，民饥。圣天子忧之，命缓征，舒民力。乙丑又旱，民益以不支，命发帑抚恤，又以廪粮，食河东二十六州县之饿者。一夫失所，惟有司是问。是时河东道郑人庆有疾，不能治事，观以湖北试用道员方升，辞未行。奉恩命补授河东，具疏请训。圣天子谕以河东荒歉，民生憔悴，命尔遄尔善恤之，勿溺忝职，孤委任。观诚惶诚恐，举止无措，治装急就道。道中见有庙，庙帝者。肃而入，伏地告帝以天子所命，而以苍生流离默乞履庇于帝。一日一见则一告，数见则数告，自入晋境无日不见，亦无见不告也。行至介休，见前任翼城令蔡曾源者，自言能扶乩，乩动赋五绝二首，大书汉寿亭侯，乃知乩中诗，帝诗也。伏地默告如前在庙中，帝训勉爱民济饥如天子所命，且言吾乡父老皆荷观察之爱矣。观且敬且畏，翼翼凛凛，曾源乃相顾悚然，谓观曰："源扶乱三十年，未见帝降乱者。"是夜亥时曾源去，寅时闻雪声起，视庭院皑皑已尺许矣。感帝之德，喜民有食也，秉烛冒雪行。行至灵石，蒲解平阳诸州邑被灾者，悉报得雪尺余及数寸不等。是年麦有收，秋复大稔，皆帝之赐。帝之矜怜拙吏，而苏其部下之困民，使登于（衽）[衽]席者，何其神哉！是帝庙之重修，观尤不敢不竭其诚，用殚其力也。解州刺史吴君率乡耆、翰林院待诏马见龙、江西安远县知县马凌云、陕西试用知县侯在忍、寿阳县训导李逊志等襄理其事。矢洁矢勤，费约而工坚，例得并书。

　　钦命分守山西河东平蒲解绛霍隰地方水利兵备道兼管山陕河南三省盐法道刘大观撰文并书丹

　　赐进士出身山西解州直隶州知州吴邦治监修

　　大清嘉庆十四年岁在己巳秋九月吉旦立

26. 清嘉庆十四年（1809）州正堂吴示大庙规条碑

此碑现存解州关帝庙。青石质，碑为长方形。碑身高 0.61 米，宽 1.01 米，厚 0.05 米。碑文楷书，保存一般。

碑文记叙了州正堂大人的告示。碑文告示中详细记载了关帝庙内道士的日常行为准则、各项规章制度和每月祭祀活动日期等信息，是了解清代关帝庙日常管理、祭祀活动的重要史料来源。

【碑阳】

碑额：无

题名：州正堂吴示

　　州正堂吴示

　　大庙规条开列于后：

　　大殿值殿道士二名，供奉香火，打扫尘埃，看守门户，衣冠周整，刻不可离。

　　大殿非虔诚瞻拜，及衣冠不整并一切闲人等，不许进殿。

　　大殿前不许喧哗，永禁吃烟，月台上禁放花炮。

　　大殿安设住案，早晚道士四名诵经一卷，务须衣冠整齐，毋得间断。

　　每月初二、十日，该道官会集十四官道士诵经一天，以昭虔诚。

　　御书楼道士二名，经守门户，打扫地土，拂拭门柱土尘，一切闲人毋许坐卧。

　　午门道士二名，同御书楼办理。

　　大门及端门道士二名，同御书楼办理。

　　东西钟、鼓楼及两角门道士二名，守门、打扫、拂拭，安排栅木，毋许闲人擅入。

　　寝宫及偏殿道士二名，一切同上。

　　春秋楼上、下及刀、印楼道士二名，一切同上。

　　丹墀前后廊房道士照向规派人，五日以打扫，务须洁净。

　　东西官厅道士二名，伺候官长及客商茶水。

　　东西安道门道士二名，守看门户，安排栅木，毋许车马以及闲杂人等往来。如有客商、州人谒庙者，着守门道士领进领出，敢有无故强进者，许道士扭禀。

　　东西廊房、神像交给梁道官，早晚拂拭看守，如有伤损，惟梁道官是问。

　　每年正、五、六、九月献戏四台，临期先数日，该道官禀请叫戏。

　　结义园理宜肃静，着将功德祠给道士刘泰康，以作住居之所，照看园林，看守门窗，时令洁净，无许闲人往来。至四月会，各门云集，尤难稽查。所有镇会官员及人役，着在功德祠过厅内两边间居住，园门严加封锁，不许私开。

　　旧规庙之内外地基□□道士经收，以充公用，近闻各役无故强□，殊属不合，永禁私收地基银两，违者禀究。

道官督□□道人，照前规条办理，如有不遵者，许道官以法惩治。若更有饮酒闹事，一切不守清规者，道官指名禀报，立即逐出，如敢拘庇，查出并究。

四月会巡役等五十一名，除更夫八名、水夫二名、别余役四十一名，自四月初一日起，至十五日止，每日每名给饭钱□十文，即于初一日该道官先行垫发，以备各役自行采办，至其工礼银三十二两四钱八分，候拆□之日，再行给发。

每年每会收取房租，向系四巷公直经手，今着加保元宫、万寿、新盛、永寿宫道人监临，仝公收取，以防渗漏。

大庙楹柱俱系朱红刷油，但风高土燥，多集尘埃，看管道人于朔望之前一日，用布挥扫，以昭洁净。

崇圣殿着责道官率领新盛、保元、万寿三宫道人，供奉打扫。所有庙内外房租，着四宫收取，以备香火之资，并以奖其重修大庙勤敏急公之处。房租共作五分，道官取其二，余各取其一，柞木亦随四宫经手整理。

嘉庆十四年十月初一日立石

道官李祥鹤

27. 清嘉庆十七年（1812）知芮城县事林芬诗碣

此碑现存解州关帝庙御书楼北面东侧壁。青石质，碑为长方形。碑身高0.44米，宽0.88米。碑文行书，保存良好。碑文由林芬撰写。

碑文记叙了知芮城县事拜谒关帝庙所作的五言长诗。

【石碣】

碑额：无

题名：无

巍巍中条山，肃肃常平里。

郁郁浩气充，矫矫异人起。
生当天下分，誓雪偏安耻。
双手障荆壤，倒喝江水止。
丹心贯日月，知有汉而已。
吴魏如游魂，摄入刀光里。
天将汉鼎倾，力扶延数纪。
岂独武乡侯，鞠躬尽瘁死。
汉灭名不灭，身后中外祀。
瞻谒来解梁，俎豆重桑梓。
庙貌谁重新，松岚观察使。刘松岚，名大观，山东人。
经营阅岁成，艮泉吴刺史。吴艮泉，名邦治，河南人。
旌旆仍飞扬，俨宿熊罴士。
神马夜呼风，犹疑冲敌垒。
章武古衣冠，麾下纷金紫。
宫殿倚青霄，雕绘灿霞绮。
升阶读碑碣，松阴覆铜几。
谁知百战心，遥契春秋旨。
大哉惟王言，义炳乾坤矣。
御书峙高楼，褒荣圣天子。
嘉庆壬申谒庙敬成二十韵
知芮城县事林芬

28. 清嘉庆十九年（1814）谒关庙敬赋

此碑现存解州关帝庙御书楼北面西侧壁。青石质，碑为长方形。碑身高 0.48 米，宽 0.66 米。碑文行书，保存良好。碑文由陈嵩庆撰写。名下镌刻"陈""嵩庆"印文二方。

碑文记载了山西学使者陈嵩庆在嘉庆十八年（1813）九月十五奉旨增谥告祭后作长诗，于十九年（1814）三月又作五言绝句。两篇诗作都充分赞颂了关公一生及受人崇敬的原因。

【石碣】

碑额：无

题名：谒关庙敬赋

炎运丁衰季，群雄沸九州。
三分终帝蜀，百折独倚刘。
河岳钟英气，荆襄控上游。
威名震华夏，雅尚托春秋。
遗恨吞吴计，孤忠伐魏谋。
盟心原日白，谕将亦风流。
骑尾星辰上，当关虎豹休。
武文其既圣，妇孺总知侯。
此地传桑梓，于今拜冕毓。
山光青入户，塔影直当楼。
属以辀轩使，来瞻古道周。
金身图像肃，玉座篆烟浮。
凛若须眉动，森然桧柏遒。
销氛神助顺，卫国义同仇。
癸酉九月十五日于禁城显示灵应，奉旨增谥告祭。

仁勇新崇谥，馨香特荐羞。
条峯长拱汉，落照断云愁。
嘉庆十九年太岁在关逢茂痾月既望
山西学使者陈嵩庆

29. 清道光五年（1825）重修关帝庙碑记

此碑现存解州关帝庙崇宁殿东侧。青石质，螭首龟趺。碑额高0.96米，宽0.86米，厚0.2米；碑身高2.31米，宽0.84米，厚0.16米；座高0.37米，宽0.82米，厚1.2米。碑文楷书，保存较好。碑文张秀芝记，李云栋书丹。

碑文记叙了嘉庆二十年（1815），关帝庙因地震庙宇倾圮，前州牧保英上报，遂多方筹集银七千多两，不久保英调离，继任州牧徐承庆着手也未能完成。等到张秀芝到任后，多方筹措，历时17个月终于完成重修工程。

【碑阳】

碑额：皇清

题名：重修关帝庙碑记

解梁为关圣大帝桑梓乡，宋祥符中敕建庙于城西百步许，历元、明以迄国朝，重修者屡矣。嘉庆乙亥岁地震，庙就倾圮，前州牧保公英上其事于当路，经衡体斋，成果亭先后两中丞暨僚佐捐俸以助，而运商与往来行商亦共乐为输赀，约得银七千有奇。未几，保公去任，州牧徐公承庆，实经始之而未竟也。余莅任兹土，拜瞻之下，怅然久之。因亟择搢绅中之老成者董其事，经营区画，鸠工庀材，倾者扶之，缺者补之，漫漶者修饰之。起功于甲申五月，至乙酉秋季，凡阅十七月而落成。自殿庑行廊以及坊壁台砌，去故取新，坚固壮丽如昔焉。而计曰蒇事，聿观厥成，则绅士之协心，百工之効力，与夫捐俸输赀者之所为。余用是勒诸贞珉，以见人情之乐于为善，且以决勤于斯事者，之必有报也。是为记。

道光五年岁次乙酉仲冬月穀旦

知解州事楚黄张秀芝记

学正乔万应

训导王之翰

吏目赵维培

督工绅士马凌云　李隆栋　马文彪　冯其泰　史司直　王用锡

书丹李云栋

道正郭宗域

30. 清道光二十八年（1848）胡公祠地基立案碑

此碑现存解州关帝庙。青石质，碑为长方形。碑身高0.47米，宽0.79米，厚0.1米。碑文行书，保存一般。

碑文记叙了胡公的三十三世族长有勤率领三十四世、三十五世和三十六世族人为保护胡公祠地基，历时5年时间诉讼，经三任知州审理，最终获胜的过程。

【碑阳】

碑额：无

题名：无

　　我先祖胡公祠蒙皇恩创建始自大唐，累代子孙奉祀修葺，历有碑记，并无外姓争端。不意于道光二十三年因重修祠前大门外碑，忽有大庙道官苏姓竟欲贪夺地基，捏禀本州岛徐宪案下。因情虚未曾讯明，后又捏禀靳宪案下，亦未定案。延至二十七年三次诬控陈宪，幸蒙恩案明镜高悬，细阅新旧州志所载，亲验胡氏家庙碑记，当堂讯明，断令本祠内外地基，仍照历年规式胡氏子孙经手，他人不得换擅贪争，即着具结存案，并刻石详志以垂永久，合族遵此。略叙其事，再勒贞珉，胡氏子孙庶可得以妥记先灵万世不朽矣。是为记。

三十三世族长有勤

三十四世首事人登榜　善秀　梦龙

　　五世邦秀　朝庆

六世炫亮

时大清道光二十八年四月吉日合族仝立

31. 清同治九年（1870）关帝庙重建春秋楼碑记

此碑现存解州关帝庙春秋楼东侧。青石质，螭首龟趺，右下角损毁。碑额高 0.94 米，宽 0.9 米，厚 0.23 米；碑身高 2.3 米，宽 0.86 米，厚 0.2 米；座高 0.42 米，宽 0.86 米，厚 1.14 米。碑文楷书，保存较好。碑文由朱煐撰文，阎敬铭书丹。

碑文记叙了关帝庙从道光五年（1825）重修后，历经 40 年，其春秋楼将倾圮，咸丰九年（1859）前州牧叶筱珊筹划重建，但因筹费维艰，到同治六年（1867）才开始动工。知州朱煐到任后接续重建工程，采取多种方式筹资，终于在同治九年（1870）完工。碑文中记载筹资方式有"盐纲筹银""或计货，或按地，或分铺户定施助之多寡""房地租银"等，碑阴部分记载了12 条规定，以清除历年积弊。

【碑阳】

碑额：皇清

题名：关帝庙重建春秋楼碑记

解梁为关圣大帝故里，城西郭外帝庙在焉，规模宏阔。最后春秋楼七楹，复栋重檐，上凌霄汉，洵足与阙里杏坛并峙千古也。同治己巳正月，煐履任兹土，入庙瞻拜，时值兴工修葺，询诸司事，以帝庙自宋祥符间创建，迄国朝以来屡圮屡修，计自道光乙酉重修，今阅四十年矣。风雨飘摇，楼将倾圮，久欲修治而邻氛不靖，筹费维艰。咸丰九年，前州牧叶公筱珊，拟将庙中余利归公□备工用，积弊深重，未能尽除，每年仅积银二百金。传公伯韩署篆请于前道宪杨公铁臣，从盐纲筹银三千两，乃克诹吉修建。而经费不敷尚巨，程公立斋到任，又会同绅者邀集士庶客商，或计货，或按地，或分铺户定施助之多寡，共集银一万四千五百余两。始于同治六年，庀材鸠工，经年尚未告成，则以工多费巨所用犹不给也。煐闻之，窃用慨然。盖帝庙每年房地租银为数略计二千两，何听其悉归乌有？每遇大工动，须帑民赀，方能举办。噫！此司土者之责也！爰不辞怨谤，剔积弊，定章程，即于是年四月会毅然举行。孝廉方正董清海等均能不惮烦劳，实心经理，年终合计存银一千四百两有奇。然当时未能停工，待此也。因先请李道宪仍从盐纲续筹银四千两，绅董等乃克竭力从事，刻日竣工，不惟春秋楼仍复旧规，凡庙宇廊房，牌门楼阁靡不焕然一新，金碧照耀。又常平庙、结义园均藉此一律修饰完竣。园内旧有池，池栽芰荷，仍疏凿种植，以复其旧，并植桃百余本，志当年胜迹焉。工竣，董事举人马百度等请一言志其事。煐思是役也，始于咸丰九年前牧之筹划，诸绅之经营，与夫捐赀者之乐善不倦，至同治九年而落成。于煐岂偶然哉！庙中历年积弊，从此一清。值年绅商等，但恪守定规，每年可存银一千数百两，积之数年，即可得赀巨万。以后兴大工，需大费，可无庸士庶客商倾囊解橐矣。煐知圣帝在天灵爽实式凭焉。爰序其颠末，并将定规十二条刊石以敬告来者，是为记。

赏戴花翎候补知府解州直隶州临桂朱煐撰文

赐进士出身前工部右侍郎兵部侍郎山东巡抚朝邑阎敬铭书丹

学正延棠

署学正赵守愚

训导陈其封

城守司景瑞

督捕厅沈以镛

署督捕厅王澈

督工马百度　王泽厚　李锡玲　侯乙鹏　马维翰　李震清　高昆玉　介娟　介培堂　马邦俊　卫树榛　李修德

总理董清海

选择王枋　刘遇干　李琛

道正介宇健

住持王宇鸿　马宇善　张宇宣　段宇休　李理辉　李享秀

大清同治九年岁次庚午七月吉日立

【碑阴】

碑额：永垂

题名：告示

州正堂朱，为酌定庙规以垂永久事：

照得州城西门外关圣帝庙为神灵式凭之所，理应随时修饰，以昭诚敬。前因春秋楼及各处殿宇廊房历年久远，渐就倾圮，经绅士举人马百度等禀请道宪，筹款修理。而工程浩大，经费不敷，又复沿门劝募，按地摊捐，极力绸缪，始克庀材兴修。今内外楼、殿、廊房虽已焕然一新，而念前工之难，不得不为后日之计。查圣帝庙本有自然之利，因无人经理，所收租稞（课），年年浪费无存。遇有应修工程，未能随时举办，及至坍塌日甚，始议修葺。而经费动需巨万，不得不多方募化。若每年将自然之利除公用外，妥为存积，以备岁修之用，何致工多费巨，上动库款，下累商民耶？爰与绅士等熟商，将庙中自然之利以后仍归庙中，酌定规程十二条，合行出示晓谕，为此示仰绅士商民并道士人等知悉，自示之后，尔等务各秉公实力遵办，庶几神工有赖，庙貌常新。勿违，特示。

计开：

——庙内廊房地基租银向由道士经收，以充公用，乃楼房殿宇并未随时修葺，每年租银不知用于何处。兹选择公正绅士八人，铺商四人，分为四轮，每年派绅士二人，铺商一人公同经理。凡客商赁占房基，须向值年董事领取执照，若查无执照，即系私赁，不准该商在庙摆卖货物。如业由该董事给发执照，应将客商字号，租银数目逐一注簿，以备稽查。

——庙内大小廊房二百四十一间，原定四月大会大廊房每间租银三两，小廊房每间租银一两五钱，小会减半。经收客商中有曾经捐赀者，经绅士公议酌减。东西筒瓦房，大会每间定租银一两，小会租银六钱。东西大廊房，大会每间定租银八钱，小会每间租银六钱。小廊房大会每间定租银四钱，小会每间租银三钱。如日后原赁客商中有歇业及更改字号者，其房应归董事照原定房价另租，不准私自转赁，以杜偷典私赁之弊。至庙外钟鼓楼内廊房三十八间，西洞门外廊房二十三间，大会每间定租银三两，正、七月等小会，钟鼓楼廊房定银一两五钱，西洞门外廊房定银一两，其东洞门外及庙内外各处地基由董事量生意大小，秉公估租，以后租钱即以本年所收数目为准，不得增减，致滋弊端。

——庙里应设立公局一处，以便会期董事等齐集办理公事。局中应设伙食，四月会准动用钱四十千，其正、七、九、十一、十二月等会，每会准动用钱十二千，至会期应用公费，仍照旧章办理，此外不得借端妄动公项。

——会期客商甚多，值年董事未便沿门收讨租银。兹定大会派道士八人，小会派道士四人代为收讨，随收随交，董事登账。大会道士一人给工食银二两，小会给工食银一两，□示体恤。至会完之后，董事等应将本会经收过租银若干，用过杂费银若干，余存银若干，逐一开列清单，贴示庙前，俾众共知，以免物议。

——每会所收银钱，会完之日，董事等公同将账算明，即将钱文按照时估合银，除零数暂存局中以备杂用，如足百两之数，即应交铺生息，至局中所存零银，不准挪借分厘，致启亏空之渐。

——每年定于十二月十五日，各董事俱齐集公所，公同查算本年出入各项账目有无舛错不实。查算清楚，旧董事即将账簿银钱点交新董事接收。一面将旧管银钱若干，新收银钱若干，开除用项若干，实在现存银钱若干，交于某号生息，逐项开具总数，贴示公所；一面登簿具禀存案，以备查核。至董事中或有其人难期得力，或有因事未能办公，诸绅商即于是日公拟妥适之人，禀请定夺，另派接办。

——每年十二月算账之期，旧董事备酒席二桌，前三日知会各董事，届期齐集公所，不准托故不到，公同清算账目之后，即同赴各处殿阁楼房并结义园，详细查勘有无应修工程，其常平庙俟清明日查勘，倘有应修之处，即行禀请勘估，俟春暖择吉开工，务期庙貌常新，以肃观瞻，而昭诚敬。

——发商生息银两，绅商等不准徇私借贷，地方官亦不准假公挪用。如旧董事或有擅改规程，通同作弊，以致银钱亏短，账目不清，新董事查核明白，即据实禀请，传案追究，不得扶同循隐，含混接收。倘经后来董事查出禀报，即惟接收之绅商是问，必须照数追赔。各宜慎重，勿贻后悔。

——每年所收租银除祭祀等费外，计可存银一千数百余两。兹定每年提银三百两给解梁书院津贴生童膏火，大科之年加银二百两以资鼓励。此外，惟遇荒年赈济穷民，准公议酌量动用，他事不得擅行挪动。

——庙内产业除碱地二十五亩八分，镇山坊砂地一亩八分九厘，五龙峪砂地二十亩，冯家庄地四十六亩四分五厘五毫五丝，俱已失没无从查考。其常平庙砂地一顷零四亩二分八厘七毫，租粮仍归常平庙道士管理。三十里铺地二十六亩六分五厘，租粮仍归三十里铺道士经理。庙后平地一顷二十余亩，仍由大庙道士自行耕种所有。西砂地五十五亩一分二厘、庙西南砂地田亩八分、庙西砂地十亩三分六厘、崇凝坊砂地六分、史家庄砂地一亩八分、狄子峪砂地九十二亩五分六厘、上凹庄平地一十亩九分，以后俱归绅董经理，免致年久，再有失没。所有每年应收租稞（课）麦谷，仍令道士经收，以为养膳，惟除麦十石为敬神之用，其粮银俱由公中完纳。至庙前砂地七亩四分五厘，每年租银八两；泰康坊平地九亩四分七厘九毫，每年租银三十两；中凹庄地二顷零九亩四分，每年租银三十两。应由董事经收，完纳粮银。

——御书楼、春秋楼、大殿、寝宫及刀印楼、东西钟鼓楼、午门、大门、端门、两角门等处仍照旧归各派道士二名，每日经理打扫。至功德祠道士，仍令照看结义园，园中莲藕、桃果，即给该道士，以为□□□。

——庙内道士必须年过三十以上方准收徒一人，只许收一人，不准违例。多收免致徒众繁多，滋生弊窦。该道官宜随时稽查管束，倘有不守戒律、不安本分、立即驱逐，或勒令□□□□□□情容隐，致干查究。

大清同治九年岁次庚午八月初八日勒石

32. 清同治九年（1870）重建春秋楼绅商布施碑记（一）

此碑现存解州关帝庙刀楼北侧墙壁东。碑为长方形，碑身高 0.97 米，宽 1.45 米。碑文楷书，保存一般。碑文由阎尔珍书丹。

碑文记载了同治六年（1867）至同治九年（1870）的春秋楼重建中，为了解决经费问题，采用了多种方式，其中之一是绅商捐款。此碑就是绅商捐款的名单，名单中涉及 200 多个商号和绅士、官民及所捐银钱数量，是研究地方社会商业史的重要史料。

【碑阳】

碑额：无

题名：重建春秋楼绅商布施碑记

  元亨贞　天吉公　复盛通　隆盛金局　魁盛金局　天发长　同福协　灵氏药材行　二盛玉　源兴福　甫兴德　魁盛隆　全盛林　义增合　恒兴升　庆丰恒　永成店　陈尔琏　敕封四品张志学　游击张万育　各捐银十一两

  元兴泰　义兴合　长春合　裕盛德　广泰丰　恒顺复　通盛合　天

玉凝　义顺丰　源远长　万庆成　义丰德　义盛合　公盛裕　永兴老　王增盛　义美公　义成缎店各捐银九两

东升成　捷盛和　恒泰永　三星号　元盛缮　德盛公　恒庆永　三吉祥　长华茂　宏茂号共捐银八十五两

恒升合　恒升和　恒升长　大兴郝　大兴赵　长发祥　聚兴玉　德盛成　永兴义　闻兴茂　合义兴　顺德晋　隆盛成　万和金局　日升成　三协公　世兴吴　陈金探　广福隆　福升永　新兴和　新顺和　复兴生　贾燨阳　合盛恭　郭景鹏　瑞隆缮　永盛正　恒茂协　万盛和　福长泰　鸿升正　朝邑知县邢潥田　直隶知县仪汉章　丰益长　义成生　布理问杨汝栋各捐银八两

积成和　天锡楼　长庆合　锦翠楼各捐银七两

广德生　德成魁　元茂通　长泰裕　协成永　顺兴恒　复兴德　义聚长　同盛德　天兴合　三盛公　长庆楼　元利楼　皮绳行　泰兴魁　广泰永　复兴泰　集锦号　积泰庆　聚顺玉　日升昌　资深纸局　鸿顺李　顺意魁　薛秉礼　张四维　乔伯虎　卫厚　义诚和　三德和　针行　道生李　魁盛隆　杨腾光　公兴顺　介社堂　候补郎中高树善　刑部主事葛宗邹　太和银局各捐银六两

永盛谦　泰盛复　蔡天成　兴隆东　隆盛鸿　兴盛昌　世兴元　正兴号　福义和　吕长泰　大成协　长盛和　敏盛信　祥盛和　义盛长　董经　盐经厅叶梅芬　毛凤德　永太生　恒盛义　协兴义　隆和永　三顺德　魁泰和　陕西同知王延年　五品泰清廉　阴先正　聚成翕　元善长　中兴店　双成福　同心盛各捐银五两

永济堂　德丰合店各捐银四两五钱

同德茂　晋兴合　公盛贞　元亨正　光裕元　魁盛老　顺盛通　复兴缉　天福魁　广和楼　宏茂合　德茂成　光裕成　兴盛林　周懋松　泰盛油店　新兴油店　李兴　天瑞公　魁顺福　福兴合　永盛合　壹心诚　姚益臣　缮盛和　恒顺通　积盛公　祁裕昌　玉成祥　朱

淡如　李永文　宋清开　师成琳　师成璋　永兴阳　丰盛永　协心成　广和通　三成公　恒顺桐　二合新　秉顺龢　闻喜当行　赵嘉藻　永程隆　同心金　大庆关主簿　邓仁恩　魁盛吉　崞县训导　郭迎暄　祥恒永　武庆隆　生员耿善和　义聚合　富有升　布理问裴毓兰　五品赵吉祥　福泉海　从九樊克智　双盛生　公义祥　万协祥　定元香　三合公　福昌公　文元泰　松茂店　东成店　兴泰正　正兴永　双盛店　公盛常各捐银四两

全兴和捐银三两六钱

济泰永　王兴盛　天德楼各捐银三两四钱

通兴马　群从仁　聚信公　天泰成　刘天成　王义兴　干顺魁　隆兴生　万源合　新盛合各捐银三两

大清同治九年七月吉日立

33. 清同治九年（1870）重建春秋楼绅商布施碑记（二）

此碑现存解州关帝庙刀楼北侧墙壁西。碑为长方形，碑身高 0.93 米，宽 1.36 米。碑文楷书，保存一般。碑文由阎尔珍书丹。

碑文记载了同治六年（1867）至同治九年（1870）的春秋楼重建中，为了解决经费问题，采用了多种方式，其中之一是绅商捐款。此碑就是绅商捐款的名单，名单中涉及 200 多个商号和绅士、官民及所捐银钱数量，是研究地方社会商业史的重要史料。

【碑阳】

碑额：无

题名：重建春秋楼绅商布施碑记

顺德和　胡奎章　恒顺昌　天丰成　元盛琳　刘良璞　杨玉兴　祥泰玉　天和成　姚万源　三义泰　中兴靛行　长发兴　三益公　赵联

第　林盛和　永魁义　清兴和　同春仪　通庆魁　协盛恒　祥聚魁　祥泰成　五福全　祥升魁　友泰源　宏顺合　永和书　朱泰顺　梁廷栋　公盛一　州同柴希武　州同白炳华　孝廉方正王廷儁　李向长　兰泽润　石泉知县郭梦鳌　刑部郎中王功枚　鹤鸣合　大生魁　信诚店　义和店　四美成　新顺昌　全盛裕各捐银三两

正盛荣　丰兴合　郭帧祥　天顺元　义聚成　丰盛香房　永盛协　万顺合　全成正　同心协　顺兴姚　申和恒　永丰魁　永兴复　成章永　复兴隆　义成丰　长发和　荆钟械　曹始新　庆丰店　恒丰豫　丰盛长　丰盛美　恒泰昌　翕盛和　广和全各捐银二两四钱

三合成　正顺号　全成合　长兴周　永和曲　裴仁和　万盛恒　常盛公　广盛奎　通泰成　锦源公　益顺恒　元东兴　同升盛　仁义皮箱局　源盛魁　复兴诚　会仙园　同善堂　阎通盛　兴顺永　德新亨　文兴义　庆祥木行　潮盛新　郭司纯　当如升　王怀武　世兴魁　同心和　都魁永　永盛曹　锦瑞靛行　韩天顺　元盛德　德兴斌　李培恕　泰顺成　古香斋　永益公　祥庆恒　祥太元　陈宗信　长兴永　通缮永　王玉柱　灵石教谕吴锡畴　长兴店　杨作栋　王蕙　□□□崔德纯　九品王檀　张迪成　元盛魁　贡生张鹏　九品张得荣　千总杨鹏翔　理问刘文照　陈其祥　吉忠信堂　五品蓝翎吴一楷　王翼　协兴长　中正德　恒丰和　隆盛店　同知晋丰升　李玉臣　相经邦　太平捕厅陈炅　翼城捕厅周德馨　壹心和各捐银二两

朝邑厘金局捐钱四千文

同祥兴捐钱一两七钱

义成富　两益香房　万盛源　魁盛协　盛兴合　永兴香房　祥盛公　诚盛香房　双盛香房　天成花炮局　集成玉各捐银一两五钱

协兴焕捐银一两四钱

合盛通　德兴合　敬信成　两益成共捐银五两

公盛祥　德源永　复兴魁　王隆德　□盛斋　东兴德　增盛成　心

盛兴　益成和　同兴涌　复生局　忠信恒各捐银一两二钱

魁元张　福成合　全盛油布局　云兴合　祥太福　振兴永　义和玉　太和生　同成兴　两益成　和公园　河南馆　孔继鹏　信成永　效古堂　魁元堂　兴隆白　正兴公　正兴史　豫丰庆　万顺协　赵清和　宁裕用　郭三益　三义魁　泰和公　元亨永　东来生　谦裕夏布行　王修理　潘会元　柴尔桂　韩先贵　司马部成　李德贤　马桢　陈元鳌　邵敏德　樊春禧　张若芝　吴一枝　柴上林　晋金亮　马起富　王履　恩永堂　赵建邦　张维镇　茂盛斋　仁义斋　敬盛斋　刘恕　王浩各捐银一两

同盛站捐银九十两募化银一百五十两

协盛油行募化银五十九两

公正芋行募化银二十两零五钱

四合馆　福盛馆　望宏道　李映林　梁自兴　德盛成　赵福平各捐钱一千文

新盛公捐银六钱　大盛张捐银五钱　永顺正捐钱四百文　曲樊窑捐银一两五钱　公合昌捐银四两　曲沃捕厅金杰捐银一两　蔡元福捐银六两　杨鹏飞捐银五两　万镒新捐银四两　草帽合行捐钱四千文　忠诚信捐银十两

大清同治九年七月吉日立

34. 清同治九年（1870）重建春秋楼绅商布施碑记（三）

此碑现存解州关帝庙刀楼北侧墙壁西。碑为长方形，碑身高0.96米，宽1.44米。碑文楷书，保存一般。碑文由阎尔珍书丹。

碑文记载了同治六年（1867）至同治九年（1870）的春秋楼重建中，为了解决经费问题，采用了多种方式，其中之一是绅商捐款。此碑就是绅商捐款的名单，名单中涉及250个商号和绅士、官民及所捐银钱数量。

【碑阳】

碑额：无

题名：重建春秋楼绅商布施碑记

　　药材行捐银二百五十六两　萃升亨捐银一百七十两　玉成店　充益当　永隆当　通泰当各捐银一百二十两　刘锡三　京监元郭元驷　致合永　永盛合各捐银一百两　五品张京浚捐银七十两　永盛原捐银六十四两　柏木行捐银六十一两　晋升永　复泰贞　充蔚公　永兴通　公益信各捐银六十两　玉器行捐银五十一两

　　任诚意　公盛中　盐中知牛会长　茂盛公　任永兴　永兴西　中宪大夫王家宾　晋益合　敬胜昌　兴顺牲　义合成　通合昌　三合丰各捐银五十两

　　信德冒捐银四十四两

　　曹东镛　元盛合　钱局永盛原　万盛玲　文兴和　顺盛裕各捐银四十两

　　泰顺隆　三锡鸿　继程魁　义盛德　晋升魁　训导岳丰荆　贡生岳丰雍　天佑昌各捐银三十两

　　樊有规　临心正各捐银二十八两

　　鸿庆源　两益公各捐银二十六两

　　福元茂　惠福隆　三和元　永盛丰　天城玉　复顺东　和顺庆　祥盛王　全发兴　天德茶行　公兴茶行　天顺茶行　通裕茶行　和顺茶行　同知师孟成熙泰捐银二十四两

　　天元厚捐银二十二两　长发裕　聚源合捐银二十二两

　　充泰蔚　甘省兵备道董文焕　永新和　夏县线行　兴盛粟店　金井庙粟行　张允恭　生春茂　董凤仪　董纬　董琴　董学易　恒顺元　永顺复　三益正　恒顺政　张庆麟　复盛扫帚行　万通店　陈永顺　康顺德　姚长盛　信义公　义顺西　两义永　王天祥　陈学海　曲沃当

一、运城市解州关帝庙　69

行　闻喜山货行　布理问咸启寿　布理问张振海各捐银二十两

通顺合　新庆吉　公盛祥各捐银一十八两

隆兴西捐银一十七两

聚成合　新兴合　三合魁　天益永　德顺成　天成永　三成合　长春永　诚意仁　敬胜丰　尧昌粉局　常盛粉局　德顺和　德盛和　从九路先春　同德瑞各捐银一十六两

恒泰丰　诚意统　广盛恒　永顺亨　训导梁士杰　天益福各捐银一十五两

皮货行捐银一十四两四钱

天顺兴　震昌瑞　元吉贞　昌兴永　咸益和　义兴和　天泰镒各捐银一十四两

长盛泰　正顺明　永庆书　恒丰泰　益隆昌　义和长　庆余成　源远恒　隆兴通　杜得茂　庆盛昌　福源兴　恒兴和　泰顺裕　三益魁　同兴顺　复兴公　源盛昌　天顺公　聚信公　合和成　义全顺　三同王　义顺昌　恒顺牲　源顺涌　义成育　万盛兴　同盛合　元亨正　同生祥　长盛玉　永顺和　福牲基　致和祥各捐银一十三两

双西德　广生成　贡生乔志和　高谦恭　元泰祥　员外郎高谦尊　山西侯（候）补知县刘崇礼　三和油店　瑞萱当　公兴和　卫天泰　崇义公　王天玉　新兴和　长发丰　信源昌　永聚生　诚意姬　务本诚　王道生　公盛合　布经历王恩锡　福牲泉　奉直大夫常联魁　双茂裕　布经历常联镖　三义公　永顺合　协成祥　同心木厂　隆信木厂　万丰贞　全成德　义合顺　麻行　天德合　二合皮箱局　正泰合　庆丰福　雷升堂　党锦荣　成章协各捐银一十二两

义生恒捐银一十一两

协镇周云龙　候补协镇王谟　蔚隆和　百川通　蔚泰厚　元丰玖　天成亨　敬信义　天顺东　德盛恒　义成永　益泰魁　大顺店　永春新　义顺合　山生木厂　渭南东源升　新兴粟店　永昌粟店　永成

粟店　协泰粟店　协和粟店　赵村新升粟店　仁义合　天庆魁　顺兴玉　通顺协　永盛西　忠兴合　席张新升粟店　资深茂　兴盛合　新和胜　泰兴成　永生昌　新升和　永庆玉　恒丰益　三泰和各捐银一十两

大清同治九年七月吉日立

35. 清同治九年（1870）重修春秋楼并碳楼四坊布施碑记

此碑现存解州关帝庙春秋楼西侧。碑为螭首龟趺，碑额高1.01米，宽0.91米，厚0.23米；碑身高2.27米，宽0.89米，厚0.19米；座高0.35米，宽0.88米，厚1.3米。碑文楷书，保存较好。

碑文记叙了同治六年（1867）至同治九年（1870）的春秋楼重建中，为了解决经费问题，采用了多种方式，此碑是按照地亩捐款。碑阴部分记载修建时礼贤坊、崇凝坊、镇山坊、泰康坊四坊布施的钱数，是研究解州地方社会经济的重要史料来源。

【碑阳】

碑额：皇清

题名：无

钦加布政使司衔分守河东兵备盐法道杨宝臣筹银三千两

钦命接办防务署理山西提刑按察使司盐运使衔分守河东兵备盐法道李庆翱筹银四千两捐银九百两

钦加按察使司衔调署河东兵备盐法道分守道冀宁道王溥

原任潞安府知府前任解州直隶州知州叶桂芬

候补知府隰州直隶州知州前署解州直隶州知州傅廷琦

大同府知府前任解州直隶州知州程豫

候补知府解州直隶州知州朱焜

平阳府知府龚嘉俊捐银六两

曲沃县知县贺澍恩捐银六十二两
夏县知县陈世纶捐银一十六两
太平县知县章寿嵩捐银一十二两
翼城县知县徐炳华捐银一十二两
署芮城县知县金文沂捐银一十两
解州儒学训导陈其封捐银一十两
芮城县儒学训导武善长捐银二两
乡宁县知县俞承奎捐银一十两
大清同治九年岁次庚午七月吉日立

【碑阴】
碑额：永传百世
题名：重修春秋楼并碱楼四坊布施碑记

礼贤坊
陈学亮　李在涟各捐银四两
杨培坝　祥福临各捐银三两
董雯　董霖　孙守恒　刘四好　关严祇　卫学武　张采福　聚义和　李在沄各捐银二两
刘克复捐银一两五钱
董镇海　孙锺岐　董霁　范邦杰　阎尔珍　董志康　孙璋　董露　隆兴公　李在河　鹤年堂　董树林　雷应春　李在渭　德发永　致盛成各捐银一两
顺德染房　郭生花　孔旼各捐钱一千文
侯镜清　李在桢　武丙建　五福花店　卫俊　董校林　董震阳　董殿邦　李焕文　谭希贤　刘俊河　冯佩璋　万镒源　史立树　太吉昌　张邦彦各捐银五钱

侯毓谦　吕克礼各捐银四钱

李庆寿　赵一清　董照魁　卫学周　李正丰　史廷法　李福林　李炳增　姚生贵　李庆林　冯毓华　卫喜庆　孙立法　王登元各捐银三钱

董观鼎　李景福　马采芹　张万富　吉庆祥　冯海鸿　史廷贤　卫林娃　赵金盛　相安邦　侯锡堂　寇金奎　卫树榛　李毓斗　李成林　冯萧氏　董应彪　董观益各捐银二钱

董荣庆捐银一两

崇凝坊

白货行捐银八两

赞育堂　李如松各捐银三两

泉荫玉　柳廷和各捐银二两四钱

京药行　恒升茂　邺祥麟　蔡闻道各捐银二两

李祥泰捐银一两七钱

五福魁　义兴德　蔡凝福　罗兴顺各捐银一两五钱

同心合　阎尔璋　兴成祥　壹心成　德盛永　忠兴元　广生堂　长盛合　新盛元　协盛合　魁盛纸局　永庆祥　介廷仑　邓之杰各捐银一两二钱

永福堂　景德福　天顺成　天庆楼　德懋正　会文堂　永泰成　和泉涌　蔡庚　隆兴合　王福增　天顺染房　昌兴染房　增顺仁　天成祥　卫秉廉　恒兴泰　复兴号　珠庆成　新兴纸局　保翰堂　合顺永　吉庆魁　明顺合　李天俊　刘丙离　公忍堂　薛凤鸣　李钥锁　白廷智　李万枝　马中矩　刘克绩　张新义　赵太和各捐银一两

张廷花　德泰涌　复兴永　忠兴永各捐银八钱

宁安财　天兴合各捐银六钱

和盛昌　四合号　三盛帽铺　王天鹏　许三义　杨喜成　马中规　马中律　孙春和　宋六娃　卫公盛　壹心诚　恒兴源各捐银五钱

史作宾　李焕林　卫六锁　马中伦　李春芳　王宝善　王明盛　徐太祥　马隆盛　瑞兴号　同心协　清盛和　双盛馆　张文蔚　蔡建森　蔡建元　王万升　裴学礼　王开成　李魁元各捐银三钱

萧树春　恒心公　阎生武　杨兆隆　韩天钰　张岐凤　李金玉　史重禄　张永泰　郭文彩　吕得升　秦汝敏　王世义　李开贞　吴大魁　马中清　张德芳　王永清　苑新兴　王世俊　秦士英　秦汝宽　萧秃娃　仁义堂　同德堂　东玉西　大成德　万和合　长盛顺　王福祥　王张锁　四盛合　荆文光　蔡仲管　蔡文博　蔡迎照　李德盛　李生财　杨收成　杨金鳌　王春和　姚月发各捐银二钱

程金铭捐银一钱五分

柴天顺　张普云　李彩珠　荆好成　李有娃　黄永盛　刘育明　王串娃　当全盛　马小项　崔羊娃　孙跟娃　王栽　张月盛　侯小映　史清源　杨跟卯　李育春　刘元娃　吕万斗　裴福成　秦成祥　黄跟兴　史奉章　李全德　蒲八龙　相秉钧　王务勤　薛长盛　李守道　赵立法　雷振河　杨贵　许海宽　苏随娃　雷春动　梁天禄　张开成　宋强娃　高起兴　李新年　张忙娃　仁义福　忠和永　王安国　三益盛　王修吉　薛执谷　孔自立　王养隆　阎致中　梁起升　畅福祥　畅清海　崔月耀　李元泰　马万和　罗金月　邬喜林　蔡敬宽　武德盛　王俊泰各捐银一钱

袁万富捐银四两

阎新茂捐银二两

侯如林捐银一两

镇山坊

侯乙鸥　郝俊义各捐银五两

侯丙辐捐银四两

杨育正捐银三两五钱

侯乙鸿　宋万兴　钱雨臬　左大典各捐银三两

李瑨　李瑞　李锡龄　李昌龄　赵秉彝　侯乙鸾　张凌云　侯乙鹓　乔贞泰　源泉永　六合柜　李学义　吕梦星　张恩锡　德泰统　全盛德　大生堂　李尔龄　王尔墅　王楸梧各捐银二两

侯方城捐银一两五钱

樊九成　李作睿　张德发　乔千祥　张恩升　李振煌　侯汝霖　张文灿　李养心　马源济　王万年　介九域　鱼生贵　李来仪　樊廷俊　恒德正　刘永祥　张培锦　卫耀南　介世德　史建纲　李望来　梁起兴　刘立贤　马季驹　史书铭　樊邦俊　侯以约　董政　连维汉　同德合　介长序　介李氏　介峻极　乔粹善　乔克明各捐银一两

侯述职捐银二两

李鑫　董玉贵　樊奉璧　李敬修各捐银一两

史振铎　乔思善　杨世泰　郭长余　王长庚　蔡世俊　卫隆海　侯崇城　侯书城　宋玉润各捐银五钱

泰康坊

福来和捐银四两

连高升　张麟创　邺海晏各捐银三两

昌兴厂捐银二两五钱

贾凤翔　袁俊海　孙炳宽　双盛合　春茂号　元泰合　马甲驷　马世泽　王德明各捐银二两

继盛源捐银一两五钱

泰顺成　王德燎　宋玉海　薛逢时　邺养杰　新盛店　新盛面店　阎在礼　袁天锡　孙克智　李允泰　高全盛　刘起元各捐银一两

卜天顺捐银八钱

复盛店　连罗氏　鼎兴楼　聚成厚　张明福　连卫氏　柴占魁　赵庆宅　刘永乐各捐银五钱

卫宗禹　崔春元　阎敬善各捐钱五百文

刘天法　相金法各捐银二钱

李增禄　张秀元　连正和各捐钱二百文

邺文林捐银五钱

刘太义捐银一两

相金镛捐银一两

马其俊　李长泰各捐银三钱

木工相金镛　刘太义　王务勤　阎生花　邺文林　梁育祥　秦士英　常遇泰

泥工李清江　王祥太　王长喜　吕应围　相升禄

琉璃工吕长泰　张凤燕

铁工李兴　陈继魁　陈有兴　赵学礼　王辛荣　柳铁匠

油画工杨普清　李钟萼　武凤鸣　李克岐　卫天林　董增华

石工杜荣贵　马景元　王春和

大清同治九年岁次庚午七月吉日立

36. 清同治九年（1870）重建春秋楼并建碾楼六路地亩布施碑

此碑现存解州关帝庙刀楼南侧墙壁。碑为长方形，碑身高 0.8 米，宽 1.11 米。碑文楷书，保存较好。

碑文记叙了同治六年（1867）至同治九年（1870）的春秋楼重建中，为了解决经费问题，采用了多种方式，此碑是按照地亩捐款。碑文中记载有正东路、东北路、正北路、西北路、正西路、正南路，涉及解州附近 94 个村庄及所捐钱数，唯一不足的就是缺乏地亩的具体数量。

【碑阳】

碑额：无

题名：重修春秋楼并建碾楼六路地亩布施碑记

正东路

顺城关捐银一十两　东下园捐银五两　社东村捐银七十五两三钱　邱家坡捐银二十四两　砂窝村捐银四十五两　十里铺捐银三十五两一钱　胡家岭捐银二十六两七钱　柳马村捐银三十两　二十里铺捐银二十三两　雷家坡捐银三十两　杜家坡捐银三十二两八钱　下堡头捐银一十七两　庄头村捐银三十五两六钱　杜甫村捐银二十六两四钱　东辛庄捐银七十两零七钱　赵村捐银五十四两四钱　王马村捐银四十四两七钱　羊村捐银四十一两六钱　东张耿捐银三十两　西张耿捐银二十四两一钱

东北路

郑费车盘捐银五十二两七钱　东膏腴捐银四十六两　三家庄捐银三十二两　龙居村捐银四十六两八钱　东龙居捐银一十二两　南华村捐银三十二两　袁家庄捐银四十两又三两　西袁庄捐银一十六两三钱　大张坞捐银六十五两二钱　赎马村捐银六十两　郑小庄捐银一十两零二钱　王吞村捐银二十五两　小曲村捐银三十四两七钱　南庄村捐银五十五两　下张耿捐银三十两零七钱　麻村捐银一十七两五钱　长乐村捐银四十两零七钱　尚义庄捐银三十八两二钱　中凹庄捐银五十一两　下凹庄捐银二十四两三钱

正北路

薛车盘捐银四十两零四钱　小张坞捐银二十四两二钱　西膏腴捐银四十三两　马李庄捐银六两六钱　赤社村捐银五十四两一钱　义胜庄捐银九两　罗义村捐银六十两　长江府捐银二十四两六钱　卫唐村捐银二十两　新营庄捐银二十六两　南扶村捐银四十二两　王南村捐银三十一两　东曲樊捐银三十二两　美玉村捐银四十二两二钱　西曲樊捐银二十九两　茂盛庄捐银二十八两二钱　北曲樊捐银三两七钱

西北路

北膏腴捐银一十六两一钱　北高铺捐银六两一钱　大井村捐银

三十八两　洗马村捐银二十八两　卫褚村捐银六十两三钱　西王村捐银一百八十七两又银六十两　侯村捐银五十两　朱小张捐银三十八两　万家庄捐银一十两　三娄寺捐银五十九两　西安头捐银三十一两四钱　东安头捐银三十九两一钱　张锁村捐银六十两零八钱　清健庄捐银八两

正西路

西门外捐银二两　城西村捐银三十两　柴家窑捐银一十三两　郭家村捐银一十八两　席张村捐银一十九两六钱　郊斜村捐银四十九两六钱　西辛庄捐银二十六两　东胡村捐银三十五两二钱　乔家庄捐银三十四两八钱　西胡村捐银二十五两八钱　北贾村捐银二十八两六钱　底张村捐银四十五两　许贾村捐银二十两　南贾村捐银二十两六钱　南菅村捐银三十二两

正南路

南门外捐银五两三钱　董家庄捐银一十七两七钱　南山底捐银四十三两二钱　蚕坊村捐银一十八两六钱　南十里铺捐银六十两　常平村捐银一十二两七钱　辰郑庄捐银十九两一钱　曲村捐银三十七两

大清同治九年岁次庚午七月吉日立

37. 清同治九年（1870）重建春秋楼本州绅民布施碑记暨客商捐修廊房碑记

此碑现存解州关帝庙印楼北侧墙壁东。碑为长方形，碑身高 0.98 米，宽 1.44 米。碑文楷书，保存较好。侯汝霖书丹。碑文分为两部分，一为"重建春秋楼本州绅民布施碑记"，一为"客商捐修廊房碑记"。

碑文记叙了同治六年（1867）至同治九年（1870）的春秋楼重建中，为了解决经费问题，采用了多种方式，此碑记录了本州绅民布施以及客商捐修廊房的捐赠钱数。

【碑阳】

碑额：无

题名：重建春秋楼本州绅民布施碑记

王友于捐银五百两　李修德捐银一百五十两　董象干捐银七十两　侯德广　乔南金各捐银六十两　马近道　火神庙　姜宪庸　李顺德　高起江　薛遐龄各捐银五十两　朱东智捐银四十五两　刘邦栋　张生莲　姜倬汉各捐银四十两　赵相普捐银三十五两　张润林捐银三十四两　杨天金　王魁中　侯效冉　吕克谐　赵秉温　邨泰华　费世丰　白邦彦　杨积玉　马仁义各捐银三十两　李维廉捐银二十八两　刘子俊　冯云清　阎际盛　阎际隆　曲春光各捐银二十六两　阎海林　李向程　雷遇春　李太和　李玉田　王邦俊各捐银二十四两　李发荣　赵联宗　王炳年　张镇国　李秉森　杨孝廉　乔士秀　李义　刘见凤　高集凤　张必达　庹春盛　卫映德　卫保贤　郭良佐　朱东江　王之俊　刘维忠　朱宗耀　董清海各捐银二十两　耷思莘　雷邦贤各捐银一十六两　高云汉　吕多闻　高鹏展　吕承基　伍永财各捐银一十五两　梁元亨　吕金生　高励翀　乐善堂　刘三合堂　官泰阶　王楺荷各捐银一十四两　辛进杨　萧廉盛　张兆鹏　寇九思　乔世魁　赵巨然　相均海各捐银十二两　赵正冠捐银十三两　石桥庙　南海云　柳鹈鸣　阎笃武　李预染　兴盛粟店募化银十两零五钱　李起祥　王世兴　雷生霖　王德灿　王汝弼　朱时梅　侯乙鹪　卫树榛　柳春发　侯丙轼　刘毓成　郭开成　王自成　侯乙鸽　董映魁　史乐道　王大法　张治邦　蔡昌浈　李恕堂　郭万银　庹恕臣　范景雍　范景春　丁务本各捐银十两　梁起发　雷起发　雷星泉各捐银八两　史君义　乔从善　耿成花各捐银八两　段广元捐银七两　王甲第　李兴有　李士杰　王兴义　张治广　连三元　王文海　张发祥　王炳吉　张居恭　李起成　黄福长　张守义各捐银六两　杨廷栋　乔长庆　段廷贤　段广朝　陈望

隆　任茂盛　任茂兴　王心和　南从周　胡全兴各捐银五两　陈晋福　程序燕　段春发　段广居　王泰祥　刘一心　杨炜各捐银四两　李玑璇捐银三两　许超达捐银二两五钱　伍高照　郭复泰　李殿熊　田介氏各捐银二两　梁清齐捐钱五千文　姜炳泰捐银一两　张登科　辰金陵各捐钱一千文　介裕厚　罗湘涟各捐银五钱　马嗣融捐银四两

账房马原济　刘克绩

募化郭进遑　王邦俊　陈学训　赵邻魏　王炳文　蔡闻道　卫耀南　孙钟岐　王贻垍　董观泰　□镇江　范邦杰　曹东镛　侯鸿猷　岐英照　阎振清

客商捐修廊房碑记

公益信捐银一百八十两　三合丰捐银一百一十八两　信德昌捐银一百一十两　德顺和　长华茂　德盛和各捐银六十两　顺天祥捐银五十五两　临心正　广生成　元泰祥各捐银五十两　同德瑞捐银四十八两　永新和　三成公　鸿庆源　瑞隆玉　诚裕魁　天泰镒　二盛玉　诚意统各捐银四十两　义兴和　天吉公　集锦公　元兴泰　广福隆　咸益和　全盛林　德盛成各捐银三十两　广德生　同福协　魁盛隆各捐银二十四两　通泰和　永兴杨　清兴和各捐银一十八两　联盛和　万顺协　丰盛永　义成公各捐银一十二两　源兴成　运盛公各捐银九两

廪贡生侯汝霖书丹

大清同治九年七月吉日立

38. 清同治九年（1870）重建春秋楼布施碑记

此碑现存解州关帝庙印楼南侧墙壁。碑为长方形，碑身高0.77米，宽1.14米。碑文楷书，保存较好。

碑文记叙了解州关帝庙重建春秋楼捐款的80家商号名称、官员名字及具体金额。碑文最后提到有58家是通过同盛站募化而来。

【碑阳】

碑额：无

题名：重建春秋楼布施碑记

　　阎敬铭捐银四两　盐经历　史国俊捐银四两　王澈捐银六两　闻喜　刘炳捐银一百两　太平　刘向经捐银二十四两　赵德轼捐银三十六两　王恒盛捐银二十两　通顺成捐银十二两　阎文焕捐银十两　芮城福生盐店捐银六两　赵邻魏　下马口张天锡　张广福　张广禄各捐银五两　中兴裕　德盛和　公盛顺　本州厘金局　义丰栈　五福正各捐银四两　新顺生捐银三两　德天成捐银二两四钱　长兴德捐银一两五钱　同义和　复盛长各捐银一两二钱　土地祠捐钱三千　牛杜□　陈春茂　杨云祯　运城官益和　意和祥　万盛仁　古城天德合　李清江　王长喜　王祥泰　吕应图　刘永贵　武凤鸣　李克岐　杨普清　李钟萼各捐银一两　盐收科杨振清　道工房任德容各捐钱一千　永祥和　四合公　芸香轩　天顺德各捐银五钱　义成和捐银二钱四分　胡淡娃　姜成娃　乔有娃各捐银一钱　诚盛义捐银一两二钱　汉兴号捐银一两五钱　恒聚昌银十五两　祥增福银十二两　全兴璞　双裕魁各六两　庆顺德　全盛和　义盛东　泰和协　裕泰成　仁义和　顺昌恒各五两　三义永　晋丰隆　三义公　因达尊各四两　同义合　大有庆　源顺店各三两　集成合　兴旺玉各二两四钱　祥盛魁　天兴合　涌泉镇号　新兴正　恒舒升　存义玉　长泰和　长善元　东玉兴各二两　德复茂　和丰东　天顺祥　天庆永　大有丰　祥正合　双合诚　德盛玉　恒顺泰　益兰祥各一两二钱　协和正　干元诚　全茂恒　永芳程　复盛魁　仁和德　德昌秀　义顺通　合诚永　恒裕德　顺诚油店　同心协　德成和　广义成　合义顺　天祥元　福德粟店　聚德粟店　天庆元各一两

以上共五十八家即同盛站募化

同治九年九月吉日立

二、运城市解州镇常平关帝庙

常平关帝庙，又称关帝家庙，位于运城市西南11千米的解州镇常平村，距解州关帝庙8千米。相传是在关公旧宅的基础上修建而成的，占地面积2万多平方米。关羽从出生到避祸出逃之前一直生活于此，关羽逝后，后裔为了纪念他便在此建造了一座祠堂，作为奉祀他的场所。盐池以南这一带流传关帝家庙是常平村、曲村和蚕坊这三个村子联合建造的。关帝家庙有确切时间记载的，最早是金大定十七年（1177）张开题记。祠宇坐北向南，前临中条山，后依盐湖。最早的家庙是坐南朝北，即庙宇面对盐池，背靠中条山，庙居七级砖塔之前。明嘉靖三十四年（1555）地震损毁后，知州徐祚主持大修，因"坐背考妣"不宜，便移建祠庙方位，形成了今天坐北朝南向，塔居庙前的格局。明代崇祀关公之风兴盛，家庙修建渐多，有明确记载的达8次，清代对家庙的修葺达12次之多。民国年间，因战乱频仍，只在民国十四年（1925）进行了一次小规模维修。

1. 金大定十七年（1177）汉关大王祖宅塔记

此碑现存常平关帝庙砖塔南壁。碑为长方形，碑身高0.49米，宽0.38米。碑文楷书，保存良好。碑文由解州律学张开撰写，到清雍正九年（1731）重修祖塔时，由张学仁续，王兴立石，朱士安刊。

碑文记叙了关公生前的主要功绩，突显了关公的"忠义"精神。文中提到直下封村柳园社的王兴"重加完葺"祖塔，祈望关公神灵可以降佑一境，实现"万事清吉，风调雨顺，国泰民安"的愿望。

【碑阳】

碑额：无

题名：汉关大王祖宅塔记

　　义勇武安王，世祖解人。兴于汉灵帝中平元年甲子，辅蜀先主，佐汉立功。伏以大王勇略天资，英谋神授。尽忠义于先主，不避艰难，弃富贵于曹公，岂图爵禄。当时志气，曾分主上之忧；今日威灵，犹赐生民之福。今者本庄社人王兴将一千五十四年前祖塔重加完葺，伏愿神灵降佑一境之中，万事清吉，风调雨顺，国泰民安，命开为记。略记大王威德之万一，深负惶恐。大金大定十七年丁酉三月十五日，本州律学张开谨言。

　　直下封村柳园社王兴立石

　　朱士安刊

　　金大定丁酉至清雍正九年　辛亥四百九十四年　张学仁续

2. 明嘉靖八年（1529）重修关王祖庙塔莹施银碑

此碑现存常平关帝庙祖宅塔东壁。碑为长方形，碑身高 0.35 米，宽 0.48 米。碑文行书，保存一般。碑文由李调元书丹，杨滨澄立石。

碑文记叙了嘉靖八年（1529）年重修祖庙塔莹施银名单。施银人员中有 46 位官员、商人和村民所捐银、物的数量。

【碑阳】

碑额：无

题名：无

　　大明嘉靖八年三月一日重修关王祖庙塔莹，今将施银姓名开列于后，以为悠久计云。计开：

北京锦衣卫指挥同知陈政银一两　锦衣卫千户郭礼银一两　北京商人叶逵银二两　叶淮银一钱　马锐银一钱　董芳银三钱　张升银二钱　王伦银二钱　宣府万全都司右卫商人郭信银五钱　大同商人郝仁银五钱　陆应期银一两　盐池巡检司巡检真定赞皇县于行信砖一千　本州典膳杨茂寿银五钱　姚安银一两　刘绒　李腾　董莘　谭岩　李定科　辛天锡　董圮　安邑县张芩三钱五　杨洞银二钱

　　曲村张爵　张守思　张卓　石奉

　　蚕方村张鸾　王达　刘文礼　乡老郭锐　于文中　于□□　于文□　王尊　张宁　侯廷玉　王儒　张经　于纪戎　于纪章　董□　董卓　相倍

　　赎马里张务

　　云中陆定银二钱

　　郡人李调元书丹

　　道正司道正杨滨澄立石

　　募缘道士贺演靖

　　住守张崇霞　郝崇安

3. 明嘉靖三十四年（1555）解州常平里重修汉义勇武安王庙记

　　此碑现存常平关帝庙献殿西侧碑亭。碑为螭首龟趺，碑额高0.97米，宽0.91米，厚0.28米；碑身高1.68米，宽0.8米，厚0.2米；座高0.3米，宽0.88米，厚1.25米。碑文楷书，保存较好。碑文由徐祚撰写。

　　碑文记叙了徐祚知道解州事后，筹划并重修关帝庙的经过。碑文对于关帝庙的历次重修活动进行了详细记载，并且突出了关帝庙当时是"乡民私葺，官不与知焉"的状态。徐祚这次主持重修不仅完善原有建筑，并且改变了原有格局，使之便于乡民伏腊陈献的祭祀活动。碑阴部分刻有两行文字。

【碑阳】

碑额：无

题名：解州常平里重修汉义勇武安王庙记

汉寿亭侯，谥壮穆，追封显灵义勇武安英济王，解州人也。州在汉时称解梁县，隶蒲州，统属河东郡，今仍之。第郡改曰道，而府别平阳云。距州东二十里为常平下封村，王故里也。父老相传，庙即王旧居，有塔屹立，袭称塔下为井。王初避难出亡时，其父母沉葬于内，后人因为起塔以表之。惜史传失记，郡志无征。塔上嵌片石，知在金大定十七年，本庄社人王兴重修。庑下列断碑，知入国朝，一修于成化丙申，再修于嘉靖癸未，继修于庚寅，皆乡民私葺，官不与知焉。忆余于乙未岁叨登进士第，即梦谒一宫宇，彤庭宏敞，桧柏苍葱，睹王端冕坐殿上。既而除知夏县。夏，为解之属邑。余以事入解，趋谒王祠，宛然梦境，心甚异之，以为奇兆。寻丁外艰，还服阕，补知莱之掖县，入登乌台，出守青郡。俄谪倅西江之宁州，前后凡十八年。乃转知解州，始知前梦之示端兆于斯，不独形宰夏之征而已也！视篆后，往来经常平，祗谒王祠，乃知祠旧在塔前。嘉靖初，巡按侍御王公秀，竖石为坊，榜曰：关王故里。后来君子以为坐背考妣，非宜，乃改庙南向，前面中条山，后倚齞池，挹灵吞秀，于义尤当。乃巡盐侍御尚公维持，发公帑金以倡，侍御宋公仪望继有所助，而前解守张侯习、判官王子大用，各捐金以相其成。但故里之坊，犹未移置居塔前，维正殿苟完，而寝宫未辟，殊为阙典。余因出赎罪金及谷米之类，为工食费，召匠增修，历三时而后底绩，乃移石坊于前衢，外为大门四楹，耳门各二楹，入门稍东，即称塔也。中建虚榭，以为乡民伏腊陈献之所。正殿六楹，缭以回廊，环列一十五柱。东西建庑各十楹，绘王神绩。后为寝宫四楹，缭以十二柱，金碧辉煌，谒者改观。尚宋二公之绩于是大成，而栖神妥灵，庶其无遗憾矣乎。按：王姓关氏，讳羽，字云长，夏忠臣龙逄之裔孙。为人勇而有义，好诵《左氏春秋》。避地奔涿郡，与郡人张桓侯飞友善，王年长数岁，侯以兄事之。是时，昭烈以汉宗室子在涿郡，王见帝京日乱，乃与桓侯竭力事之，曲为御侮，结为兄弟。会黄巾贼起，继董卓倡乱，昭烈各起义兵靖国难，王率与俱。亟昭烈为平原相，以王泊桓侯为别部司马，分统部曲，寝则同床，恩若骨肉。而王与桓侯稠人广坐，侍立终日，相随周旋，不避艰阻。吕布攻小沛，昭烈败走，与王及飞奔于曹操，以为豫州牧，卒擒吕布杀之，寻还许都。建安四年，袁术欲经徐州，北就袁绍，操遣其将朱灵及昭烈邀之。寻疑昭烈勇而志大，关、张为之羽翼，追悔无及。昭烈既得徐州，令王守下邳，行太守事，昭烈复还小沛。五年正月，操自将往击破之，昭烈奔于袁绍，操进拔下邳，执王，拜为偏将军，礼之甚厚。察其无留意，使张辽问之，王叹曰：吾极知曹公待我厚，然吾受刘将军恩，誓以共死，当立效以报，乃去耳。其后刺颜良于万众中，解白马之围，操表封为汉寿亭侯，锡予便蕃。王尽封其所赐，留书告辞，乃奔昭烈于袁军。先是，昭烈在许都与操共猎，猎去众散。王劝帝杀曹，不听。后屡经颠沛，卒贻国戚，是盖天定胜人，而王之先识灼见，卓乎不可及已！操进军江陵，昭烈及王与孙权，协力御之。赤壁奏捷，权表昭烈为荆州牧，以所给地少，求都督荆州。鲁肃劝权以荆州借昭烈，与共拒操。昭烈既定江南，封拜元勋，以王为襄阳太守、荡寇将军。迨昭烈入蜀，留王守荆，继拜王董督荆州事。昭烈奄有汉中称王，拜王为将军，假节钺。方其在荆也，降于禁，斩庞德，陆浑民孙狼杀主簿，南附于王，自许以南往往遥应，威震华夏。操议徙都，以避其锐。不幸，司马懿辈肆进邪说，阴结孙权，俾蹑其后。适鲁肃云亡，吕蒙代之，复进谲议，诈称病笃还京口，阴荐陆逊以自代，白衣摇橹，袭夺荆州。王保麦城不克，出走，为潘璋司马蜀忠所邀，与其子昭觊武灵侯平卒于章乡。及昭烈即帝位，追谥壮穆，亲统六师，为王复雠。君臣始终之义，古今罕俪。呜呼！向使鲁肃少缓其死，吕蒙早殒其生，重念同仇之义，弗渝讨贼之盟，逆魏必可除，汉业必可复，奚至鼎足角立，而竟为司马氏之有也哉！说者乃不原天运，归咎人事，以王辞婚于吴，骂其来使，为矜己傲物，自取败亡。撰国志者阿晋有魏，乃谓王刚而自矜，以短取败。噫！是恶足窥王所蕴哉！是恶足窥王所蕴哉！夫王之所以力辞于于曹，绝婚于吴者，良以秀质汉廷，耻结霸伪，实为天下大一统，人臣无私交之义，兹固仲尼之志《春秋》之法也！学问之功，于是为大，匪徒诵习，厥惟允蹈。彼陈寿、戴溪，果足以窥王仿佛耶？今去汉千余载，蒙、逊之鬼不灵，权、操之祀久绝。而王直气凌霄汉，神威贯宇宙，家祀户祝，庙（徧）[遍]寰区。向使王少屈厥志，俯就功名，又恶能充塞两间，久而愈灵，顾若是之烜赫哉！王庙在解城西郭外，每岁孟夏八日，秦、晋、汴、卫邻省之人，男女走谒拜于道者蚁相联，固炜烨震耀矣。常平为王里宅，尤宜表树，第近山多风，垣墉瓴甓，易于摧毁。余特记厥成于石，揭诸庙庭，俾后之继守兹土而进谒者，知兴修之难，而摧颓之易也。视其将圮，即嗣而葺之，庶几斯庙永无斁。岂直于《祭法》勤事定国之典，允合弗戾，而实于朝家表忠崇德之旨，恪遵无坠焉，讵非有司之职、守臣之任哉？

  时嘉靖乙卯正月吉旦

  赐进士第知解州事前山西道监察御史□二楼徐祚撰

  督工官宋良弼

  道士郝崇安

  乡老王儒　张春　张昆

【碑阴】

碑额：无

题名：无

  本州崇宁坊知县□□□—□

  崇宁宫道士　　□□□—□

4. 明嘉靖四十四年（1565）重修解州常平义勇武安王庙记

此碑现存常平关帝庙献殿东侧碑亭。碑为螭首龟趺，碑额高0.96米，宽0.9米，厚0.2米；碑身高2.16米，宽0.86米，厚0.17米；座高0.3米，宽0.95米，厚1.46米。碑文楷书，保存较好。碑文由李瑶撰写，林中直书，陈道篆。

碑文记叙了钦差巡按山西等处监察御史在河东盐池巡视时，拜谒关帝庙，见庙宇颓敝严重，又有里人请求修葺，便命州守陈秉政清查庙中香缗，利用这些钱重修关帝庙的过程。工程始于夏，落成于冬，"上不废官，下不劳民，经画宜而财用当"，主要是归功于胡公。碑文中对于关公进行了比较客观的评价。

【碑阳】

碑额：重修常平武安王庙记

题名：重修解州常平义勇武安王庙记

王世为解州常平里人。里有王庙，建自金大定十七年，以迄于今，像貌肃而栋宇则摧毁，基址存而规制则卑陋，非所以妥灵昭贶也。甲子春，侍御九皋胡公奉命按鹾河东，偶夜梦对立王前，神采凛凛，若有生气。顷之，巡视禁堵，过王里，谒王庙，宛如梦中所见。慨然叹曰：惟王忠义正直，天下仰其威灵，祠祀且焕然遍寰宇矣。兹惟生长之地，顾颓敝如此耶？命州守陈秉政查有香缗若干两，里人请为修葺，众云："以王之故物，修王之故里，王所乐为也。"乃修正殿五楹，前为献台，中虚四达，报祭有所。东西行廊二十楹，廊下有亭，亭南为仪门，祖塔在其东。再南为大门，门外有坊有壁，以壮观瞻，蔽内外。后为寝宫五楹，左右房六楹，迤东为道院，祀香火者居之。院建老子殿三楹，墙垣周围百丈，饰以缭檐，宏敞雄丽，视者改观。工始于是年夏，落成于冬，上不废官，下不劳民，经画宜而财用当，可以观公之用心矣。同知贾永康、判官温堂请记其事。予惟常平南面中条，北负鹾池，山川灵秀，萃于此矣。是故山藏其宝，鹾产于池，钟诸人则为神圣，为智勇。自开辟以来，一泄于风后，积千百余岁，再发于王。说者谓王与风后生同地、志同道，顾风后以相业顾于黄帝，王徒以武勇鸣汉末，岂山川之气渐浇，而文武之道异尚哉？盖遭值有顺逆耳。使王当顺世，即忠义正直之气，宏弥纶参赞之业，宁知不天地治而神明至耶？且王好诵《左氏春秋》，故志扫群雄，力扶汉鼎。观其结盟桃园，则大义决；侍立终日，则大分昭；秉烛长夜，则大节著；报曹归刘，则大信伸。虽困厄顿踣，而志愈坚，东奔西驰，而气益不可夺，此非邃于道德问学，而识见精明，安能始终一辙，顾可以武勇论王哉！惜乎！天不祚汉，帝业未竟。信乎！王之所能者，人也；不能者，天也。虽然，王禀赋于天地山川者厚，故英魂义起，直瞻忠肝，在天与风云雷雨同其响应，在地与岳渎社稷并其惠泽。护国庇民之志，死而不磨，宜乎庙食于无穷。九皋公命新祠宇，固表忠崇德之懿举欤。若夫贞宪肃度，剔奸遂良，风节气概，契乎于王，是故感王之梦，形于十载之下。噫！若公者，可谓不愧于王矣。公讳钥，字畏卿，别号九皋，世为湖广承天人，起家丙辰进士云。

  嘉靖四十四年岁次乙丑二月吉旦

  赐进士第前知陕西蒲城县事郡人粟轩　李瑶撰

  解州知州陈秉政

  同知贾永康　判官温堂　儒学学正梅俸　训导杨继东　贡士林中直谨书生员陈道谨篆

  督工官董朴老人卫有智

  乡老张九荣　邓世禄　董卓

5. 明嘉靖四十四年（1565）监察御史胡钥告义勇武安王文

  此碑现存常平关帝庙献殿东山墙。碑为长方形，碑身高0.55米，宽0.74米。碑文隶书，保存较好。碑文由陈道书。

碑文记叙了监察御史胡钥主持重修常平关帝庙后撰写的祭文，作者认为只有"受命守土，恢新宫阙"，才能更好地体现关公"气钟乾坤，忠贯日月"的忠义精神。

【碑阳】

碑额：无

题名：无

维嘉靖四十四年岁次乙丑三月戊戌朔越十二日己酉，钦差巡按山西等处监察御史胡钥，谨以清酤庶修之仪，敢昭告于义勇武安王之神曰：惟王气钟乾坤，忠贯日月。古今崇祠，华夷遍列。惟兹常平，实王故宅。观风过里，我心用慨。所慨伊何？庙颓碑冽。何以妥神，何以昭节？受命守土，恢新宫阙。适当告成，盐花珠缀。岂气化之自然，仰神心之见悦。呜呼！条山万仞兮，峰头吐月；醝涂千顷兮，坡底堆雪。聿王之心志兮，虽雪月难抑其高洁。惟护国庇民兮，万世如此山此涂而不竭。尚飨！

门生陈道书

6. 明嘉靖四十四年（1565）平阳府解州为常平村礼仪事批照碑

此碑现存常平关帝庙献殿西山墙。碑为竖式圆首，碑身高1.66米，宽0.7米。碑文行书，保存较好。碑文由陈道书并篆额，董应奎刊字。

碑文记叙了两件事情。一是解州关帝庙礼仪的事情，利用庙宇重修之际，应将之前废弃的祭祀活动重新举办，特制定了清明节"二祭"，并且对祭祀规格、祭品种类数量、祭祀顺序等加以规定，还要求崇宁宫道士参与祭祀活动，建设清醮三日，以示崇敬之心。二是监察御史胡钥对于解州所报重办祭祀活动事项的批示，要求"刻之石碣，示之成规，使山童野叟，一体知照。因时举行，勿得废礼慢神"。

【碑阳】

碑额：玉秀永宗

题名：无

　　平阳府解州为礼仪事：

　　照得本州常平村系关王故里，祠墓俱存，后因地震损坏。四十三年，乡老卫有智等，状赴钦差巡按山西等处监察御史胡处，告准批行本州申允，即今建造完备，思得礼可以义，起事待于人为，庙貌既新，废祀当举。本州欲以王之香縍，供王之父母，遇每岁清明节，先期动库贮香钱银十两，领于本村乡老，备猪二口，羊二腔，油果六桌，时果八盘，馒头两桌，香材灯烛俱全，分为二祭，至期州官亲诣行礼，一祀于武安王神位前，一祀于先人墓冢，亦如民间祭扫之仪，于礼似为得宜。再照崇宁宫道士原系供王香火而设，祭田五顷，皆为佃种，既厚享王利，亦当少竭虔诚，合无每遇清明节，令道官率领阖宫道士，俱诣本庙，建设清醮三日，庶见崇报之意。立示定规，永为遵守。后有慢神废祀者，幽有神鉴，明有国法。缘系举崇祀，典事理，卑州未敢擅专，拟合申请。为此，今将前因理合具申，伏乞照详施行，须至呈者右申。

　　钦差巡按山西等处监察御史胡批：

　　看得该州所议推王之意，以厚王之亲，此礼本情生，法缘义制，于神于人两得之矣。但乡老须一村之望，人所信从；创作贵经久之图，岂容忽废。若道士食王之土，宜供王之祀，清明之醮，似可行也。仰州查照议行，即刻之石碣，示之成规，使山童野叟，一体知照。因时举行，勿得废礼慢神，自取渎乱，神将吐之矣。盖治民事，其理则一，事神凡以为民尔，岂诣媚为也？此缴署解州同知贾永康、判官郭璧。

　　生员陈道书并篆

　　典吏赵思诚　畅楠　侯统　谭实

　　乡老张九荣　卫有智

刊字匠董应奎

嘉靖四十四年五月初四日

7. 明隆庆二年（1568）重修常平庙记

此碑现存常平关帝庙献殿西山墙。碑为竖式圆首，碑身高1.62米，宽0.76米。碑文楷书，保存较好。碑文由毛为光撰，张鸾翼书，李承祖篆额，董应奎刊字。

碑文记叙了知州吕文楠以胡钥为榜样，捐俸为倡，对常平关帝庙进行重修的过程。

【碑阳】

碑额：重修常平庙记

题名：重修常平武安王庙记

　　夫圣贤之笃生，必萃灵于川岳。是以尚论其世者，夷考其地，而后之居于其乡者，千百世之下犹倚之以为重。而尤幸有所仰止，而奋兴天下之想慕其风采者，道其里恍然若亲炙其为人，而颙然加敬畏，此诚心之自然，而今昔之所同也。汉义勇武安王关公，奋迹条冈，凝精鹾海，忠义天植，智勇绝伦，伟然晋产之杰也。方大德式微，中原鼎沸，曹贼挟主以基篡权奸窃，据以称雄。智若彧、攸，勇若瑜、肃，纷俯首臣妾，以投目前功利之会畤，复知正统攸在哉！王义皙《麟经》，明顺逆之分，独与燕人张翼德，奔帝胄而倾心，慨然共誓以兴复。邂逅之信，死生以之。却魏爵，绝吴婚，周旋颠沛，屹乎其不可夺。既而威震华夏，业定三分，庶几吹炎灰于复然，而天不祚汉，卒死厥事。其凛凛大节，赫赫雄威，无论戎夷女孺，莫不仰其名而畏且服。自都邑以至井聚，庙貌而俎豆之者，盖蠹然遍人境矣。解，王之故里也，庙于城之西埛者，宏丽冠于天下。而去城东二十里，村曰常平者，则其宅居也。故有祠，以当山麓，数尽于风，而制且简陋。太守关中吕侯来，下车谒庙，徘徊瞻喟曰：古者乡先生殁，则祀于其社，示表也。矧王大义彪炳千古者哉！而其生长之地，祠宇弗称，胡以表忠崇德，而展殷报也？辄捐俸为倡，命乡耆醵金而董治之。于是恢厥址，备厥制，增无壮有，式侈厥观。门外屏以琉璃，四围周以垣墉，寝殿益以暖阁，鼎庖齐之建，新廊庑之饰，施三清道院之丹垩，培迆西护庙之堰防，区画详密，制度崇严，翼然焕然，夐殊往格。工始于丁卯之秋，竣于戊辰之春。会余谪倅于此，遍观厥成，爰属之记。余惟鬼神之道，通乎人心，诚之不可掩也。是以生为正人，则殁为明神，理有固然。而人之精神攸萃，则神亦萃，止其机妙于影响者。王之忠义正直，与日月争光，天地合德，纯然一诚而无伪，则其殁而为神也固宜。汉去今二千有余年，而其灵爽之显赫，恒足以御灾而捍患，禁邪而詟奸，岂非其忠诚之极，有以感人心于不穷？而夫人精神之萃，爰致其英魂义气之磅礴于宇宙者，时为之昭著耶？然则常平既为王钟灵之地，而解人之所以崇事者，尤极其虔，则夫神之所依，当必于此山川之灵而相为陟降者矣，兹庙之修容后哉！自兹俾居王之乡者，岁时奔走肃拜；而慷慨忠直者，有所风；放僻邪慝者，有所畏；灾沴疾疢者，有所祈祷。又俾过王之里者，瞻其庙貌，而展其凤慕之忱；睹其山川，而知其笃生之自，其于风教不为无补也。吕侯之用意，岂其微哉！余不文，漫为记之如此。若乃王之心迹，则名公之阐扬甚详，而此庙改创之因，则前进士徐公祚、李公瑶之碑撰可稽也。吕侯讳文南，咸宁人，陕进士，由定兴尹以能擢今职，所在惠政浃民，百废具举，不可殚述云。

　　赐进士出身山西平阳府解州同知前工部郎中奉敕总理河道四明斗墟毛为光撰

　　门生郡人张鸾翼书

　　郡人李承祖篆

　　解州同知蓝云章　判官高杜　吏目朱卿　儒学学正李梓　训导王廷

举　王侍谨同顿首立

督工乡老张九荣　卫有智　邓世禄　董卓

刊字匠董应奎

皇明隆庆二年岁在戊辰冬十二月吉旦

8. 明隆庆三年（1569）买地碑记

此碑现存常平关帝庙寝宫东墙外。碑为圆首长方形，碑身高0.85米，宽0.46米。碑文楷书，保存差。碑文由于天祥书丹，董应奎刊字，蓝云章、高社、朱卿立石。

碑文记叙了知州吕文南允许常平关帝庙为了庙里祭祀活动有持久来源而置买田地，从而解决祭祀费用的长久来源问题。碑文的"计开买地五契"部分是所购5块田地的具体方位、四至、亩数及所花费的银两。

【碑阳】

碑额：买地碑记

题名：无

　　解州宝池里常平村关王祖庙，其来古矣。有无阜庙田地，史传失记，郡志无征，未可知也。司庙者无恒产，因无恒心，未免流离。是以王庙修之者方成，而敝之者即继，谁与经厥心哉？本年三月，王庙适清明之会，故典有崇祀之举。知解州事陕进士关中吕公，率陪与祭，为三牲成礼，历相规模，时见砖瓦风裂，堂阶茅塞，询所由，乃知为司庙者无专人耳。公叹曰："庙以妥神，非人无以洒扫补砌之功；人以守庙，非食无以为坚志安身之本，此地土为食之所自出者，乌容缓耶？"于是慨然许买地，以裕其后，既过四月八日，王行祠之会且毕，而香税之获会计，当已于斯之时，遂给银十两有奇，买地二十余亩，贻司庙者长久之计。呜呼！而今而后万年，此田土则万年，此惠泽人因地利而可久，庙得人守而常新，公之德岂浅哉！公之功岂少乎！若夫守解爱民之仁，又事神之余意也，其刊之碣、载之志者，自详云尔。公讳文南，号连峰，咸宁人。

隆庆三年十二月吉旦

同知解州事蓝云章　判官高社　吏目朱卿仝立

里人本州学生员于天祥书

计开买地五契

庙西东西畛地三亩。东至庙南、至王一位，西北俱至堰，价银一两七钱八分五厘。卖主于计万、于计千、于计荣，随带夏秋粮一斗一升一合。

庙西南东西畛地六亩，除坟地一分。东至堰，南至侯上仁，西至于计万，北至于家坟，土木相连，价银二两四钱七分八厘，卖主于廷相，随带夏秋粮二斗一升六合五勺。

庙西南东西畛地二段，共七亩。东至于计万，南至堰，西至堰，北至官道，价银二两九钱四分，卖主于计千，随带夏秋粮二斗五升九合。

庙西南东西畛地四亩。东至道，南至于计章，西至于计千，北至官道，价银一两六钱八分，卖主于计万，随带夏秋粮一斗四升八合。

庙西南东西畛地四亩。东至涧，南至于天顺，西至道，北至官道，价银一两六钱八分，卖主于计荣，随带夏秋粮一斗四升八合。

以前共地五契，明甫人张良知、杨通秋、石得。庙正南原有地一段，四至俱堰，地名南家园。

同买乡老张九荣　卫有智

道士郝崇安

门徒吕真贤　彭真经

门孙王通会　王通省

河津石匠董应奎

9. 明万历二十一年（1593）解城居民敬具牌并门对碑

此碑现存常平关帝庙献殿东山墙。碑为长方形，碑身高0.5米，宽0.86米。碑文行书，保存一般。

碑文记叙了常平关帝庙因重修，解州城居民敬献具牌一面，门对[①]一幅，以此标识敬仰之心。碑文后半部分详细记载了此次捐献活动的人员名单。

【碑阳】

碑额：无

题名：无

　　解城之东有村常平，去城约二十里，乃关王故里也。有祠巍然，为神所依，远矣。凡我士民咸仰焉。近因庙宇重修，在城居民敬具牌一面，门对一副上献，用识花名于后，以垂不朽。

　　胡子志孙　登方　张孔融　李超　连易　刘三进　候权　王得山　温朝臣　张仕□　荆决　连柱　冯大　李天禄　苏进忠　刘江　焦得成　王□昌　□□　毛□　高士望　曲克让　张枝　李正芳　薛安□　杨柱　乔顺时　连守才　连希人　□□□　柳□　张得仁　□□文　李永盛　张广□　董朝长　卫进法　薛国炬　郭天才　□□□　苗徐成　李天恩　王朝□　范恩忠　李世论　张世才　赵绩　焦国直　李左　董□□　张志仁　李邦付　冯加会　廉加职　武得行　金得福　谭记稳　刘□　薛敬德　李□□　姚通幸　丘永芳　黄有金　贾应选　孙永祚　王壬　杨四　李二喜　连□心　李汝□　薛得胜　雷穆子　张养才　王民□　安邦　李朝德　马柱　段守忠　胡登仁　王仲□　王大明　郭辉　柳汝贵　吉士干　吴忠　李□　韩□　王宗儒　张大□　连

---

① 门对是楹联的一种形式，表达美好愿望。

□□ 景良才 薛九德 李有才 薛登海 刘俊 任红道 张登林 □□ 郝汝明 冯□□ 王国栋 候尔升 吕有盛 杨庆德 林遇德 史公道 王一支 孙守成 李□才 □□□ 张信 赵大周 王夫盛 马金荣 王加盛 张文明 张辉 李应元 黄仲德 李□□ 段东谦 支海 董一支 闫盛 张□直 温朝鲁 温天禄 董文贵 董□□ 连□□ 陈一德 □顺 韩廷臣 连可 张一泉 贾有通 朱邦付 薛记□ 陈外生 □□□ 赵登云 梁守志 蔡诸佛 李得盛 张宝荐 李进福 杨子栋 蔡云龙 王志刚 李□□ 张自立 雷明春 徐宗现 关有才 笞登正 刘来有 耿国恩 武心正 李汝怀 雷邦□ 张万成 杜士仁 刘进朝 相得时 卫上付 □□有 苏朝宰 张有德 邓月美 贾□□ 陈东山 李公道 郭上千 刘登盛 王夫成 杨东全 □自成 宋玉爵 张上时 王栋 贾天福 赵邦有 王郭江 乔可得 王登林 丘文科 杜如林 杜上仁 郭邦社 王□ 王经善 卫邦殿 郭上万 丘文英 吴天顺 杨闰道 贾天禄 杨朝积 车登云 李□□ 郭邦付 王论 王讲 王诰 王选 王记 王进福 段汝山 王进现 刘□□ 杨春芳 杜吉安 季朝夫 张汝付 张孟周 乔天赦 罗强 陈林 王上仁 陈□□ 董明善 王彩 李千斤 胡彦青 郭礼 张喜见 雷喜见 张有才 吉方良 田一□ 候天禄 候邦子 翟甫 贾应瑞 候台台 史养德 李一枝 张得春 贾□□ 雷思教 王印才 王守信 马虫 杨日周 赵万禄 胡泽 段东郭 董守息 王□□ 史庆 史红 王五汉 张进禄 薛穆子 杨相 李宰 李相 李得有 候有□ 丘进禄 雷□得 李得才 陈得顺 陈得道 陈得才 陈国民 张登雨 雷朝□仁 范光宇 郭金 王加石 王貌公 雷得时 常天右 郭红廷 杜□知 李闻 王□□ 张克家 连穆 卫国裕 卫在固 李东山 □登高 王□□ 蒲天德 周东山 □□□ 赵邦相 杨□□ 荆加才 候良 刘得升 贠荣 张国柱 郑□□ 曹德 刘□ 雷明

祖　　刘得雯　　刘节　　曹一顺　　黄进才　　程士得　　陈登云　　程朝凤　　王邦
□　　张廷□　　杨公礼　　方世仓　　王□□　　郑重　　尚九仁　　张有冶　　□尚
义　　□□□　　□□□　　蔡天恩　　李得福　　□□林　　任得行　　任上收　　董
玉林

万历二十一年八月十五日谨上

会首李登云　　苗福　　薛夫祖　　张文宽　　连训

10. 明万历四十五年（1617）重修常平关帝庙记

此碑现存常平关帝庙圣祖殿后。碑为竖式，底部有榫头，断为两截，残缺严重。碑文楷书。碑文由王远宜撰写。

碑文记叙了河东为股肱郡，盐税占据国家收入的重要部分。碑文撰文者视察盐池，途经常平村，看到解州关帝庙"庙貌备具，而殿廊□□尽剥，妆颜结构基篱半□，□□荒凉景况，反不类池庙耸观"，不由发出感叹。于是"赎锾修葺"，采用"役不征民，价不准官，估值犒匠，量工程材"的做法，四个月工程就得以完成。关帝庙重修完成后，碑文撰文者希冀人们可以从中更好地感受关公的"忠义"精神。"赎锾"是指赎罪的银钱，碑文中重修的经费采用"赎锾"的方式值得注意，这种做法在其他村落也出现过，比如村社对村民处罚会用货币、实物等，然后将其作为庙宇修建经费。碑文中提到此次活动的费用都是"赎锾"，足以说明罚金的数量很大。

【碑阳】

碑额：无

题名：重修常平关帝庙记

河东为神京股肱郡，而盐课岁入，供北鄙军实之半，且盐生无烦煮海，立地凝粒，虽物瑞而实神功也。至叩所为默相护持者，则惟汉荆王关□帝是赖。盖盐，天地之物力也！帝适天地为昭，盐气机之成形也。帝更元会为运，帝且为天地参护持之说不□已。余承乏视篆，初按其地，谒庙池中，见帝祠嵯峨，与盐神、条山、风洞三殿环峙。询自宋世蚩尤余孽，投鞭盘据，帝阴兵创破，用肇厥祀者也。帝于鹾池有大造已□，今边庭腹地到处尸祝，即圣天子方爱爵禄而封号，亦仅特旨帝其浩浩然充塞两间□□。今春抄阅池一带，垣堤工□，道经常平。常平，撮土村落耳，遥瞻异色缤纷，不似人间烟火处。至则父老叩马曰：此关帝故托生地也。其中庙貌备具，而殿廊□□尽剥，妆颜结构基篱半□，□□荒凉景况，反不类池庙耸观。夫帝大节参天，骈幪□世，尤福庇此一方，乃令发迹源头，祠宇倾圮，安在妥神灵、修岁事，瞻拜能不愀然乎？于是，爰出赎锾修葺，□□州唐守谦□□其事，役不征民，价不准官，估值犒匠，量工程材，悉如平有兴作者，故葺瀡漏而风雨难穿，撑柱楹而云霄与跻，饰绘黛而星日为昭。至瓦椽脊兽，户庸墩垣，无不隆隆然易从前之制度。凡四阅月告竣矣！例得有言，□勒诸石。余维帝汉末一侯封耳，胡其勇冠三国，灵昭万祀，其力嘘□□于垂烬，其神阿大□于全盛。虽在昔皇王贤圣，或首出御物，或掘起应运，或笃志芸窗，或戮力于室，旋倏然都归幻梦者。独帝八极神周，万方永赖。甚至合□里□□事叫呼，亦辄合□色变，显应券随，如化金氏，还保娃等。验此何以故？噫！我知之矣。□□□□正气焉，分为两仪则悠久，秉为人心则贞烈。恢之济国家之用，□□成圣贤□品，按之是躯壳外之不朽，溯之则先□天之常存。比以水支流易涸也，此□□□□；比以路曲径易迷也，此周行云。帝当灵、献之季，遑遑焉如失通津，堕穷途也。目击孙曹矢□□戴彼□时，即提一□直询汉贼，亦尽杰举。第恨名不正，则气难伸耳。一旦结义先主，则英雄有用武之名，身家非反顾之物矣。嗣是自起桃园，迄王封梦魂□□图奠汉□，终其世无□□无少挠焉。合观帝生平，非用正气，正气自帝出也；非正气秉于帝，帝即一团正气也。宇宙千年不毁，帝神千年不灭，人心万古有觉，帝神万古如在。随境□□□必由此，奚啻一鹾池之□□已耶？孟夫子指浩然未言充塞，先言直养。帝虽雅嗜左氏传，不闻作学人存养功。然生而威震华夏，殁而灵耀古今，此何如充塞者，帝可谓从容中道天纵之仅见者乎？论其世想见其正气，不第汉家二十四帝之灵爽实为凭依，即尧舜以来相传之正统，直以单刀尽挑之耳。矧此股肱重□，帝不倍效一臂哉？余每观□哲，极诣不过慊，独知鲍衾影两事，至有竭尽潜修，尚隔彼岸。帝五夜明，明以残缺，优□之已。昔人云：春秋□六经，万世如长夜。余则曰：人心能烛照，则长夜亦青天。又曰：自生民以来，未□□于关帝知此义也。则今日修葺之役，岂□为帝庇此托迹之乡已乎？是为记。

　　时万历四十五年岁次丁巳□□□月

　　钦差巡按山西等处督理河东□□监察御史益津后学王远宜谨斋沐顿首撰

11. 明崇祯二年（1629）□□□□□□□祀田碑记

此碑现存常平关帝庙圣祖殿后。碑为长方形，右上角和下部残缺。现碑身高1.19米，宽0.77米，厚0.17米。碑文楷书。碑文由张法孔撰写，罗于垣书丹，姚献嘉、吴魁篆额。

碑文由两部分组成。第一部分是碑文作者查明常平关帝庙没有赡田，因此出银五十两置办，并且参照乡例和省直祭祀定制一一厘正了常平关帝庙的祀田、祀牲、祀期等，竖载石碑，以志永久。第二部分是碑文作者在常平关帝庙的关圣祖茔清明节和关帝庙五月十三祭祀时的祝文。此碑对于研究关帝庙祭祀活动具有重要的价值，也是考察关帝庙整个祭祀仪式秩序的重要史料来源。

【碑阳】

碑额：无

题名：□□□□□□□祀田碑记

□□□□年，平阳府解州蒙□□河东道张信票照得：精忠大节，天地为昭，翊汉勋明，古今共戴。诚万祀英雄、治世福神也。常平，实为发祥胜地。日前，本道瞻睹庙貌峨然，叩之赡田，杳无半亩，诚为缺典。为此，仰州即将本道发去银五十两，置买官田一分，为恪供圣庙香火之资。照乡例，与常平附近人户两平易买前银，共买若干亩，每亩若干价，书券书粮，明载四至，钤以州印，其置买过地亩、银数，备造清册，报导查考存案，仍将本道发银置买缘由，地亩四至，竖载石碑，以志永久等。因蒙此，该本州知州罗于垣，仰体上台德意，亲诣常平查勘。关圣枌榆故里，距庙十里许，有石板沟，祖茔在焉。山势围环，凹凸掩映，因名黑峪怀。虽世远迹湮，询之耆叟等口传，有不容泯灭者。佥云从来未举称号，今蒙修废崇祀，亦足以补千百年之缺典矣。遂遵依发下银两，缘由票仰常平里老王居极等，勘得近庙居民范邦珍砂地一段六亩，价银一十三两；董文生砂地一段十七亩，价银三十五两五钱；王居极砂地一段一亩，价银一两五钱。三项共地二十四亩，共价银五十两，情愿卖与入官，以为赡田。再查得：解民每岁以四月初八日，为关圣受封之期，六月念二日为诞辰，□月十三日为忌日，展奠沿为成规。但清明日祭扫纷然，而此独匮祀。于是，先期洁拭祖茔，动支租银，预备牲醴、香烛、果品致奠。又，各省直地方，俱以五月十三日赛会，独本地此日寥落，今特以此日报答。届期亦动支租银，预办牲醴、祭品等项。二祭俱委廉能教官一员，以祀先师之礼祀之。则常平即阙里也，是役也。因新坛而思及故丘，几百代荆榛若辟；妥祖祢而忾念春夏，数千年水木追崇。斯关圣之所以敬止维桑而启圣，之所以血食未艾也。其地亩四至，价值、租数、祭品各物，一一厘正。每岁置印信簿二扇，内载实在地亩若干，每年收麦谷若干，封银若干，二祭支用若干，余存赏道童若干，一扇给道童收租，一扇存本州查考。仍置印信胙簿两扇，内载祭猪两只，每只重五十觔；羊二只，每只重二十觔；香烛、果品，各价若干，共银若干。事毕，将猪、羊胙每祭给道童猪首一枚，约八觔，羊胙三觔，烹献尊神，其余分送礼生，乡官及犒赏应事人役，缴簿赴州总算备查，免其侵冒干□。如此庶勒为划一之规，亦绵神人之贶矣。本道据详瞿然曰："法因人立，礼以义起，惟兹关圣祀田、祀牲、祀期，一一综理周详，自此肇举莫愆，亦可绵如在微忱矣！"俱如仪行，即以通篇详文自首至末，镌之贞珉。再制一禋祀祝文，庶永志此忾羊意乎？黑峪怀既为圣祖佳城，清明日洁庑豚蹄，致祭当矣。仍当芟辟荆榛，昭明景象，使大圣发祥奥区，为士民瞻礼盛地可也。缴蒙此遵行刻石，以垂永久。

附：关圣祖茔黑峪怀清明并五月十三日祝文

维帝天地合德，日月争光。八方共祀，四序同长。水木源本，肇发其祥。溯厥宗祖，云胡可忘。有夏大夫，冢在安昌。常平宝里，实帝故乡。条山之麓，先魄攸藏。志虽未载，人言最详。今方修理，剪除榛荒。帝兴启圣，岁祀有常。而况祖陇，可乏蒸尝。职也不谷，叨领此方。殷礼未举，心切彷徨。爰捐簿俸，展土开疆。每逢改火，少牢具将。守斯土者，无懈趋锵。条山矗矗，鹾海洋洋。神其陟降，永奠此邦。尚飨！

维神功烈在史册，忠义在人心，正气弥今古，英灵返故乡。今月今日，实神诞辰，普天之下，共知共祀。而解人独谓，是六月二十二。神果诞于六月，今日之举，天下同然，亦不为过；神如诞于五月，则笃生之日，故里祠前，阒无香火，不为缺典也与哉！兹于庙后买地数十亩，以其所产，供神血食。每岁仲夏，爰命州守肇称殷礼。呜呼！祀典既正，人心益虔，拜瞻祠宇，生气凛焉。职法孔□行无状，唯神可监。慢神虐民，明罚罔愆。民生穷蹙，四海骚然。唯神默佑，合郡安眠。崇功报德，于礼非偏。篆烟霭霭，亿万斯年。尚飨！

皇明崇祯二年己巳孟夏上浣之吉

赐进士第钦差协理粮储监督盐法分守河东道山西等处提刑按察司按

察使兼布政司右参议岐阳张法孔撰文

奉直大夫平阳府解州知州罗于垣书丹

同知姚献嘉

吏目吴魁仝篆额

儒学学正金之澜

训导徐养气　　□□仝立石

12. 清顺治十五年（1658）常平村偏苦免纳柴薪碑记

此碑现存常平关帝庙仪门北东山墙北侧。碑为竖式圆首，碑身高 1.3 米，宽 0.45 米。碑文行书。

碑文记叙了常平村儒学生于昌为免除本村关帝庙、察院司的柴薪所写的呈状。当时马云腾于顺治十三年（1656）任解州知州。正如于昌在呈状中所说，常平村位于盐池之南，"地土狭而且薄，如遇旱灾，石炒土燥，而兹之受旱为尤烈；如遇暴雨，山涌有来路而无去路，高者冲而低者淹"，一年四季刮风不断。在这样的环境下，常平村关帝庙以及察院司的各项活动需要周边几个村提供服务，尤其常平村的负担最重，民众苦不堪言，于昌恳请免除常平村的柴薪劳役。

【碑阳】

碑额：马老爷遗爱碑

题名：常平村偏苦免纳柴薪碑记

本州常平村儒学生员于昌呈：为恭陈民情，仰恤偏苦，免纳柴薪事。解郡地瘠民贫，而惟兹池南为最。条岳南，齹海环，其北而护池堤堰又位其中。且山陿风急，瘠土逼近坡谷之下，烈风一起，苗之方长者，茎叶类折，禾熟者粒穗拜落。斯民指秋望夏，十岁九空，无奈朝上樵采为业，日上望柴为天也。今兹恳恩者，本村关帝庙察院司一座，凡安司之际，桌张出于曲村，席椽出于蚕房，厨器出于常平，此各村均平，于理允当。常平所偏苦者，察院阅池及清明帝茔拜扫并盐道三司，四季总巡，历上安司，不可盛记。无论农工忙闲，洒扫官厅，担水烧火，屏风食盒，夫役备用，不敢诿离。虽然官司近于此地，即苦亦不敢辞矣！所尤苦者，本庙或安几司柴薪务要足，蒙票拘日用焚薪烧炭窑薪，复与他村无异，如此偏苦，民几无以聊生矣！恳祈公溥大宗师怜茕黎之偏苦，布洪恩于一区，准免纳柴。勒石立庙，十室贫民永荷二天，为此上呈，蒙批准支，本村一司一概柴薪具免。杜捕厅另有呈，批准免。

  大清顺治十五年三月十三日立石

  乡约王国禹　刘登干

  乡耆宸发科　王国尧　王鸣凤

  小户头柴国兴

  石匠乔□□

13. 清康熙五年（1666）康熙五年中秋赛会石碣碑记

  此碑现存常平关帝庙仪门南西山墙南侧。碑为长方形。碑身高0.37米，宽0.5米。碑文行书。

  碑文记叙了常平村中秋赛会的活动流程、供品以及赛会管理等方面的信息。碑文中提到解州城民众日常都到解州关帝庙崇宁宫祭拜，中秋赛会之际则"建旗鼓、具威仪、送法驾"，到常平关帝庙祭拜，这样的活动已然成为定规，正如文中潘氏所言，中秋烧大烛正是秉承关公"秉烛达旦为帝大节"的做法。碑文是由解州城镇山坊第九会的居民同立。

  【碑阳】

  碑额：无

  题名：无

常平，为帝所生之地。大祠虽居州城之西，而桑梓故里神赛，凭之旧例。乡人每于中秋赛会焉。城居者，平昔朝夕展拜于崇宁宫。至是日，则建旗鼓、具威仪、送法驾，于兹绎络奔趋，率以为常。又且各纠同心，联班分会，随分捐金，备牲醴、楮帛、烧大烛二枝，以为供献。挨岁轮递，循环周始，着为定规阳节。潘氏谓：秉烛达旦为帝大节，故吾侪小人设炬告虔，盖所以昭炳焕之烈，而抒依光之敬也。爰勒贞石，期垂不替。

时康熙五年岁次丙午中秋穀旦

第九会在城镇山坊居民侯顺　景泰　贺法　王法才　柳清　任守法　李世贵　史文盛仝立

14. 清康熙十九年（1680）前将军关壮缪侯祖墓碑铭

此碑现存常平关帝庙圣祖殿后。碑为竖式，碑身高 2.48 米，宽 0.86 米，厚 0.19 米。碑文楷书。碑文由王朱旦撰写，张大本撰铭，刘明玠书并篆，潘天植等立。

碑文记叙了关羽的生平，追溯了关公祖父石盘公、父亲道远和妻子胡氏及其后辈。其中以《春秋》《易》为主线，颂扬了关氏家族以儒学思想为核心的良好家教，及其对于关羽一生的重要影响。碑文中关羽的生辰为六月二十四，直到现在当地此日还会举行祭祀活动。碑文通篇突出了儒家思想对于关公的影响，以及后世官员、民众对关公的敬仰。碑文最后有赞颂关羽一生的诗文和铭文。

【碑阳】

碑额：无

题名：前将军关壮缪侯祖墓碑铭

天以刚气举，大地不汩没。中循正络，表里山河，充塞宇宙。东抵岱，中毓为条，故高莫如岱，正莫如条。中条千里环抱，瑞凝森秀。止蒲津，聿开唐虞，中天盛治，迄千五百年。而岱鲁产素王，作《春秋》、绍"二典"。又五百余年，条阴毓关侯。世述《春秋》，扶正统。今更千五百年，惟知条麓有墓焉，侯祖发祥地。遇春明，有司肃衣冠致享，未有碣表也。侯祖石盘公，讳审，字问之，以汉和帝永元二年庚寅生，居解梁常平村宝池里五甲。公冲穆好道，研究《易传》《春秋》。见汉政蛊咸畹，长秋互窃枋柄，隤戎索，火德灰寒，外枯中竭，绝意进取。去所居之五里许，得于许芬场一片净土，诛茅弦诵，以《春秋》《易》训子数十年，绝尘市轨迹。至桓帝永寿三年丁酉，终正寝，寿六十八。子讳毅，字道远，笃孝有至性，仍先志具窀穸于所著读处，不知涓吉狥福泽为子孙祈者。而其地适当条之至中，群峰交拥，势驰万马，咸整整列，无乱颜行。左壁象旗幡，右墩肖鼓肖台。怅□□赳蛆，俯瞰解池，悬鼙鉴着襟带间，时乘烈日熏风，熬波飞素，仿佛肝肠雪洁，虽曝阳曜汉不翅也。道远公庐墓号踊，终丧归村居，已为桓帝延禧二岁。明年庚子六月二十四日，产壮缪侯，何天之报德，与山灵发育如是捷乎！盖自唐虞来二千载，蕴积之素，至斯墓为再兆，殆又壮缪侯之丰苞矣！然其年单超死，四侯转横，群裂裳裹膝。借十常侍影响，蕴崇华夏，无或扬春秋大义于人间者，则石盘公之读其书，以得有其孙，正难缓耳。侯生而英奇雄骏，既受《春秋》《易》，旁通淹贯，以古今事为身任。稍长，娶胡氏，于灵帝光和元年戊午五月十三日生子平。次年弱冠，谢父母曰：儿已有后，足奉祖祢。今汉将尽，盈廷觚棱辐邪，谁为扶红日、照人心者？遂诣郡，陈时事不报。有相人目之曰：君禀乾坤正气，当血食万年，何论名业！归旅次，闻邻舍哭，极哀，扣之，曰：韩守义也，遭郡豪吕熊荼毒。吕党连七姓，黠猾事中，玚蔑职纪。侯眦裂发竖，命守义导至七所，悉斩刈之，潜引去。意郡守稔群恶，必原义士，勿引绳批根。而有司悼文法，遽迫求之，于是，道远公暨配淹芳腐井，自虞益作井来竟空圣善。胡氏抱平避母族免，里人遂指石盘公发祥之所为凶地，绝茔久委阴翳。侯转走五载，值中平元年庚子二月，张角等遍嗾天下，帝大发兵，遣卢植申讨。中山靖王后与植旧依之。侯阅各将无可事，至涿，见靖王后，谓："舍汉种莫可效，况英略天授乎？"遂委质。虽共起居饮食如胞，而稠人广坐间，必恪侍极之，颠沛患难，勿斁君臣礼，且能化同列张飞等如一，其得自祖父春秋之义，而善用之，以自建立如此，故时而仕。则初平元年之摧卓，建安元年之笮术，十九年之专督荆州，拒肃劲敌，胆碎披靡；二十四年破曹仁、降于禁，褫操魄，几徙许还汉，时而止。如初平二年之救瓒，建安元年之和布，五年就操保二妃，十三年赴瑜定南郡，十四年守襄阳，十五年屯江北镇静，军民睦邻，集事无缺。时而久。则薄宦平原三年无阻色，徙依荆表七载无躁情，奔随先主三十年如一日，时而速也。建安五年之归旧，千里风行，五侯黄马并封，片言受拜，襄樊迅击，顷刻淹七军。其得自石盘公春秋之义，可追轨素王如此。奈天不佑汉，糜传傅外倾，孟刘内背，致吴诡得行，于己亥十二月蒙难章乡，阅世六旬。侯讳羽，字长生，号云长，修伟美髯髭，一髭特长，战辄跃跃。被害之前，夕梦乌衣丈夫拜曰："余北海龙，附侯助威猛，今期尽，请辞。"晨起，特长之髭触手落，心恶之。遂为象人城上，西走临沮不旋踵。然则蜀汉难一统，由天数非人力欤？素王之不为东周同辙，况素王生鲁襄之庚戌十月，即今八月，逝于鲁哀之壬戌四月，即今二月。侯生于庚子六月，即周之八月，逝于十二月，即周二月。以夏时计，则素王实禀春秋两时之正气；以周历考，而侯亦赋春秋两时之正气。故岱鲁素王，以特笔维东周之衰；侯钟条麓，用春秋特笔正汉统，天地刚气不泪没。如是然，素王初起孟僖子，知弗父何之后必达，侯之学古行道，讵非石盘公丰芭之征乎？侯以建安二十四年七月拜前将军、假节钺，祖考应得赠如前将军爵。后主景耀三年庚辰，追赠壮缪侯，祖暨考应得赠如侯爵。然而垄隧瑷碶，垂千五百年，刊落名字，何也？侯长嗣平，同日被难。次嗣兴，字安国，为丞相亮所深器，随居蜀，恤封寿亭侯，官侍中、中监军，蚕卒。子统嗣爵，尚公主，官虎贲中郎将，不禄，以兴庶孽彝嗣封。适庞德之子会随邓艾，求灭关氏报父，关氏逃匿，莫树先茔。虽侯考藏骸之井，义感村人，共建塔，亦亡志名氏。晋末沦刘石，隔代难问，从其前溯之，知为夏忠臣龙逢后。周喜受聃老经，与问礼之素王并传。汉敞仕谏大夫，侯亲承之，祖若考及无知者，从其后求之。元魏朗，字子明，习《易》《春秋》，孝文驰驿咨军国事，屡征不仕；传南北朝康之，字伯愉，善《左氏春秋》，数辟勿就；孙播，字务元，迁卫汲，以唐德宗侍及第，位平章；裔孙玉，字子玉，仕元，历曲阳、嵩城二令；孙珍，迁行唐任提领，博综为时崇尚。递去故里，经变乱无由详世谱，惟知能世其春秋云。昔素王以春秋两时，日行主中作史命篇，故侯答操书，称日在天上，心在人内，其力行石盘公之家学，迄今耿照。今上康熙十七年戊午，常平士于昌肄业塔庙，即道远公之旧居。昌醇笃，昼梦关侯呼授易碑二大字，督视殿西物，急白郡，寤而就焉。有浚井者得巨砖，悉字碎之。昌急合读，即侯考奉祀厥考之主，中纪生死甲子。仅两世，字讳太略。因循山求墓道合券。奔告郡守，郡守王朱旦愁然曰：旦于丁酉秋旅宿涿，梦侯揖迎，畀巨觥曰，烦椽笔叙生平。又顾周将军仓曰：已极醉，须疾扶勿致伤。次日，遇客邀饮，醉，坠马触巨石无恙。为关侯论一篇，今忽守此合诸昌所陈，则关侯前谕欲表其先茔欤。旦闻孔子齿备七十二侯之气，关侯阅干支纪年之全俱，天钟岳降，而孔子访墓五父之衢，侯身殉国，以两世幽窀，藉后人可勿亟表正哉！试登峰梯，对唐虞故阙，恍同岱日曝物，条风解愠，拨茅茨，濯金泥，下土阶，拭玉检聚映两阡，于南昭北穆间，睹见霜落，更若较眉，谨搜轶迹，书丰碑缀以诗。曰：

条以岱高，□文佩质。诞降寸心，扶炎揭日。

春分秋分，日从中出。中无勿昭，焜煌史秩。

周士寒齿，汉巨正色。月斧绳孙，雷车定国。

人亦有言，自我立极。三世之间，可以观德。

执中厥条，文辅武弼，龙逝投刀，麟伤绝笔。
戊午解州守菫山王朱旦撰记

铭曰：
泰山巉严，中条岁崩。正络钟灵，一揆异域。
周室寖微，赤刘烬黑。道德规磨，君臣荆棘。
唐虞传中，线绪几熄。泰毓素王，斯文重植。
条产壮缪，大义复饬。凛凛春秋，扶舆正色。
隔代同维，一作一述。浩气弥沦，两间充塞。
追源素王，世征行实。云何壮缪，祖弥竟佚。
自汉迄今，碣表莫识。侯忽展灵，巨砖载勒。
梦指于生，世系炳悉。祖号石盘，弦诵茆室。
麟经昌后，机杼而织。考字道远，纯孝性出。
亦述春秋，萃挺圣质。亟白郡守，因为椽笔。
三世宗流，一朝耀日。条正而长，岱高而崒。
志在春秋，行在孝则。千五百年，聿昭先德。
鲁称大成，侯今重集。文事武备，易地则一。
山明池洁，万年尸食。
己来河东使者前□下史三韩张大本撰铭
郡幼学刘明玠书并篆
大清康熙十九年岁次庚申二月
山西平阳府解州知州潘天植　吏目朱仔建立
儒学学正席仁聘
训导张浚
原任解州知州陈任生
长乐司巡检章用中
盐池司巡检王闰
郡庠生于昌　李倬

署印道官高仁睿

总公直李仁处

住持李本烈

官门杨本结

库房薛本晓

下库李本白

督工乡约鱼腾麟　刘严

乡老宸发科　王国禹　王鸣凤

崇宁宫道人张义尚　张义高　杨义报　宸义质

常平庙道人聂义廷　徒孙礼好

崇宁宫道人辛德熊　杨正栢　张仁准　谢仁廊

刊字匠裴相成　相玉　王金荣　王发财　王发盛　王发玉

15. 清康熙二十年（1681）创建关帝祖茔萧墙暨重修墓冢施资助工官民碑记

此碑现存常平关帝庙圣祖殿后。碑为竖式圆首，碑身残高1.6米，宽0.7米，厚0.11米。碑文楷书。

碑文记叙了康熙二十年（1681）仲春创建常平关帝庙祖茔萧墙及重修墓冢官民捐赠的名单和具体钱数。

【碑阳】

碑额：布施助工官民题名

题名：无

创建关帝祖茔萧墙及重修墓冢施资助工姓名列后：

等处盐法道高梦说施银四两　解州知州潘天植施银二两　万泉县典史王学贡施银二两　夏县典史陆新枝施银一两　河津县典史马之健施银

一两　闻喜县典史闵瑞麟施银一两　临晋县典史浉栻施银一两钱　曲沃县蒙城驿丞叶藩施银一两　解州吏目朱仔施银三两二钱　解州盐池司巡检王闰施银一两三钱　解州长乐司巡检章用中施银一两二钱　绛县典史叶天奇施银一两　运捕厅孟登瀛施银五钱　蒲州风陵渡永乐镇巡检王士玺　章嶦施银三两　安邑县圣惠司巡检郭慎修施银五钱　蒲州河东驿驿丞方元贞施银五钱　都运中场邵士端施银五钱又乙钱　都运东场钱□□施银五钱　都运西场韩谦施银五钱　解州儒学训导张浚施银三钱　猗氏县典史秦一鸿施银五钱　泽州广丰仓大使胡德绅施银三钱　泽州星轺驿丞段从儒施银三钱　泽州太符驿丞孟师孔施银三钱　平陆县典史□景恺施银三钱　樊桥驿驿丞王世弘施银三钱　河南扶沟县典史谢以仁银五钱　曲沃县侯马驿驿丞常大经一两　山阴县陈可复施银五钱　会稽县谢晋领施银五钱　浙江金华县俞崇恺施银□□　韩用济施银□□　信士王泽溥施银一两　和世荣施银一分　商人李琮施银五分　陈昌言施银一两　陈善言施银五分　金云倬施银二分　沈惠施银五分　黄湘施银二分　王儒昌施银三分　陈鼎隆施银三分　□斯□施银三分　蒋廷议施银二分　郭琏珠施银五分　陈廷祚施银二分　陕西富平县华世积施银一钱二分　霍重旺施银一分　陆澍施银一两　张济国施银一两　张凝祯施银五分　李振龙施银二分　王万玉施银一分

将助工人逐村开明以垂永久

郑家庄张金盛　任方声　任方冬　耿方　周之奉　张玄　张金　李德明　邵盛　荆有　卫□成

庹家庄庹国泰　庹福寿　庹双玉　庹福禄　庹福延　庹增光　庹福平　王廷玉　王金贵　庹大年　王廷臣　王廷选　上科　王廷凤　庹从富　庹承宗　李达　贾得成　薛金胜　凌天顺　马福胜　张俊水　梁廷贵

董家庄相国强　柳起法　相国祯　董君爱　董世梅　庹从兴　张从智　相国宾　柳起贵　李收

二、运城市解州镇常平关帝庙

声
公
升
金
公
灵
秀
明
生
臣
成
德
万种

蚕坊村张文忠　张俞臣　冠允吉　张世稳　张世才　张从恩　郑起张继立　侯温　侯耀　侯金贵　負守贵　負守富　負士夏　潘良宰常平村王起命　于坤　王新命　贾文友　刘严　刘明孝　郭锡孙尚义　王国恩　王国玺　于自兴　张世廪　刘明弟　于腾麟　于于俊　于丙　李榴　王左　李元会　孙超云　宸珊　宸瑶　王夫侯启升　张世盛　苏建烈　王国宾　冯孝　关忠极　樊圣德　张计李振远　解世友　王国贤　王义

曲村张进耀　张进忠　耿运开　朱有粟　张进有　刘尚伦　张起刘尚质　李世德　张宦　刘尚悦　刘尚经　张进盛　张万里　张国卫得□　刘尚文　耿升　张启秀　张启龙　张知聪　张起鹏　郑张起凤　张大贤　王相臣　王尽臣　崔凤朝　张永照　王辅段贵　王命选　赵得时　李春泰　张伦　张庆　张辰　辛得段根祥　刘振家　耿顺　张世敬　张守成　张威　张可兴　张苗沛生　张斗　张□　张温　张自顺　张顺　张万山　张万江　张耿林　张金印　张世良

大清康熙二十年岁次辛酉仲春穀旦

督工总理首事官关西频阳王闰

经管督工勤劳首人王鸣凤

协理生员于昌　靳毓琦

乡民□□科　张经　王国禹　宸家庄□□□

□□九年解州吏目章士龙重修祖茔施银一两六钱

灌溉树株王知命

催夫捕皂张法　李仲春

巡司号兵李升

州壮催修堰工　□□□　屈得□

布施银员□募化　□□□　□□□

栽植张大成　樊良用　李法　李升　张世全　王足□　刘得夫　张

绪立　史廷□　□一才　王国兴　李逢春　侯辉　李大兴　姚奇□

16. 清康熙二十二年（1683）万老爷遗爱碑

此碑现存常平关帝庙仪门北东山墙内壁南侧。碑为竖式圆首，碑身下部有裂纹。碑身高 1.07 米，宽 0.53 米。碑文楷书。张相成刊石。

碑文记叙了盐池南边常平、曲村、蚕坊、董家庄和辰家庄五村因维修城垣堤堰苦不堪言。尤其是常平、龙王两堰南条峪口，面积大而且口多，如遇暴雨，无年不修。顺治年间，盐院老爷明文规定分修工程，但工书潘云"里分虚报"，和上层官员上下其手，仍然随时派拨里夫。顺治十八年（1661）四月，常平堰冲决水口，派五里丁夫修，到了八月仍然未曾修完。盐院大人查阅池堰，独催常平一村连夜修筑。工程告竣，生员于昌、乡民辰联科等诉至上台大人处，规定此后通令五村门夫修缮。另外常平村有关帝庙察院司，司内各种劳役也常常动用周边居民。因此，乡民们所提日常劳役多的问题一直没有得到妥善解决。康熙年间霪雨连绵，池堰、官司衙署等无不冲决。恰逢关帝庙察院司紧急修缮之际，五村村民联名赴告于知州万象。万象在处理过程中按照"洞鉴民艰，轸恤重困"，合理的分工解决了乡民的偏苦之役，但恐日后口舌难凭，因此立碑为据。

【碑阳】

碑额：万老爷遗爱碑

题名：无

　　本州池南五村居民为均平偏苦事：窃惟城垣堤堰，莫非王家之工；市井草莽，胥为我后之民。□为最重，力宜维均，理得其平，虽劳亦莫怨也。今本州有堰工二十三处，池南常平堰、桑园堰、龙王堰、短堰、贺家湾堰等处工程，古为合州里夫公修，其中惟常平、龙王两堰南条峪口，大而且多，如遇暴雨，洪水汹涌，十岁九冲，无年不修。于顺治十二年间，蒙盐院老爷明文，令分修工程，以为世业。内云：仰州官吏，查工程大小，拨里分多寡，量工开分，使民不得卸肩，而州县亦无烦难之苦。此□□曾分工，工书潘云从以坐落村庄为分修，里分虚报。上台竟立州卷，后仍随时派拨里夫，上下其手，于十八年四月间，常平堰冲决水口，票拨五里丁夫，延至八月间，未曾修完。及盐院老爷查阅池堰，竟置五里丁夫于不问，独催常平一村连夜修筑。彼时，上台亲临在即，未敢分辨（辩）。至工程告竣，生员于昌、乡民扆联科等，呈至署印督粮厅陈老爷案下，蒙当堂清审，得情正法外，钧诺吩咐，原是工房一时违玩，永不为例。即批赐朱照为据。自后废各里丁夫，派各村门夫，遂将以前五堰无论大小工程，每遇披累冲决，通令五村门夫□修。又有关帝庙察院司一座，古例修理，凡物料使费，动库贮官银者有之，动帝庙香缯者亦有之。其夫役虽拨附近居民，或有他□复不重□也。至于康熙年间，屡遭霪雨连绵，各堰工、城垣，以及官司衙署，无不冲决倒塌。五村寥寥穷民，既修五堰，官司已不胜劳，□骨饿体□而累妻子矣。至分修别工，仍与合州各村无异。此苦中之苦，民命难堪。但为工急法严，莫敢上告，延至前任潘老爷，于□明帝□致祭毕，生员于昌、靳毓琦等，以前事公禀，常平、曲村、蚕房、董家庄、扆家庄五村乡民扆发科、张经、张世典、董世梅、扆福禄等，以前事□名具告。蒙批：有常平等五村夫役，他有五条堰，皆着坐落五村夫役所修，别渠堰等工不可叫他夫役修筑，已后工房□□混派可也。今我万老爷任兹解邑，聪明天纵，甘苦悉为，昭察仁义，性成秀朴，皆被慈良，诚有事事而得其平，人人而为之所者，□□五村穷民佥相会赞曰：幸兹慈母当阳，利无不兴，害无不除，正宜以偏苦告诉，批照勒石，以垂永久。于是□前事，连名赴告万老爷案下，蒙批准免硝池等工，随据盐池司巡检王闰为报修工程事，将前五堰工程重累尺丈具申，即蒙信票委盐池司速令附近五村乡地率领夫役立督修筑，务期加厚坚固，勿得违误。未便，随即据常平等村乡绅于坤、王国宾等为庙内官司，以禀报工程。□

州即蒙信票，仰盐池司即将常平庙官厅，速督五村乡地，备办物料，即拨夫役并匠役立督修筑，如法坚固。听候新院阅池，倘为抗违，指名申报。蒙此即差弓兵李升，催齐五村乡地，及泥匠王国恩、木匠李汴，将官厅内倒损厦房，并大门、二门所添砖瓦、芦薄、连檐、钉板、麦秸等项，眼同估计数目，催令各村照夫备办修葺，具由申报。间为前委五堰工未暇奉行，又申称五堰桑园堰贺家湾堰且有披累，惟龙王堰、常平堰工程浩大，以俟官厅完日修筑。蒙万老爷洞鉴民艰，轸恤重困，金笔批注本州，今将常平等五村门夫一概不动，端修附近各堰并官厅墙垣等处，盐司行令五村遵行可也。缴盐池司遵将五堰工程长短、缓急，搭配分修，今各渠堰、城垣等工已免二载矣！但恐时远世变，纸笔易朽，他工复行，扳累混派，彼时纸笔无据，口舌难凭。将天台慈祥之至意，公溥之深恩，不几与纸笔而俱湮乎？佥议公禀准依批镌石，□被洪恩于不衰云。

　　大清康熙二十二年八月吉日
　　生员张尧　于昌　靳毓琦　王国禹
　　五村乡民董世梅　张经　宸发科　张世兴　宸福禄　宸从兴　耿运明　王鸣凤　王廷选　董世烈　张志明　王国幸　宸国□　柳起贵　张凤翼　张文忠　任方学　庞起明　张功　于增寿　张昭明　李传秀　张□明　侯□用　□□　张伦　辛得□　张世银　于□升等同立
　　张相成刊石

17. 清康熙二十三年（1684）创塑关圣父母金身碑

此碑现存常平关帝庙崇宁殿内。碑为长方形，碑身下部有裂纹。碑身高1.07米，宽0.53米。碑文楷书。

碑文记叙了创建乐楼，重修塔亭，募塑金身及祭祀祝文的情况。所有事情起源于一个梦，梦的真实与否无法分辨，但碑文作者将所有活动归结为由梦所起，这样的做法由来已久，在当时的社会条件下也是一种比较有效的做法。

【碑阳】

碑额：无

题名：创塑关圣父母金身碑

　　尝谓本情以制礼，因义以起事，自古然也。今于康熙二十三年甲子暮春，创建乐楼，重修塔亭，已告成功矣。神首盐池司巡检王闰、庠生于昌、靳毓琦，乡耆王鸣凤、张正经、宸发科、张尧、王国禹、耿运明等，佥相议曰：关圣于灵帝光和二年己未，愤世嫉邪，杀豪伯而出奔，圣父母显忠遂良，赴金井而身亡。至中平元年甲子，里人为帝有扶汉兴刘之举，遂建塔井上。金大定十七年，又有本社王兴重加弘峻，凡往来之过客，只见其塔，不知其塔为墓者十有八九，即询知其来历者，亦不过指塔而三叹曰："圣父母其在斯乎？圣父母其在斯乎？"愚等近圣人之居，忍千百年以上之英灵，无融融泄泄之乐。千百年以下之民人，无见像作礼之诚，揆诸圣心，其能悦乎？所谓本情制礼之谓何？因义起事之谓何也？于是日之夜，张正经、宸发科梦塔亭之中有二铁人，从地下分土而出，遂呼众扶置供桌之上。次日，二人言梦中之事略无异焉。众相骇然曰："神之显灵，昭昭如也。"因而佥发□心，□塑金身。今盛世已毕，礼宜开光，□等恪其牲醴，敬撰祝文，其致祭于敕封应天诞祥大帝天尊，应天诞祥圣后元君之神前曰：惟神萃条山之秀，钟嵯海之精，气严性正，胆直肝忠。遇难发扬，淹芳腐井，不过苟全于浊世，使子尽心于刘公。至今圣子贤孙，遍□姓于中夏外裔。瞻像荐馨，惟故里兮常平井塔。旧宫圣父圣母像貌无征，愚夫愚妇，起敬何从？梦昭灵爽，异地相同。关等恪恭，创塑神形。募近及远兮，二五良缘，表前彰后兮亿万斯年。建塔成像，皆合上元。先进后进，不约同然。岂气运之适逢，抑神明之默遣。呜呼！神像兮堂堂，神灵兮洋洋。今兹开光，微牲薄□，明达不昧，求护无疆。尚飨！

庠生于昌男叔雄撰书

道人李义调

大清康熙二十三年甲子八月吉日立

石匠乔印昌

18. 清康熙二十七年（1688）创建关圣乐楼塑圣父母金身表扬助缘善士姓名碑

此碑现存常平关帝庙圣祖殿后。碑为竖式圆首，碑无底座。碑身高1.78米，宽0.74米，厚0.16米。碑文楷书。

碑文记叙了康熙二十七年（1688）修建关圣乐楼、创塑关圣父母金身捐赠的善人信士的姓名信息。捐赠人员多来自山西运城周边的县村地方和陕西、河南等地。

【碑阳】

碑额：助缘题名

题名：创建关圣乐楼塑圣父母金身表扬助缘善士姓名碑

安邑县

张村首事人马忠秀　刘国福各一钱　刘焕　李阳　刘应秋　张三印　徐国定　徐国玺　刘万有　李公明　韩夫□　汪进盛　王仁　王义各五分　刘耀　刘万金　张国耀　张兴　张起勋　刘熙林各三分

西姚村

首事生员阎鹤龄　阎泰强　阎上勋　郝起云　阎金祥　生员阎文耀　阎名标　杜之藩　闫祯　阎名升　李士兴　生员阎朗　焦统一各一分　阎振世　李祥　郝起龙　阎宗舜　阎起云　杜凌汉　阎慎　李大　阎瑞云　阎诰　刘王　杨廷贵　阎增秀各五分　阎让罘　田莅之　阎振德　杜茂各三分

大李村

蔡门郑氏　首人蔡加让　蔡重交各一分　许代明　乔王春　杨起顺　蔡忠信　刘克勤　蔡重志　王仁忠　周建父子　景德崇　蔡忠孝　蔡重赞　蔡重见　蔡君祥　张贤　蔡重久　蔡忠云　蔡忠务　各五分　蔡少泉花六分　蔡重德　蔡君启　蔡重治各四分　郭金朝三钱　女善李氏四分

小李村

首人马继接　生员马□接　马绳□　马可用　马君安　李守用　杨一朝　马君佐各一分　马平　马呈瑞　马可有各五分　李荣三钱

从善村

首人习麟瑞　张凤会　张凤鸣　刘金才　张一俊　张国顺　张奉　李子纲　范国盛　□可年　张经济　张问符　张一□各一分　张可法五钱　王家富　王可敬　王可谏　王可奉　马敬　黄强　徐进有　马国英　马国明　黄有各五分　柴起凤四分　马明　梁起成各三分

界村

杨侃　段自龙　申君龙　杨□□　张瑞各五分

东郭

雷门赵氏六钱　李门郭氏二钱

夏段村

杨可全二分

运城

王广光三分

平陆县

生员赵方□一钱五分　生员赵永佑　赵克新　张珂各一分　赵□□　□正伦各五分

上下背张

首人岳眷心　王国交　冯成泰　刘天庙　高怀民　张陈栋　贾国

兴　韩自英　王国顺　张自干　张起才　王国起　郭起　段运清各一分

苏韩村

首人杨进忠　乔玉□　□□□　□□介　刘国成　靳邦耀各五分

太平头

首人刘世焕　王国辅　王进翠　王国祥　李春全　葛存瑞　李时兴　石耀廷各五分　王时秀　张太宪　李章号各三分　邵管臣　毛光□　辛从□　□□□　□□盛　段时得　段时发　段时茂　张文至　李文儁　陈登务各三分

太陈村

史绳祖四钱七分　史勋征银二钱　生员史麟诏一钱　梁起英九钱

□底村

□公彦　孟□敬　丁自兴　张公□　吴登蛟　张金殿　张金贵各一钱　张公盛□□

下牛村

首人杨继贞八钱　生员刘汉德　谭笃行　史兆旺　谭宗起　姚佐汉　史景墨　贾德全　王加才各五分

汪家滑

首人赵之印　吴国兴各四分　孙盛□　□□元　□□龙　韩□□各□分

高家嘴

首人赵金声　张中万　关文广各一分　宜邦秋　高文宾　王国殿　陈得强　秦自醒各五分

温家庄

温玉一分　温恭　温孝　温良　梅加增　邵堂　张思论　温祥　杨淑震各□分　杨蔚三卜

吕家沟

张之耀　张荣　赵兴　赵仓各一钱　焦云五钱

磨沟村

李惟馨　杨国栋　杨国柱　杨荣　温福　王国林　张用福　张曰寿　东侯村　裴营祚　男裴继博　裴继厚　裴继高　裴继明各银五分

南吴村

生员李时夏　李馨各二分　郭国兴　劈头张义良　成文斗二分　陈守博　成云南　成文忠各三分

正张村

李平　李轩　王彦福　李永全各一分　李呈祚　李整　张守业　赵克明　李作舟　陈际泰　陈宇平　陈宇徽　陈宇荣　泰国兴　陈应用　陈维正　韩国治各五分　李□□　□□□　何□雨　解万斗　解纶　庞来雷　各五卜　马得盛　大涧北薛帝商一钱

关家窝

首人关秉钦　关启祚　关时荐　关淑敏　关御侮　关扶国　关淑彩　起成璧　吴凤翔　关秉权　关秉宪各五分

盘南村

首人冯玉保　令狐永新　周中兴　陈□□各五分

东□村

赵景枢　张正寅　刘增盛各五分

布□村

陈绩民　史魁　陈月明　赵伯英　武大兴各三分　马保禄　武得盛四分　马伯良　赵士旺　马伯成　陈积□　乔兴　□伯祥　乔□正　王家沟　张□增　卫□□　张凤彩　王积□　王国兴各五卜

马家嘴

韩日正　陈盛夫　□居义　赵子交　何重兴　阎国亮各五分

丁家沟

首人迫世印五分

西祈寺村

李□盛□分　梁起凤一钱　□属稷山人

□东村

首人□风茂一钱　贾□庆　杜万仓□□　□□□　首人任守强□□

史家庄

王万仓三钱　百友村　首人张守田筹银一钱　□人村首人张质三钱六分

上村

赵星一分　圣人涧　高秉清三钱

□落村

宁国顺　陈□□　曹兴□　梁□□　□□□　□起□　李自□各五分

□家沟

郭□兴三钱

韩村

孙联芳　王积余　王积盛　王积福各五卜

新店

仝廷遴　仝恢量　赵中兴　吴得宁　李成芬　仝之俊五分

东村

张□琦　张遇□各□分　吕□阳五卜　董廷良　曹大成各三分　薛起林□□　梁于□　吴成立　郭廷　张三旺各五卜　张文英　张兴余　王奉龙各五分

南村

张起新一钱　王国荣　吴国进　冯德　吴德□　牛进礼　□□明□□分

夏县省祭

贾□□　郭□旺　郭银邦各五分　郭建斗二卜

南北吴村

杜天植　柴特生　杜天印　柴国栋　柴凤栖　续绩　杜光彩　生员杜茂美各五分　柴有生四卜　周凤高　范文奇　孙承孝　杜绍康　柴凤翼　续斯文　周凤　杜起鹏　杜玉魁各三分　谢登全　杜□□　杜玉柱各二分　范进　李之□各□□　李之秀　坡底窑杨玉秀六卜

石桥村

马二俊一钱

上晃会

首人王守先　男王心正　王心一共一钱二卜　刘夫荣银花一对重二钱又一□　□门卫氏一钱　王之烈七卜　生员王服远　生员王镇干　王禄　生员王元升　王琅　王文定各五分　王文馨四卜　王之□六卜　马自公　马有成各三分　生员马国翼　马国珍　马滕爱各五分

杨村

首人李国璋□钱五卜　郭经斗□□　师应成一钱　史家峪　卫景麟三卜

五里桥辛庄

首人张□金五卜　贾孟康　贾文明　任养心共一钱　会首贾文棵　贾增福　贾可民共一钱　张文明□□

张郭店

生员孙如□五卜　孙如□□□

闻喜县赵村

王可□

胡村

牛丕宣五卜

仓底村

张可强　张永亨各三钱

中庄村

生员张我修　张奇翰各三□

槐□村

崔中玉八卜半　叠□　支润三卜　赵希增银二卜　贤原里四甲五卜

猗氏县邱家营

首事人王基命　金琨　张公　王都　邱豫　杨鉴　景义　段而彩　段而奇　吴夫全　郭自□各五卜

油杜村

岳自茂　解廷才各五卜

临晋县雷家庄

首事人张颖悟　张玉睿各五□　生员张素行　生员张安行　张留侯各一钱　张彦兴　张大众　张自钦　张自遇各五□

石卫村

首人盐院□官　赵孟熊　洛积各谷二斗二□　洛康　赵钦各□□

土落村

首事人杨廷祯谷三斗

平壕村

合会郝兄弟等一钱五卜

卿头

尚天叙银一钱　杨梅银一钱

河南□兴头

京商杨鸿际三钱　义成号　张裕　开宁号　泰成号各一钱

曲沃县台神村

赵忠二钱四卜　王君玺□□　关□□三卜

曲沃太平

马夫张□□　吕希有　张乔　张□　秉忠　乔任伟　李日增　张武立各一钱　张贵珍五分　刘鸣凤　李付昇　吉天印　董凤玉　□清

秀　张崇清　张体仁　辛应秋　马存恕　杨□□　高崇霄　刘付秋　王进贵　刘明德　王之盛　马齐龙　□奇　毛林各一钱　张善教七卜半　张启盛银五卜

绛州

马夫权旭三钱　李瑞生二钱九卜　乔盛二钱六卜　蔡自成银二钱

曲沃侯

马所厂夫施银一两

陕州

会首朱王村张文□银五□

绍兴府

陈叙九银三钱　陕西富平县　杨之强银二钱

虞乡

左进兴银一钱

大清康熙二十七年岁次戊辰仲春吉旦

首人盐池司王闰　生员于昌　生员靳毓琦

乡耆耿运明　张尧　王国禹　王鸣凤　□□□　辰发科　张世兴　□□□　张知明　于增寿　王杨名　侯世用　王国宾　张大成　王国玺　张凤翼　昝重新　冠允吉　张文忠　郭锡公　张功　张世廪

主持道人李义调　聂义庭　徒王礼畠　王礼皋仝立

19. 清康熙二十八年（1689）募修常平关夫子庙引

此碑现存常平关帝庙崇宁殿前西檐廊东侧。碑为螭首龟趺，碑额高0.94米，宽0.89米，厚0.27米；碑身高2.21米，宽0.85米，厚0.24米；座高0.46米，宽0.91米，厚1.30米。碑文楷书，保存较好。碑文由郝惟谦记。

碑文记叙了作者到解州关帝庙和常平关帝庙拜谒的所见所闻，与自己拜谒孔庙的所见进行比较，感叹常平关帝庙为关公的故宅，"垣宇倾颓，几不蔽风雨"，将如何"慰吾人畏神服教之思，且何以答夫子呵护生灵之泽也乎？"碑文最后记载作者提议重修常平关帝庙并发起募缘，以及参与募化的人员名单。

【碑阳】

碑额：无

题名：募修常平关夫子庙引

　　夫子香火遍天下，凡通衢大都，以至穷乡僻壤，无地无之。亦何事于一庙之废兴？以为夫子轻重而必沾沾焉，醵金庀材，动工兴作，冀邀福绥于夫子，是诚世俗之见矣。独是有难，任其兴废，而不为之所者，则常平一庙是也。余视蹉来此，闻解州夫子庙与常平庙并列春秋祀典，因洁具牲币，谒祭于解，睹殿宇之巍峨，气象森然，灵爽如在。父老为余言，此李直指所题请敕修也。及历常平瞻拜，则垣宇倾颓，几不蔽风雨，或曰此夫子之故宅趾也，有塔屹立，塔下覆井，盖其考妣之遗骸在焉。仰眺峰峦耸翠，环拱效灵，去庙数里许，为石盘沟，隐若古冢然，即夫子之祖茔也，余不禁怆然者久之。呜呼！夫子发祥之区，犹吾师宣圣之阙里也。宣圣至德大业，万年俎豆，世莫与俦，而夫子之声灵赫濯垮焉。余昔游曲阜，谒林庙，郁郁葱葱，聚岱宗之雄丽，汇汶水之汪洋，洵宇内一巨观。而常平则中条捍其南，涑水萦其北，川流岳峙，亦何多让？乃煌煌灵爽，惟庙是依，而顾听其日就倾圮，将何以慰吾人畏神服教之思，且何以答夫子呵护生灵之泽也乎？爰议择吉，以为完葺之计。但人之好善，谁不如我，倘有事焉而不以告，得毋有独为君子之疑？试以问之同志。

　　康熙二十八年闰三月朔巡视河东盐课浙江道监察御史益津郝惟谦熏沐谨识

　　镇守山西太原等处地方总兵官胡戴臣

　　河东陕西都转运盐使司运使苏昌臣

山西等处承宣布政使司分守河东道参政王毓贤

山西等处提刑按察使司提督学道李观光

平阳府知府加一级周士贤

平阳府清军同知章时化

运盐使司运判崔应龙

解州知州万象

河东都转运司经历赵光成

河东都转运司知事朱详麟

解盐中场仓大使郭允修

解盐东场仓大使缪景昌

解盐西场仓大使徐文炳

解州贡士庹甲科

解州吏目章士龙

潞泽河汝运商范时泰杨鸿际

阖司商人

后裔生员关守正

督工理盐池司巡检王闰

生员于昌

乡耆王国禹　张太荣　张尧　庹发科　耿明　王扬名　张世兴　靳清

道官张仁喻

住持道人李义调

石匠王法裕　裴相成刊

20. 清康熙二十八年（1689）重修常平关夫子庙记

此碑现存常平关帝庙崇宁殿前东檐廊西侧。碑为螭首龟趺，碑额高 2.05 米，宽 0.86 米，厚 0.21 米；碑身高 1.05 米，宽 0.8 米，厚 0.18 米；座高

0.63 米，宽 1.09 米，厚 1.86 米。碑文楷书，保存较好。碑文由郝惟谦撰写。

碑文记叙了监察御史郝惟谦阐明重修关夫子庙的经过，他首先追溯了以往常平关帝庙几次大的重修活动，而此次重修工程始于"是年夏五朔七日，落成于孟冬望前二日"，最终关帝庙金碧重辉。

【碑阳】

碑额：无

题名：重修常平关夫子庙记

　　季汉前将军壮缪侯关夫子，平阳解州人也。解城之西有敕建祠宇，官殿堂，拟之王者。地以人重也，彝考夫子发祥之地，实在城东常平下冯村，解人立庙以奉享祀，与城西敕建之庙，春秋二祭，祀典并垂，历代尊奉弗替。今康熙己巳，余奉简视蕝河东，受事之次，修虔告洁。既谒城西，再历常平。条山岳峙，涑水渊渟，实两间奇秀钟结。然而庙貌倾圮，苔痕上阶，余低徊留之不能去。夫入庙思敬，若是，何以起人俨若之思乎？及退，阅州志，吾乡前辈王先生远宜，于万历四十五年以御史巡盐兹土，曾为鼎新。五十年来，无有继而葺之者，神将若有所待焉？于是矍然曰：余非霸人欤？先生与余产同、官同，所任之地又同。然则继起而新斯庙，安知神之非余是待乎？乃首先捐俸，募诸同志，人多踊跃乐助之。而守兹土，董厥成者，则解州知州万象也。是役也，经始于是年夏五朔七日，落成于孟冬望前二日。轮奂再美，金碧重辉，亦既翚飞而鸟翅矣。神灵庶几其妥乎，入庙者亦知起敬矣。至于夫子之生而为人，殁而为神，赫赫数千年，彪炳史册，余又何能赘一辞？谨志修葺之始末云尔。

　　康熙二十八年岁次己巳巡视河东盐课浙江道监察御史益津郝惟谦熏沐谨撰

21. 清康熙二十八年（1689）新立清明节会捐输银碑记

此碑现存常平关帝庙献殿西山墙。碑为竖式圆首，碑无底座。碑身高1.51米，宽0.67米。碑文楷书。碑文由王琮书，裴相成镌字。

碑文记叙了修缮祖茔、修建戏台、装饰帝殿等处，以及清明节和中秋节祭祀活动的具体开支情况，管理人员等相关情况，并且这些规定都得到州正堂大人批准，因此立碑为证等。关帝庙祭祀活动的经费采用将获捐的二十四两银子作为本金，由常平、蚕坊、曲村三村分别管理八两，然后将银借给本村或外村人使用，在清明节前十日齐聚关帝庙，本金不动，收取息银，购置祭祀所需祭品，成功地解决了每年清明、中秋两次祭祀活动的费用问题。但"恐日久弊生，中有染指侵渔，废驰其事"，因此在人员管理上"仍令三村之民互相稽查；一村有侵，两村举报；两村有侵，一村举报鸣官；本利追还，仍治侵克之罪"，尤其正堂万象批示"再设立印簿三本，开明银数、树株等项，每村各存一本，互相稽查。如有侵用，许赴州禀究追还，不必另文"，这样也有利于上述规定的执行。

【碑阳】

碑额：无

题名：新立清明节会捐输银碑记

　　平阳府解州盐池巡检司巡检王，为请文镌石，以垂永久事。

　　窃惟关帝庙宇遍天下，英灵满宇宙，护国佑民，无祷不应，即深山穷谷，白叟黄童，妇人女子，莫不虔敬。第帝乡贯远近之人，皆知生于解梁，弗知州之东南，今之常平，乃昔之下冯村。庙系帝之古家庙，内有井，系圣父母难井，骨骸在焉；井上有塔，塔前有殿，有封口而无神像。南八里许，条山之麓，有圣祖茔墓，不但他省之人不知，即解民以及邻封之人不知者多见。志载：帝祖、帝考妣，遇清明节会，除官祭外，附近居民如楚之漳乡，照民间拜扫例，上坟祭奠，倏兴倏废，不知其几。于明季有河东守宪张,因梦兆,亲临谷内,刈荆棘,见墓置祭田有碑存,又于坡下立关圣祖宗神道碑一座。后官见道路崎岖,遇节止致祭神道碑前,民祭于墓,兴而复没者又五十余年。神灵如向,于康熙戊午岁,有生员于昌寓庙读书,午梦,神指曰:"尔视井内何物?"遂得碎砖神主,砌看有帝祖考字样,白之前吏目朱仔,随白之郡守王堂台诣蒲,白之于守宪张,遂令吏目朱仔与善风鉴庠生李倬者,沿山八谷,观寻祖兆吉地。有老樵王义指曰:"此处即是。"随刈荆茨,有冢存。前有大石,下埋旧碑一座,与砖主字号相同。堂台洎守宪张,同立志铭于庙。吏目朱仔,长乐司巡检章用中,同卑职募化,烧砖、筑萧墙、垒石台,倡同生员于昌、靳毓琦、乡耆王鸣凤、炭发科、王国禹、张经、耿明、张志鹏、张尧、张世兴、张功、郭锡公、王国玺共襄其事。上闻,盐道高亦捐俸修坟,立碑于庙,不三月而落成。修坟掘出古砖、瓦、瓦盆,铜钱上有"建安"二字,威灵显赫,可谓极矣。又有大不慊者,遇节会在二门之内苦席橼作戏台。矧圣祖茔在南山之内,圣父母塔在二门之外,且绅与人心一也。子孙贵显,而祖父母不无谥封,得子孙之显荣者,岂可置祖父母于门外乎?意建戏台于大门之外,中虚南北,南向喜圣祖,北向喜圣父母及圣帝,数议不果,值蒙堂台谕,江右姓董者精于地理,令观吉否。董曰:"原议之地吉而可建。"蒙堂台书衔,捐资不足者虑独力难成,倡诸生员于昌,乡老王鸣凤、王国禹等募之,四方善男信女不拘分文升粟,台成矣。塔前无像,远近之人不知是圣父母,进庙而无瞻拜之礼,又商同于昌,王鸣凤等募化,塑像告成。蒙堂台匾题"麟经启后"。又有闻喜县武令讳宣,见像问及,备猪羊各二,祭果等项,挂金字匾题"启圣同光",粉板对一联;帝殿金字匾题"媲嫩昌平",粉板对一联,红龙袍一件,修楼下□添修屏门洞一座。蒙堂台额金字扁题:关帝古家。今人人知是帝家,进庙者塔前有像,人人拜礼,兹请者曩因戏台成而清明冷落,从前无米之炊,乞之无门。蒙堂台首先捐俸银五两,献戏三台,虽新复旧,实系初创,一年节过又期□祭之戏，幸蒙堂台捐施银一十九两，卑职银三两，后裔生员关守正银一两，外化布施银一两，共银二十四两。传同常平村乡耆王鸣凤、王国禹、扆发科等，而鸣凤已故，伊子王扬名经管；曲村靳毓琦、耿明等，而毓琦已故，伊子靳清经管；蚕坊村张尧、张世兴等经管，随为首人。三村均分，每村银八两，在各村中有愿使者，或外村之人借使者，赢息议定于清明前十日各首人同使银，人齐赴庙，本不动将息银收齐，内动买羊一羫，馒首四盘，树果四盘，香、烛、纸、锞、醑酒，祭扫毕，首事之人公享其胙。如偶尔不在，亦即颁赐戏三台，工银饭食俱出利银。此千百年未有之事，兴于堂台。守斯地之时，神喜人安，无量功德，人人感诵。更加思踌，恐丰歉不一，戏钱低昂不同，统在利银内增添，不缩原本。又八月十五日，帝驾回庙，三村猪羊炸盘献戏。是日，圣父母前无祭，将卑职同朱吏目募化。州绅李仙质台前沙地五亩，粮已过入西庙，今议租种，取稞（课）买羊，祭圣父母塔前，以慰帝心，以尽创立之诚也。恐年久中有经管之人老迈，力不能者，或子弟忠诚可管者接管；如子弟不能，公同村中之人，择忠厚年高者接管。出放本仍不动，利银支销，如经管不力，照本赔息；若有节省之余，亦作本出放，月积年累，自有其丰。此典一举，千亿年无替。恐日久弊生，中有染指侵渔，废驰（弛）其事，仍令三村之民，互相稽查，一村有侵，两村举报，两村有侵，一村举报鸣官，本利追还，仍治侵村之罪。请文立石，以垂永久。又圹成之年，卑职等募化柏、柳、椿、槐共五百一十一株，俱系弓兵李升、王足法、白一□等分植。其年肮暵，止活近水近圹百余株，年久孳孕，成林有日。想日远为山中之物。三村居民不得为无碍之物砍伐，裔人不得借祖茔之名而擅取，主持不得假焚修而窃用，或有老枯者，通知公伐，贮庙以备修理之用。为此，今将前由理合申请，伏乞堂台电阅，做发碑文，批示遵行。

右申蒙

本州正堂万批：查阅详叙，历来修建增置，始末其见。留心敬神，允足嘉尚。但见在出息之银，虽然无几，亦必勒碑。仰即再设立印簿三本，开明银数、树株等项，每村各存一本，互相稽查。如有侵用，许赴州禀究追还，不必另文。以此镌石，以垂永久可也。缴文：巡检王闰同立碑，生员于昌，后裔生员关守正，乡耆庞发科、王国禹、王杨名、耿运明、靳清、张尧、张世兴、侯世用、张功、刘起贵、张可兴、□允言、张凤瑞、道官许礼垣、住持张仁知。

关中后生王琮书

镌字匠裴相成

康熙二十八年五月十三日

22. 清康熙三十三年（1694）重修常平寝殿碑记

此碑现存常平关帝庙仪门北西山墙壁北侧。碑为竖式圆首。碑身高1.42米，宽0.54米。碑文楷书，保存一般。碑文由江闿撰。

碑文记叙了重修常平关帝庙寝殿和道院三楹的前后过程。时任解州知州的江闿在文中对于"汉寿亭侯"是谁封的提出质疑，进而对于汉寿县所处位置进行了考证，对于罗贯中将"汉"字指代为"汉代"进行了辩驳。进而作者对于于昌将一梦一砖作为信史提出了质疑。这种敢于质疑的精神对于我们现在进行史学研究同样重要。

【碑阳】

碑额：重修常平寝殿碑记

题名：重修常平寝殿碑记

汉建安二十四年秋七月，诸臣推昭烈为汉中王，王拜关某为前将军，是公在当日受爵明甚。至若后人称谓，礼称某公。观韩昌黎《处州孔子庙碑》，止称孔子，时开元二十年，已谥孔子文宣王，昌黎未尝称王也。公封汉寿亭侯，虽献帝在位，操实为之。观本传，公尽封操所赐，拜书告辞，而昭烈，是操所拜之爵，已弃如敝屣，世人尚以此称，岂知公者哉！罗贯中不学无术，更因一言之讹，将"汉"字指作"汉代"，殊未今之龙阳，东汉汉寿县地，今之广元，当汉寿失于东吴，蜀汉改此曰汉寿，犹前代南充、南徐、南雍意。史称"从姜维义兵屯汉"，"费祎遇害于汉寿"，班班可考。且《南史》爵封汉寿子男者迭见，岂亦汉代耶？解梁之常平村，公之昌平也，乡之人思慕公，祠于此，相传始于宋元，碑碣无存，仅见明嘉靖时碑，有金大定十七年里人王兴重修之语。大殿祀公，殿大门东偏传为公父母墓，有祠有像。殿后为寝殿，像曰"圣后"，公夫人也，事无所考。彼睢阳之祀张真源巡，南霁云、雷万春尝配享矣，武林之祀□鹏举飞，牛皋尝配享矣。部将且然，况江东祀卞望之壶父、其夫人，则夫人因公得并祀允宜。惜寝殿失修日久。今兹阎守邦二年矣，乃从道官许礼垣之请，自像而堂宇，以渐经营，视昔改观，雅与大殿称。东有道院三楹，亦修葺，无风雨忧，以司钟启闭。需金若干缗，尽出崇宁宫香火之余，别无募助。首厥事者，礼垣也。董其工、更解橐襄事者，盐池司巡检王闰、公后裔奉生员关守正也。乡之人重公，更推所自出，比于孔子之启圣公。四配四先儒之先人，意云厚矣。但察其先世名讳，存殁由来，乃始于今戊午解州牧王朱旦，偶因于昌一梦一砖，遂执为信史，失岂浅鲜耶。得并记。

　　时康熙三十有三年秋九月吉日立

　　诰授奉直大夫解州知州加一级牂柯江阎敬撰

23. 清康熙五十一年（1712）重修乐楼萧墙记

此碑现存常平关帝庙献殿东山墙。碑为长方形。碑身高0.53米，宽0.74米。碑文楷书，保存一般。碑文由于叔雄撰书，解从勤勒石。

碑文记叙了康熙五十一年收到四川川北等处总镇都督府江南淮安府三阳县王应龙的五两还愿银两，常平村首人于叔雄聚众会议，商议修缮萧墙花费无几,将损坏的乐楼也一并重修,"遂令三村各输三钱三分,以助不给"。但重修费用还是不足,又募化本村众善,"挨次管饭,以给匠食",最终完成重修活动。

【碑阳】

碑额:无

题名:重修乐楼萧墙记

  尝云人有虔心,神有感应,向第视为俗语,孰知实有明验。今者四川川北等处总镇都督府江南淮安府三阳县王老爷,讳应龙者,于康熙四十八年为副总时,路过常平,瞻仰圣庙,环视萧墙多有颓敝,私心祝曰:"神若保佑官职升转,愿输俸金以修萧墙。"至五十一年果升四川川北总镇,随遣差役曾世蛟、杨睿送银五两,以了前愿。斯诚虔心,感应之明验也。叔等乡首得银,聚众会议,以为修筑萧墙所费无几,乐楼损坏,更当投资银两,一并重新。遂令三村各输三钱三分,以助不给。乃以资财短少,又化本村众善,挨次管饭,以给匠食,虽多寡不一,要亦同归于善耳。迨工竣之后,列记于石,以垂不朽。亦示后之向善者,知所劝云。

  康熙五十一年岁次壬辰孟冬吉旦

  本村首人于叔雄撰书

  东辛庄善人解从勤勒石

  使帐(账)开后

  泥匠工价银五钱 木匠工价银三分 土工价银三钱 铁匠工价银一钱三分 买铁银五分 画匠桐油共二钱四分 瓦银六钱 石灰七百四十斤银一两一钱八分 □工银七分 镢银九分 刻字工价银一钱八分

  三村首人耿节 耿再恭 张卫□ 张承祥 张廷兰 张世兴 张□宦

  信士贾文发管饭二日 王知会管饭一日 李榴管饭一日 乔义李元

明管饭一日　貟全　李明珠施银一钱　王恩代　张成立施银一钱　王之公管饭一日　张继功管饭一日　乔智管饭二日　乔义管饭二日　樊盛□管饭一日　李奇玉管饭一日　扆瑶管饭一日　王□命管饭一日　王有光管饭一日　刘大用管饭一日　李可庆施银五分　张有得施银五分　刘二施银五分　本庙道人李智对施秸八百斤

24. 清雍正二年（1724）重修关公祖墓记

此碑现存常平关帝庙仪门北西山墙壁北侧。碑为竖式圆首。碑身高 1.47 米，宽 0.56 米。碑文楷书，保存一般。碑文由杨书记，刘帝锡书丹，相守龙刊字。

碑文记叙了三部分内容。首先描述了关帝祖茔具体位置。其次交待了关公一生，"年少经营天下，周旋徐、豫、荆、楚间，垂老而殁于吴，葬于洛"，但同时感叹关公无法"以杯酒浇先人之冢"，不能尽孝。最后碑文作者说到关公的祖庙依然"历千百余载，而巍然尚存，旋毁旋补"，正是关公灵佑所为，实则是官方和民间推崇之功。同时对世人"称公者曰仁、曰义、曰忠、曰信、曰智、曰勇，莫有称其孝者"的说法予以批驳，说明关公是忠义合一的真正践行者。

【碑阳】

碑额：重修关公祖茔碑记

题名：重修关公祖墓记

　　　　解梁，为汉前将军壮缪侯关公发祥地，今常平下冯村，公故居也。后人因其地立庙。去庙五六里许，入南山中，为公祖盘石墓。山脉蜿蜒，群峰环拱。笃生伟人于是乎。在余癸卯牧兹土，适茔域为山水所冲，余伤修之。越甲辰三月，而工乃竣。土人执其役者，咸请勒石，以志不朽。余乃喟然而叹曰：嗟乎！公以年少经营天下，周旋徐、豫、荆、楚间，垂老而殁于吴，葬于洛，数十年风尘扰扰，曾不能以杯酒浇先人之冢，公之心得毋有恫然者乎？况公之力，能为民御灾捍患，而不能保其祖宗丘墓不为山水所冲，公益不能无憾！虽然人亦有生平足不出乡里，幸全要领，从葬首丘。累累北邙，谁识之者？若乃黄沙青草，或劚而为田，或湮而为池，又谁为复之者？独公祖墓历千百余载，而巍然尚存，旋毁旋补，非公所默为保佑，以至是者乎？迄于今，马鬣依然，松楸无恙，孙支繁衍，飨祀弗绝，公亦可以大快于心而无憾者矣。余独怪世之称公者曰仁、曰义、曰忠、曰信、曰智、曰勇，莫有称其孝者。岂知今日之捐金修举，非政之良也；公若命之趋跄从事，非民之勤也；公若使之勒碑作记，非笔之灵也。公若降鉴之，凡中条北麓一卷石、一撮土、一风之号、一泉之鸣，皆公精爽所式凭，即公孝思所寄也。岂惟是刀尖马蹄之迹，如世人所传云尔哉！

  雍正二年岁次甲辰春莫上巳日
  奉直大夫知解州事加一级纪录八次昆陵杨书记
  郡庠生刘帝锡书
  蚕房　曲村　常平三社首人仝立
  刊字匠相守龙
  道官张义萱
  住持张礼同
  本庙道人任智迩　燕智欸

25. 清雍正八年（1730）重修常平关公庙记

  此碑现存常平关帝庙圣祖殿后。碑为竖式，上下有榫，碑额、碑趺不存。碑身高1.95米，宽0.76米，厚0.17米。碑文楷书，保存一般。碑文由贾宗彪书。

  碑文记叙了重修常平关公庙的经过。首先碑文作者描述了关公一生的经历，表现关公因忠义而受到官方和百姓的推崇，获雍正帝御赐"义炳乾坤"，敕封三代，以示尊崇。碑阴部分详细记载了此次重修工程捐款人的姓名及具体金额。

【碑阳】

碑额：无

题名：重修常平关公庙记

　　常平关公庙之重修也。初汉至末年，群雄蜂起，各相吞并，而窃窥神器，不顾名义者，莫甚于魏之曹操，吴之孙权，虽有王允、董丞之贤，而不能救。独关公起自布衣，慨然以复汉为己任，故与桓侯共事先主，内尽其心，外竭其力，坚守西蜀，以存汉家片壤。犹虑王业之偏安，耻汉贼之并立，直欲灭魏吞吴，恢复中原，以成一统之宏规。奈志犹未遂，而中道殒殂。尚论者莫不以此为关公惜，而不知公之所能为者天也，所不能为者人也。故其忠义之心，可以告诸天地，而不能使奸雄□服乎；王章可以质诸鬼神，而不能弭吕蒙、陆逊之阴谋；能信于百世之民，庙食宇内，而不能使当时之天下，一道同风，咸拜飔于献帝之廷也。我皇上御极以来，嘉公之忠、重公之义，特赐之匾曰："义炳乾坤。"又敕封三代，以示尊崇之至意。呜呼！彼魏与吴，当时则荣，殁则已焉；而公之忠义，久而弥光，千载下不犹凛凛其常存也哉！夫常平之有公庙也，其来久矣！历代之重修者亦屡矣。余除夏邑时，适州谒常平庙，瞻拜之下，见其廊庑倾颓，殿宇损伤，爰召乡人而语之曰："常平，公故里也；庙，公故宅也。乌可以不修？"乡人以缘簿禀余，具陈修葺之事。余乃捐俸六金，更劝其化缘于四方。幸时和年丰，自省台大人以至绅衿士庶，莫不乐输。遂起工于雍正三年。寻知解州，至七年，虽王殿寝宫之未举，而余功已告竣矣。呜呼！睹廊庑之辉煌，群兴瞻拜之诚，而抚殿宇之倾颓，独无奋兴之意乎？是所望于后之继起者。

赐进士第奉直大夫知解州事加一级□□□熏沐谨撰
本州儒学生员贾宗彪熏沐敬书
雍正八年岁次庚戌仲春吉旦

【碑阴】

碑额：无

题名：重修常平关公庙捐银人花名

巡抚山西都察院左副都御史德捐银二十两　山西布政使司布政使高捐银一十两　山西按察使司按察使蒋捐银一十两　钦差巡察山西等处地方户科掌印加一级宋捐银四两　山西粮屯驿传道副使汤捐银六两　太原府知府郭捐银二两　大同府知府许捐银二两　平阳府知府樊捐银二两　朔平府知府徐捐银二两　河东分理盐务中分司王捐银二两　太原府同知徐捐银二两　抚标中军游府毛陆捐银一两　太原府理事通判常捐银一两　阳曲县正堂孔捐银一两　直隶解州盐池司金捐银五两　直隶解州盐池司□捐银二两　芮城县捕厅□捐银五钱　壬午科举人李翔鹜施银一两　丁卯科举人李□载施银一钱　甲午科举人马允尚施银一两　副榜□□□□□　举人□□□□□钱　□□州同侯□五钱　□州同侯推勤一钱　岁进士□其铁一钱　岁贡李瑗五钱　贡监□□□一钱　例监李□□□钱　监生马诒廉六钱二分　贡监侯□一钱五分　监生马诒型五钱　监生王宗祖二钱□分　经历崔淑瑞一钱　增生□□□一钱　增生杨州牧一钱　生员侯如矿一钱　生员乔齐□一两　生员马诒悫四钱　生员侯建功二钱五分　生员冯如儁二钱五分　生员刘云鹏一钱　生员□连先三钱　生员□绍祖二钱　生员张卢二钱　生员□延年一钱五分　生员吴睿一钱　生员阎寅一钱　生员董其锷一钱　生员董其镶一钱五分　生员董其镶一钱　生员孙复□一钱五分　生员焦柏一钱　生员焦□一钱　生员焦焜一钱　生员相吉人五分　生员董见君五分

四方客人布施开后：

内乡号五钱　　郏县号五钱　　仁恕当五钱　　广阔当五钱
启盛当三钱　　恒泰当三钱　　曲沃绛县绸行六钱　义仁号三钱
绛县□绸行二钱　义顺号一钱　　绛州羊皮店三钱　□□□一钱
恒盛号一钱　　弘盛号一钱　　魁合号一钱　　□盛号一钱
恒升号一钱　　义合号一钱　　永升号一钱　　永□号一钱
和□号一钱　　长盛铺一钱　　□盛号一钱　　□庆号一钱
合盛号一钱　　云宝号一钱　　元□号一钱　　□□号六分
和顺号六分　　义□号六分　　养知号六分　　□升号六分
敬升号六分　　益盛号六分　　万顺号六分　　永顺号五分
永盛号五分　　正顺号五分　　求顺号五分　　上元号五分
宣兴号五分　　万顺号五分　　合兴号五分　　宁字型五分
永盛号五分　　正兴号五分　　玉盛号五分　　道生号五分
□盛号五分　　义成号五分　　永盛号五分　　永顺号五分
正兴号五分　　复兴号五分　　仁和号五分　　恒□号五分
□□号五分　　兴盛号五分　　万顺号五分　　公信号五分
恒盛号五分　　仁义号五分　　义升号五分

襄陵县

张永发五分　　王庚才五分　　陈□广□□　　恒盛号五分

山东章丘县

高之有一钱　　尚世兴一钱

陕西合阳县

麻永庆一钱　　关之秀五分

曲沃县

赵□林六分　　陈景仁六分　　□□□六分　　史汉印六分　　史内高六分

陕州原南村

曹□□五分　　张元中五分

永宁县西寒□村

□文五分　李文泰五分

绛州

杨景臣一银　景悦五分　刘应梅五分

闻喜县

吴帝邦五分　吴帝瑞五分

芮城县大杨村

关□璋四钱　关宣四钱　关淑浚三钱　关瑄三钱　关崇本三钱　关述三钱　关淑鳌二钱　关淑皋二钱　关□彪一钱　关□一钱　关□一钱　关□一钱　关德一钱　关超一钱　关淑龄五分　关淑影五分　关淑□五分　关秉钧五分　关秉誉五分　关崇安五分　关府五分　关受印一钱五分　关受爵二钱　关奉云一钱五分　关生云二钱　关正云八分　关□□八分　关怀景五分　关□芳五分　关□黄五分　关宅一钱　关舍一钱　关怀德五分　关怀瑜五分

五头村

关允旺二钱　关允诣二钱　关经二钱

平陆县关家窝

关淑敏三钱　关淑治二钱　关御劲二钱　关御□二钱　关御勋一钱　关秉□一钱　关翼汉一钱　关劾三钱　关客一钱　关广道一钱　关起一钱　关乐一钱

猗氏县

关直一支共俸银一十六两

源头村后裔奉祀生员

关文彬省城募化关振□一两七钱

生员□再恭

督工首人张□仁　王□□

主持道人任□□　燕□□

刊字匠张村王世忠

雍正八年岁次庚戌仲春吉旦

26. 清乾隆三年（1738）创建乐楼东铺房记

此碑现存常平关帝庙仪门南东山墙南侧。碑为正方形，碑身高 0.54 米，宽 0.52 米。碑文行书，保存一般。碑文由里人贾宗远书。

碑文记叙了利用庶民捐修庙宇的余款，创建关帝庙东铺房三间的过程，从而实现"遇春秋二会，可寓客商贸易"的目的。碑文最后详细记载了此次活动捐赠人的所属地区及姓名。

【碑阳】

碑额：无

题名：创建乐楼东铺房记

从来善无论大小，皆需旌来功，弗□先后，均宜颂扬。今有二民信士，勃发善念，捐赀数□，庙工告竣，未得费及增焉。乡首聚众商议，乐楼西边已有成铺，东为□地，何以雅观？爰命工人，创铺□间，不惟乐楼深厚，足蔽风萧雨晦。即遇春秋二会，可寓客商贸易。所费无几，其关甚大，抚兹姓名，堪□□闻。赖勒石刻铭，永垂不朽。以□来兹，知所劝云。

夏县

张兴和　尉谦　郝进富　秦富全　曹金禄　□金玥　毛英　□国英　秦富清　郝起英　杨□世　卫祥周　张□　杨超才　郝起清　薛□臣　杨世忠　张右　秦起荣　郝起德　杨越　周辉兴　杨花让　杨焕盛　郝进成　杨银禧　尉自贵　秦富荣　杨起祥　郝永武　张银瑞　史建如　杨起顺　张景泰　郝进祥　任起禄　杨品征　杨起法　申有弟　秦昌义　侯民如　杨五祥　杨起金　高氏　张师　周学民　畅国

辅　杨旭和　曹国成　贺全盛　尉恭　郝进财　张世富　曾国祯　牛全真

平陆县

贾明雨　赵耀　岳照金　张起禄　乔景圣　南民乐　杨玉　赵夏　侯宣　景复明　罗超秀　贾乔氏　岳照年　侯永盛　王自有　韩自丙　吴应举　吴万得　侯永信　杨茂智　杜祥桂　孙自龙　王世清　侯世兴　李花让　梁嘉桂　吴进凤　吴进龙　侯世爵　吴进福　白世训　赵尔周　岳英　张进忠　梁孙氏　冯起明　吴成民　崔起祥　侯秋子　孙君爱　马万禄　姚金光　张忠　侯启　孙君龙　王任　杨得林　裴守仁　李自孝　相孙氏　王国嵩　岳照吉　吴旭祥　马相林　郭镇益

大清乾隆三年九月吉日仝立

里人贾宗远书　于秉骧捐

首人庞迎福　张起增　于自盛

道人任智姿　黄智效

徒王信爱　于信应

27. 清乾隆十四年（1749）重修东西牌坊记

此碑现存常平关帝庙仪门南东山墙北侧。碑为长方形，碑身高 0.45 米，宽 0.85 米。碑文楷书，保存较好。碑文由卢祥钊记。

碑文记叙了解州崇宁宫道正司道正卢祥钊重修东、西牌坊的经过。此次重修工程使用"香火钱"银十两，工程得以完工。

【碑阳】

碑额：无

题名：重修东西牌坊记

窃思：位无尊卑，各宜称其位；职无大小，率当修其职。钊自身履法门，即以修葺庙宇为志。特昔非庙主，未敢擅议。今幸蒙神恩呵护，兼承州天光宠，忝膺道正。遂毅然以庙工为己任，凡损伤倾圮之处，无不竭力以图之。丁卯孟春，宝池里三社香首耿节、张鹏、生员乔学孔等告予曰："故里东、西牌坊，自雍正乙卯重修，缘柱木未换，风雨飘摇，几乎尽朽。使不及□修之，不数载而倾颓矣。"予曰："是举也，所费无多，所关甚巨。爰协香首，眼同估计□□库贮香，需银十两。"即烦香首鸠工庀材。及旬日，而聿观厥成矣。今工程告竣，勒石刻铭，非敢告无罪于神明也，聊以俟后之接踵而起者，勃发善念云尔。是为记。

宝池三社香首耿节　张鹏　宸迎祥　张君佐

吏员张文魁

监生贾宗彪　侯永秀　□克钟　王之屏　靳维德　张九州　袁迎社　裴大文　白绳忠

生员乔学孔　戈义超　张文功　于自成　张宗敬　张朋恭　于自盛　耿秉安　于弘典　王得臣　张文凤　张永静　于其瑕

直隶解州崇宁宫道正司道正卢祥钊熏沐谨识

时大清乾隆十四年岁次己巳应钟□中□吉旦立

库家吕礼貌

住持宋智□

本庙燕智欻

住持王信爱

28. 清乾隆二十八年（1763）常平里创建关圣祖庙记

此碑现存常平关帝庙圣祖殿前东檐廊下。碑为螭首龟趺，碑额高0.94米，宽0.9米，厚0.25米；碑身高2.28米，宽0.86米，厚0.21米；座高0.4米，宽0.86米，厚1.17米。碑文楷书，保存较好。碑文由言如泗记，张楡书丹。

碑文记叙了常平关帝庙兴盛及庙宇重修过程。碑文作者知州言如泗在文中所言，"载在春秋祀典，罔敢或斁"。同时他对于官方参与修缮关帝庙明确说道："世之称圣者，曰忠、曰义、曰信、曰勇，莫有称其孝者。"修建了这座祖庙，"今也松楸无恙"，不仅让关公及其后人，更让世人看到"桑梓依然"，体会到"明德维馨，孝思不匮"，"历千万年而瞻故宅、仰新宫，如见圣世济忠贞同符殉节焉"。《孝经》引孔子曰："夫孝，德之本也，教之所由生也。"言如泗自己作为一方主政之官，职责就是"教孝教忠"，教化民众"敬宗尊祖"，从而使得朝廷圣泽流传千古。

【碑阳】

碑额：碑记

题名：常平里创建关圣祖庙记

　　常平为关圣故宅，庙貌肖然。东距安邑玉钩山夏忠谏大夫讳龙逢公墓四十余里，南对条山石盘沟祖垄裁一里许。忠魂毅魄于是焉萃。我国家钦崇义烈，追封关圣三代为光昭公、裕昌公、成忠公，载在春秋祀典，罔敢或斁。乾隆壬午，如泗奉命守圣故里，城西大庙增修完备。是岁十一月三日，圣显异示梦，以手指地，似有欲言。明夕复梦，兼捧一塔，觉而异之。亲诣常平，见庙左有塔，塔下有井。相传圣父母避难瘗葬处所，有司春秋展墓后，则致祭于庙西库屋中，非所以慰圣孝而崇先烈也。环视庙中，见寝宫后基址隆然，两庑材木瓦石垒积，乃知康熙四十一年议建祖殿，曾筑台基，因大庙回禄，未获兴举。乾隆二十二年，前张守甫经购材，仍复中止。如泗瞿然，为帝心垂注，梦兆有由，敢弗仰体孝思，续成前志。因即旧基创建祖庙，中祀敕封光昭、裕昌、成忠三公，配以三代圣母，并祀忠谏大夫，以为艺祖。不特忠肝义胆，一脉流衍，崇祀一堂，后先辉映，且礼以义起，庶几于古者报本追远之禘制，以逮我朝崇德报功之盛典，似有合焉。而关圣在天之灵，谅亦降鉴在兹也。然则世之称圣者，曰忠、曰义、曰信、曰勇，莫有称其孝者。今也松楸无恙，桑梓依然，明德维馨，孝思不匮，历千百年而瞻故宅，仰新宫，如见圣世济忠贞，同符殉节焉。即无梦兆，犹将就筑以寓羹墙，矧默启在杳冥中哉？如泗以先贤荫，守晋有年，敬宗尊祖，备官其敢忘诸。从兹骏奔祖庙，孔慎且肃，教孝教忠，吾民有观感兴起者，圣泽留遗何？莫非历祖开先，常平一里与条山鹾海，流峙千古可耳。

山西直隶解州知州军功加一级先贤言子七十五世裔如泗谨识

州判分驻运城熊名相

安邑县知县吕滥

夏县知县李遵唐

平陆县知县王怡

芮城县知县莫溥

儒学学正张锡锦

训导郑振声

吏目韩极

城守司殷思功

长乐巡检孙之震

盐池巡检黄斌

运学廪生张榆书丹

圣裔五经博士关金钟

贡生关惟明

道官王信贤

大清乾隆二十八年岁次癸未四月榖旦

【碑阴】

碑额：无

题名：官绅乐输三村助工客商布施关氏公捐开列于后

直隶解州知州军功加一级虞山言如泗捐银五十两　州判熊名相捐银二两　吏目韩极捐银一两　盐池司巡检后补县丞晋江黄斌捐银五十两　原任安邑县知县杨国翰捐银三两　原任夏县知县梅士杰捐银二两　原任平陆县知县陈庆捐银三两　原任芮城县知县李琏捐银二两　原任芮城县陌底司巡检戴丞禧捐银四钱　现任安邑县知县吕滥捐银六两　现任夏县知县李遵唐捐银二十两　现任平陆县知县王怡捐银四两　现任芮城县知县莫溥捐银四两　现任平陆县典□袁嘉升捐银一两　现任芮城县典吏张廷栢捐银一两　直隶解州知州张成德捐银二两　湖广信官李捐银三两

三村各助门夫八十工

三村管工张世则　裴翩　吏员张文魁　于起瑕　张九州　张大经　王召龙　王得臣　张文功　耿秉温　侯万江　张鹏　侯安邦　张朋功　辛建极　张大周　张起宁　张宗尧　贾宗达　靳得贤　耿秉礼　宬尊周　于秉骥　宬治周　王廷言　李惟召　宬吴嘉　宬成周　生员耿秉平　生员张经纬　生员张全才　生员裴锡栋

乡约张浚　于自元　张士尉　张振经　王万禄　裴大禹　白清　贾琇

保正刘汝容　李嗣唐

住持燕智欷　王信爱　王信应

路壮荆赪中　梁得喜

恒泰号　信义号　充光号　和盛号　同泰号　同盛号　宝兴号　隆泰号　竹器行各一两　安邑县兴隆号三钱　万盛号二钱　信义会　杨文第各一钱　运城宋景德三钱　薛钦荣一钱五分　夏县合盛号　协成号　孙成纶　增盛号　永升号　义信号　义信盛　恒升号　环盛号　张义合　魁盛号　晋兴号　万通号　褐子行各三钱　下晁村二钱九分　晋盛合二钱四分　上赵村一钱六分　日增号　郭帝锡　高一卓各一钱五分　算匠　珍珠行　合盛号各五钱　东义盛　悠久号　日新号　张永成　新泰号　正典号　义聚号　史庄仁义会各二钱　慰郭村　南师村各

一钱□分　刘泽□□钱四分　赵应让　阴襄村　李家坪　祁庄村　寺后村各一钱二分　三义号　万顺号　干盛号　武长号　义成号　文盛店　晋升号　通顺号　宗盛号　东大里一钱一分　裴正本　张奎垣　苏化义　李元辅　樊大信　王国兴　张攸　□长荣　存诚通各三钱　德成号　万盛号　永顺号　合盛号　新盛号　有成号　义合魁　义成号　复兴号　隆□号　兴隆号　合兴号　同盛号　义顺号　万盛号　毛云登　史庄合义会　万盛号　武长号　悦□号　广盛号　三合号　全字号　□盛号　英盛号　天成号　富村会　□盛会　苏庄同心会　牛长泰　砖庙村栾天佑　卫兴财　上晁王　新成号　永兴号　全顺号　复兴号　慺盛号　愈升号郭玮　益增号　李兴复　韩玉村　义盛会各一钱

平陆县

卸牛坪二钱　六甲会　洞喜沟各一钱六分　刘家村一钱三分　冯村仁义会一钱

芮城县

新合号三钱　恒顺号　合盛号　昌兴号　郭淑标　杨培提　裕原成　山货行各二钱　天兴号　天成号　永盛号　长兴号　常金泰　坑南村各一钱

蒲州府

茶行□两□钱　□泰号　永升号各三钱　赵姓村一钱五分　小赵村一钱二分　永济县合成号三钱　万顺号　裕原成各一钱五分　杨万顺　张正兴　秦经富　陕西同心会　新义号　同盛号　义盛号各一钱二分　合卫号二钱

荣河县

永盛号□钱　王赐有□钱

万泉县

信义会二钱　谢居良一钱一分

临晋县

协升号□钱三分　合成号　日升号　允升号　□钱　新盛号　茂盛号李茂盛　翟正兴　陈俊　□□钱　协恒号　连茂义　李顺兴　翟长盛　祯祥号二钱　陈九麟　吕守奇　郭得禄各一钱五分　协盛号　一钱

虞乡县

李良乙　杨盛庄卫杨氏各三钱　日兴号二钱　大王朔　二钱五分　贺新盛　同盛号　协意号　运升号　□□□　盛兴号　义聚号　广运号　顺成号□钱　周况□钱五分　曹芳现一钱五分　鼓行一钱二分　张自秀一钱

绛州

西关茂盛会一两二钱　永兴会二钱五分　天育号三钱　广利号二钱　柏璧庄一钱　君盛号　恒盛号　传永盛　永隆号　太和号　正兴号　义顺号　万庆号　德兴号　□行十二两　京锦号　复盛号　□升号　亨新号　义隆号共二两　关头号三钱　忠义会　在城忠义会　万增号　天顺号　太原客金□　香袋铺　合盛号　翼皇号　曾元兴　协盛号　合盛会各一钱二分　磨头庄一钱　三合号四钱　神驾八钱　协合号三钱　南乡会二钱四分　杨贵华二钱三分　兴盛会二钱　恒泰号　合盛号　公盛号　梁文德　新盛号　□□号　□□□　□□备　新盛号　□通号　□义会各一钱五分　□□号　□合号　二合号　备起号　福盛会　贡生张钟玠　张得恭各一钱

稷山县

西村三钱八分　万□□　狄复元　兴盛号　隆兴号　恒泰号　张国秀　樊涑　朱咸恭　侯应本　坡底村一钱二分　贡生王杓　白池村各一钱

霍州

大张村三钱　□沙村二钱

襄陵县

□□会一钱　□□村二钱三分　李跋等二钱　韩履干一钱二分　张克检　裴正兴　永义号　万育号　充裕号　万兴号　义合号　大成号　裕原成　小郭村一钱

翼城

李仁美二钱四分　党义等二钱　张志　张金达　曹兆祥　王文英□钱二分

太平县

古城镇□两五钱

曲沃

监生郭自省一两八分　万盛洪　万通号　合盛号　张阶各一钱　古比驾一两　古东驾　南上官各三钱　上西驾三钱六分　梁聚隆三钱　赵晋　解宗盛　王友贤　苏皎　监生李大儒　贾廷英　王宪康　监生李若灏各一钱二分

河内县

贾宗德一钱二分　关乡合会五钱二分　录宝福盛会　陈起灵　李明寅各一钱二分　陈喜灵一钱　合阳月盛号　□合号　雷闻清　李长统　杨廷直各三钱　仁合号二钱　毡条行一钱九分　永顺号一钱五分　王雷　□浩　李国长　杨维全各一钱五分　王文福二钱四分　永盛会一钱　临新盛会一钱

世袭翰林院五经博士五十四世孙金钟捐银二十两

襄陵县

裔孙南许　北关两村官捐银一十五两　明意　贡生绍宗各二两四钱　典沾一两二钱　天鉴六钱　天祥　天剑各五钱　天亮　明惠　明慈　天福　明志各三钱

闻喜县

裔孙□亮二两　憨娃□两□钱　月章　春□各一两五钱　大有一两

二钱　春隆　春全　有才　春生　洪端　□财各一两　春云三钱

荣河县

裔孙沙石范村合户官捐银□两　君选　镇海各三钱　镇山　镇俊各二钱　镇廉一钱五分　镇清　廷锡　泽庶　泽荆　泽济　克继各一钱

万泉县

裔孙进升二两　卫精一两

猗氏县

裔孙□柱一两二钱　大猷一两　进才三钱　大贵　大经　大辩各一钱五分　用贤　大用　大才　大本　大益　大青　为儹各一钱

本州岛裔孙义贤　男贡生惟明捐银十两　乡饮宝振世　男监生运德捐银八两

监生振城捐银四两　振刊男增生峻德捐银二两　绪隆捐银二钱

安邑县

裔孙西古村合户官捐银一十四两　监生震江　震都各四两　震惠三两六钱　举人永清　大杰　金锭各二两　有云　元贵　运至各一两六钱　景先一两五钱　景温一两一钱　大任　运盛　生员□际　林泽　生员□芳　仁德　俊英　维珍各一两　开芳　世威　七钱　步月　步让　自忠　继府　景福各六钱　生员赐珰　永禔　生员赐屿　茂财　生员际隆　元锡　生员赐添　学善各五钱　隆锡　君德各四钱　起琏　世锡各三钱五分　岚锡　进惠　裕锡　起温　维征　维星　文举各三钱　王林各二钱五分　正绪　正峨　怀经　怀耀　继耀　继定　继登　新成　学龙各二钱　继宁　继昭各一钱五分　运炽　怀礼　怀信　世奇　成锡　应密　中道　运显　运相　文英　继英　万胜　新贵各一钱

夏县

裔孙汉威八钱　汉文　汉□　汉佑　汉仁　汉懦　汉倧　建智各五钱　汉江三钱二分　建桓三钱　汉礼二钱

平陆县

裔孙监生芳麟五两　文顺三两　生员思道二两五钱　绚麟　可长各二两三钱　起高　监生樊龙各二两　樊东　新民各一两六钱　思行　思以　维汉　有道各一两五钱　保国　富国　次□各一两□钱　□□　全圣　文魁　广道　扩道　行道　监生可周　继先　增全　文玉　大立各一两　奇公　永灵　可举　可攀　增礼　文会各五钱　奇彩□钱四文　大德　□□　文彬　易型　治民　步升　□□　御掠　中极　遵道　应录　应英各三钱　喜□　世德　奇玉　万朋　万户　文元　向民　四通　四迪　淑光　择道　佩兰　佩苞　□□各二钱　居宽　居敬　济民　登贤　登选　六女　淑斐　淑哲　御变　承先　永乐　戴道　淑佐　张喜　守贞　相汉　增会　清道各□两□钱

芮城县

裔孙生员允增　允桢　允钦　允敬各二两　生员松年二两三钱　檀年一两二钱　乡钦宝彦志　彦屏　法干　佩琦各一两　希天五钱　□贤　□孝　文炳　文寿　尔凝　淑林各三钱　淑恂　淑发　生员元吉　元信　元禄　元有　玉栋　鹏鸣　怀景　京相各二钱　司聪　韬略　文栋　怀举　怀泄　学银　京□各一钱五分　超恕　超盛　超庶　文广　文宝　尔怀　尔孟　尔瑜　正会　正芮　正德　延年　淑尹　桂年　受正　武栋　怀旺　怀珍　金栋　京户　一星各一钱

大清乾隆二十八年季秋榖旦

29. 清乾隆二十九年（1764）信士徐会施地碑

此碑现存常平关帝庙仪门南西山墙北侧。碑为圆首，碑身高0.46米，宽0.42米，厚0.42米。碑文行书，保存一般。

碑文记叙了安邑县张村有信士徐会，将自己的一分山坡地捐给常平关帝庙，作为香火之资。碑文中记载了对于田产的具体管理办法。

【碑阳】

碑额：无

题名：徐会有施地碑

安邑县张村信士徐会，有条岳平沟山坡地一分，东至发鼓台，西至坡顶，北至太石崖。于乾隆二十八年二月间，禀明解州言大老爷案下，愿将所恳山地施于常平关夫子庙中，永为香火之资。言大尊念其乐善好施，业蒙许可。爰□论本庙道人于信应，将三村香首、乡约同至山庄四至开明，年轮秋稞（课）二石二斗，送至庙内，香首道人经手，毋得短欠。又恐历年久远，善行湮没，特谕勒石，永垂不朽云。

乾隆二十九年正月十五日立

30. 清嘉庆元年（1796）重修碑记

此碑现存常平关帝庙圣祖殿前西檐廊下。碑为螭首龟跌，座已损坏。碑身高1.28米，宽0.63米，厚0.13米；座高0.38米，宽0.72米。碑文楷书，保存较好。碑文由胡龙光撰，张鼎书丹。

碑文记叙了作者因梦而重修关帝庙的经过。感梦而修的说法在碑文中有详细记载，作者和州守言如泗一样，因梦而拜谒关帝庙，发现庙破败而重修，此种做法很有意思，值得思考。

【碑阳】

碑额：重修碑记

题名：无

常平庙，帝故宅也。寝宫之后，为殿三楹，盖以崇祀其先者。乾隆壬午，前守言公如泗始作新之，有司春秋展墓后，爰祭于斯焉。余于乾隆乙卯春应祀之辰，晨起假寐，梦至一宫殿，殿西偏一龛，高可五尺许，有神绿袍金铠，如世所传圣像者。徐而下，则伟丈夫，衣冠闲雅，异向时，貌清癯，长面高权，髯飘飘然，疏而秀。余疾趋前，肃然旁立，神曰："来乎！"敬对曰："有祀事。"神颔焉若谢意。行出户，余谨随，至门反顾曰："复须臾有待耶？"遂行，余亦寤。是日诣庙，礼毕，余周览殿旁，见碑记，则言公始建后殿所立也。读其文则以感梦为缘起，恍然触于余梦，怦怦焉而心动，茫茫焉而未得其旨也。行至殿后，则墙裂缝，罅阔寸许，颓然欲圮矣。噫嘻！有是哉？辄召匠程工，即日就筑，而观察使金筠庄先生，亟捐俸相助，始蒇事焉。夫以先圣精爽所式凭，修废举坠，固守土之责，然忽不及察，则后时矣。藉非余梦，而又触于言公之梦，数日而墙必坏，墙坏而殿内之主皆有覆压之虞，虽修不已迟乎？乃言公之初创，感于梦也，余之重葺，亦感于梦也，数十年而合符节。圣帝在天之灵，惓惓于祖若考者固若是，其曰鉴在兹也。孝何如哉？孝何如哉？吾愿后之君子，共禀斯意，而时维防护无忽焉。谨记其颠末，而勒之石。

奉政大夫知解州直隶州事军功加三级卓异侯升中牟胡龙光谨撰

嘉庆元年岁次丙辰春王正月吉旦

郡人张鼎书丹

31. 清嘉庆十五年（1810）兴贤会义学碑记

此碑现存常平关帝庙仪门西侧。碑为圆首方座。碑身高 1.62 米，宽 0.61 米，厚 0.12 米；座高 0.3 米，宽 0.89 米，厚 0.5 米。碑文楷书，保存较好。碑文由耿应瑜撰并书，吕升端刊。

碑文记载了"南近条冈，北临鹾海"的七个村有识之士筹资成立兴贤会办学的过程。文中记载"会中之人，罔不慕义乐输，遂集百余金，以为兴贤会之用"，并且对于所筹资金做了具体的使用管理的办法，"与众公议，三科不使此银，令其生息，追汲绠甚长，作西席之备金"。碑阴部分具体记载了参与此次活动的七个村庄名称和各村参与人员名单、捐赠钱数。

【碑阳】

碑额：皇清

题名：兴贤会义学碑记

  自荐辟变为诗赋，诗赋变为帖括，而科目以兴，朝廷以之取士典至锯也。吾乡南近条冈，北临鹾海，萃山川秀灵之气，岂必无才？特以地狭人贫，不能延师肄业，遂令磊落奇姿汩没草野，无以观国之光。即或采芹藻，克备弟子员，又往往身穿斓衫，生平愿了，有三十年而不到乡闱者。夫一登龙门，声价十倍，龙蟠凤逸之士，莫不昂首青云。思效国家之用，兹何以甘老青衿若此？岂真才质不克上达乎！抑以道途遥远，资斧艰辛，举蓬勃之志气，日渐就于消磨。此布衣韦带之儒，穷居草茅，所为感喟而增叹也。嘉庆丁卯岁，余馆侯生万柄家言亟兴贤会，写一传单，侯生走相告语，纠合七村。七村同志又遍告各村，凡会中之人，罔不慕义乐输，遂集百余金，以为兴贤会之用。愿人材出于学校，古有明征，四代之学尚已。汉立五经博士，及唐宋有二馆三舍，四大书院，名卿巨儒涵濡陶铸其中。若不佐天子号令，赏罚于明堂，则训世扶风，绍休圣绪，学校之所关洵巨矣。使应试给以途费，而作育无方，是犹务其末不培其本，导其流而不浚其源也。即欲兴贤，何可多得哉！爰与众公议，三科不使此银，令其生息，迨汲绠甚长，作西席之备金。俾七村各立义学，无论秀顽，皆得家诵而户弦也。嗟乎！事业功名，每存乎人之自励。七村中有断粥截蒲，雪窗萤火，如古人所为者。蓄道德，能文章，胸罗百代遗书，而为儒缨冠将，见凤鷟鹏搏，扶摇直上，则有贤可兴，而此会不为虚设矣。今将纳会人里居、姓名、列诸贞珉，以垂后世云。

  例授文林朗候选县正堂乾隆丙午科举人耿应瑜撰并书

  道人张嘉明　阎万金

嘉庆十五年岁次庚午梅月吉日立

安邑县吕升端刊

【碑阴】

碑额：永垂不朽

题名：无

大李村

寿官蔡秉和　寿官蔡育淳各二两　寿官蔡育渥三两　黄裳　蔡育瀛　景盛国　黄鹤各二两

西姚村

闫寀　生员闫捷　闫志升　闫润身　监生闫省各二两

张村

监生刘守备　刘守约　刘如泗　李周保各二两

董家庄

农官戾孝　生员柳昌魁　生员董殿邦　梁廷柱各二两

曲村

贡生耿观光　寿官侯万银　生员裴绍晋各二两　举人耿应瑜六两　刘大福　侯元章　论长张树楫各二两　张尔旂四两　耿应珺　耿潮栋　论长张念元　张映云　张玉琳各二两

蚕坊村

张忠弼　侯万栋　生员侯万柄　白玉梁　张青霭　刘昌纲　刘昌都　刘昌邦　刘昌基各二两

常平村

生员贾珴　耿成林　戾希贵　农官李福曜　乔作桂　李桢　生员刘巨勋　监生刘巨绩　李廷芳　贾琅各二两

32. 清嘉庆十九年（1814）重修常平关帝庙记

此碑现存常平关帝庙祖宅塔东北侧。碑无首，龟趺。碑身高1.63米，宽0.65米，厚0.16米；座高0.30米，宽0.64米。碑文楷书，保存一般。碑文由陈中孚记。

碑文记叙了重修关帝庙的起因、筹资等举措和完成重修的具体工程量。碑文中作者提到重修活动的起因"皆以梦征"，在很多重修碑文中都有类似说法。

【碑阳】

碑额：无

题名：重修常平关帝庙记

　　帝之庙宇遍天下，而解州常平为发祥故里，根本所在，礼尤宜崇。自昔建塔立庙，历创更修，代以增盛，其事皆有碣载，岂后人慕义而兴起欤？抑灵爽之感人于不自知欤？余始捷南宫，官翰林，家君示余曰："昨梦至一所，为关帝宫殿，古柏苍翠，神像尊严，但栋宇摧颓，若有示兆改观者，时亦不解于何形见。"癸酉岁，奉命使河东，兼理盬政，而池实依解，视篆后谒庙，殿庭巍焕，盖经前大中丞成公宁修，甫三载，固无所需于增饰也。今春以沿池墙垣，方事补苴，亲行勘验，乃至常平帝里，入庙虔拜，仰视前后殿庑，规模宏敞，足以妥神灵而陈祀事。然地近条山，风雨剥噬为易，岁月浸久，未经缮葺，颓塌摧残十几四五。余因恍然曰："家君之所示者，其在斯乎？其在斯乎？"遂出俸金、倡僚属、集众商、谋修举，择老成历练者董其事，鸠工聚材，缺者补之，堕者起之，腐者易之，旧者新之。内有寝殿，外及楼台，丹垩垩涂，檐阿华彩，赫赤甲囊，时庙外旧之堤防，山水淀淤，频年为患，因相地，筑石堰以卫，东西长二十余丈，高厚俱称，自是可无流潦浸灌。又庙南二里，山半为帝祖茔，下临深涧，每盛夏大雨，率多冲损。乃增厚基址，整理墓道，崖下筑短堤，以缓水势。既，遂为书，以报家君，盖夙愿于是始伸焉。碑载徐公祚，言公如泗，胡公龙光，凡有修举，其始皆以梦征，与家君合，岂有他哉！天地神人，祗此一理，精神流通，无不自然感应。况帝之灵爽，无远弗届，而眷恋桑梓，瞻依祖父之情，结于冥漠，而形于遐迩，且预兆于十数年以前。呜呼！此不以诚欤？阅三月工竣，用银一千八百有奇，皆出自众力，不可不刻石以传，是为记。

嘉庆十九年五月山西河东道兼管盐法事务武昌陈中孚谨识

33. 清嘉庆二十二年（1817）关圣祖宅塔铭

此碑现存常平关帝庙祖宅塔西壁。碑为长方形。碑身高 0.33 米，宽 0.42 米；座高 0.3 米，宽 0.64 米。碑文楷书，保存较好。

碑文记叙了清嘉庆二十二年（1817）对于重修常平关帝庙砖塔所作的题记，题记中记载了此次工程督工者的姓名。

【碑阳】

碑额：无

题名：无

大清嘉庆二十二年岁次丁丑六月吉日重修

督工安邑王凤起　王应楷谨志

34. 清嘉庆二十五年（1820）重修常平庙碑

此碑现存常平关帝庙仪门南西侧。碑竖式圆首，方座。碑身高 1.62 米，宽 0.65 米，厚 0.12 米；座高 0.33 米，宽 0.79 米。碑文楷书，保存一般。碑文由王凤翰记。

碑文记叙了常平关帝庙在嘉庆二十五年（1820）遭遇地震，损坏尤多，后筹资重修的经过。此次修葺工程受到高度重视，不仅奉旨修葺，而且有官员巡查。这次捐修活动范围极广，"设缘簿百本，内自京师，外达川浙，近连本省，名公巨卿，大僚小吏，士农商贾，咸乐助焉，计得金三千六百有奇"，可以看出这次的大修动员了几乎全国的力量。碑文最后对于工程的开销做了具体说明。详细的捐修名单在碑阴部分做了记载，捐赠群体有官员、商人、民众等社会各界信众。

【碑阳】

碑额：重修常平庙碑

题名：重修常平庙碑

  解梁为关圣帝君发祥之地，而常尤祖茔故宅所在，距州东南二十里许，前拱条峰，后倚盬池，建塔立庙，由来久矣。春秋祀典，与城西之大庙并崇。有明嘉靖迄今垂三百年。其间兴废不一，规模递增，历修帝志可考而知也。余旧居京邸，备员枢直。岁辛未，扈跸台山，祈假归省，道出霍山之郭家沟，谒帝求谳语，即发愿，无论至何处，庙但倾圮，即欲修完。耿耿寸心，无时或忘，盖未之逮也，而有志焉。常平庙于甲戌春，前河东观察陈公中孚曾倡僚属捐廉兴修，甫竣工，次秋地震，损坏尤多。有旨修葺坍塌庙宇，钦使少司寇邮公彦宝查灾来运城询及各庙工程时，前任福建观察，今任河东司马沈君廷瑛谓：帝威灵显著，乐输者众，可无请帑，遂未上闻。嗣复经前河东观察叶君汝芝详请抚军，以常平庙埽司马沈君承修。由是设缘簿百本，内自京师，外达川浙，近连本省，名公巨卿，大僚小吏，士农商贾，咸乐助焉，计得金三千六百有奇。沈君详审精密，经营数载，始克有此，盖亦贤劳之甚矣。责令余兄前漳县令凤起，偕同邑候选盐场王应楷董其事，车马仆赁，均系自备。岁己卯，兄即世，应楷独任之。经始于丁丑季秋，落成于庚辰孟秋，共物料银二千二百余两，土木等匠一万五千余公，计银一千四百余两。摧颓复振，轮奂聿新，允足妥神灵而崇俎豆也。夫常平以圣帝桑梓之乡，与阙里昌平后先辉映。而闻风兴起，罔不踊跃出赀，争襄盛举，尤足征配天之德，共戴尊亲，实有以感被于无穷。其捐修姓名，统宜勒石，并垂不朽。余以丁内艰，去冬旋里，值工将竣，谨捐助百金，犹窃憾夙愿之莫酬，而重羡沈司马之克总其成也。遂援笔而为之记。

赐进士出身奉政大夫钦赐花翎军机章京充内廷方略馆提调兼总纂官礼部祠祭司郎中军功加三级王凤翰谨记并书

嘉庆庚辰秋七月榖旦立石

雷时茂　宋元魁　黎光□　杨□廷各一两　以上六□宗□方转募

四川邛州火井漕运司高世焕二十两　宁□□广丰茶居三家共二十四两　高巡司转募

长卢监知事侯铸三十两　□盐经历徐本厚　库大德焦予溥　候补运判沈莲生　袁诗煮　小直沽批验大使姚林桂　石碑场大使张元桐各四两　□□场大使傅守定　署济民场大使张汝莲　候补大使王朴　杨鹏麒　吴毓钧　郑荣治　孔昭辰　朱豫章　徐振鲁　候补□□大使金溥　候补知事查世勋　庄锦平　应莲　王际日　万启进　李达　陈德□　安徽贡生金玉章　蒋道鳌各二两　兴国场大使郭如泰一两

商人杨绍闻　樊宗清　□尚义　陆鸿　集云堂　任秉衡各八两

商人李汝元　顾奎　李恩第　谢复荣　张虎仁　公源店　侯方廉　森发店　源泉店　晋德昌　义和泰　徐陈义　杨昆裕　吕宗楚　晋有孚　张钧　□□局　张大溶　尚货局　许德泰　孙遇昌　福聚号各四两

商人晋裕宁　李常裕　马恩绥　金裕成　晋和源　三元店　晋泉淀　□永盛　西陵盛　文肇修　文玉成　苏遐昌　赵廷臣　徐泉亮　汪东川　□兴久　余振兴

罗汇衙捐修姓氏银数

刑部尚书韩崶　户部右侍郎那彦宝各一百两

吏部尚书英和　工部左侍郎苏楞额各一百两

内务府大臣和世泰　兵部左侍郎禧恩　右侍郎常福　内务府六库郎中宝年各五十两　内务府六库郎中达林三十两　内务府郎中满保　揆明　石柱　永庆　英室　穆翰　广亮各二十两　郎中恒桂　德宁　员外郎毓福庆　云业　布肯　方检　毓泰　彭年　鄂贵　福昌　福泰　松寿　阿灵　主事　恒梧各十两　以上二十八宗韩司寇　那司农转募

刑部员外查四十两　干清门侍卫崇缓八两

恭远堂潘稼　墨堂潘宁　志堂潘宗　志堂潘盛各六两　以上六宗韩司寇转募

宝源局监督前山东按察史刘大懿四十两　龚有爵率子文渊一百两　工部郎中裴正文　候选道廖宾各十两　京盐局八两　刑部郎中张企禹　兵部员外罗本立　候选知州耿省修　两淮盐经厅裴挺　复昌号　元华坊　年华楼各四两　工部员外温启熊　候选知县于鼎培吉泰当各二两　以上十二宗裴正郎转募

聚源　隆源　吉顺　恒昌四店各二两复□号转募

庆隆　永益　郑宝经　源长四店各二两元华坊转募

吉升当　吉庆当　德馨号　义顺号　德邻号　昌顺和记　义顺文记七店各二两吉泰当转募

张祖赓　李渭　顾圣谟　邹丰年各二两年华楼转募

四川布政司李銮宣六十两　金堂令崔景俨　署温□令李徽典各五十两　灌令邵良四十两　重庆守林培厚三十两　藩经厅王槐荫　署潘库厅耿泉　顺天大兴陈士桀　宛平王铭　浙江平阳阮王堂　永嘉陈成源　山西大同赵龙骧各十两　藩库厅李步瀛二两　藩典吏王朝瑞　黄宣雄　罗绪　郑正玉　张洪绪　黎永署　杨正凡各四两　典吏卢文楷　何其敏　周兰昌各三两　典吏刘盛楷　汪腾江　黄朝富　何腾凤　杨□　王汝麟　胡昌龄　陶于滨　何映江　何鸣皋　刘安富　殷文基　徐懋勋　彭光宇　何致祥　陆洪谟　先曜祖　崔松年　任朝佐　岳□春　李

子春　李中槐　王东升各二两　典吏淳自永　高尚元　何文魁　何文拔　徐廷富　曾文举　李爕勤　熊应祥　赵洪宝　王怀之　黄盛

【碑阴】

碑额：无

题名：无

　　　　太华　张臣州　谷焯各二两　商人吴合成记赵文瑞　李瑛　刘岩　王□远　郭洪升　张吉恒　夏墅　翟荣国　王照先　贺兴舟　张恺　徐玉山　赵天禧各一两　以上十六家宗□□厅转募

　　浙江原绍台道前山西河东道陈中孚一百两　两浙绍兴批□大使沈崧其二十两　两浙盐院巡厅凤龄二十两　盐库大使仰涛八两　三江场大使方溥　下砂　二三场大使何煦纶各六两　仁和场大使许云四两　钱清场大使周之彦　浦东场大使闵秦鸣　鹤场大使丁履益　署永嘉场大使何宪绪　浙江按察司照磨浦　署文常孰儒童沈玉衡　沈华　犀昭　文儒童　景培元各二两　候补大使陈瀚一两　以上十四宗沈枇听转募

　　李丞谟二十两　门氏十两　李晓山　李敏斋　李梦溪各四两　□□孙氏　刘氏各三两　惠氏　王氏各一两二钱　通顺恒号　恒茂　余庆　□□　□隆　□□　□顺　□□　□□　有永　□□　□□　裕长　茂发　隆泰　发隆　如春　隆茂　隆盛　恒盛　恒庆　恒宁各二两　刘玉堂一两五钱　相里中仪　张宁一各一两　陈乃杠　侯镇各五钱　刘学宽　董协浩　□公信　李□□　王秀玑　赵豫州　翟玉树　刘俞华　齐楚璧各三钱　牛钱学　何斌各二钱　以上□十六宗陕西原□前□□□□□李太守□转募

　　翰林院编修提督山西学政贺长龄三十两　浮山令谢玉绠十二两　浮山尉何渭四两

张慎德　盐当行各十二两　杨维□八两　程□新　徐裕后　张积德　陕清益各四两　杜嗣旭二两　以上九宗明府转募

万泉令曾守一十二两　当行二十两　盐店五两

举人董泰龙　贡生薛元才　张财　吴廷相　解禹甸　监生张绍德　薛耀荣　贾孝忠　张俊彦　杜崇善　杨秉坤　陈效□　生员曹为荣　杨在廉　杨荣曜　□□□　王之佐　张学时　王永德　□□□　王安国　陈忠孝　耆老黄笃恭　耆宾秦映星　介宾杜北海　庶老解□祖各二两　拔贡薛溶源　监生解顺天　□廷□　解刘□　薛孔方　贾凤岐　董作要　王若圭　董升朝　杨□春　董陆□　□□　生员张万仰　黄翰飞　张溥　董□增　解时瑞　姚创基　王握瑜　耆老张玉洁各一两　以上四十八宗曾明府转募

隰州牧郝登安十三两

屠浚源二两　张得义　关万通　负友直　薛堂　冯敬畏　冯鸿若　关万福　张好智　当商六家各一两　高若瀛　庞荣耀　温知新　张墇　店号二十一家各五钱　店号二十九家各三钱　店馆四十家各二钱　以上一百九宗郝刺史转募

永和令崔偲十一两　永和尉李成二两　贡生李福康　生员李三槐各一两五钱　贡生靳谧　段显祖　生员李福佑　段鹏九　刘浚源　郭五臣　段鸣飞　白步瀛　武生郭九臣　童生李三德各一两　烧酒行五两　杂货行二两　当商四家各一两　段高飞　王□发各五钱　李发荣　药呈芬　冯容光　贾御思　赵成美　李耀光　王士元　李嗣唐　路通霄　新□□□如店各三钱　桑壁镇众姓七两四钱　育里村众姓四两七钱　以上十四宗崔□府转募

大宁令戴扬辉十一两　大宁尉任棠二两　□□张荣柱一两　各行店七宗二十九两七钱

贡生李毓芝　曹□□　曹千理　曹载熙　武生杨鸣飞　刘光□各五钱　贡生刘光烈　生员单法孔　尉九思　从九张庆　武生张学仁各三

钱　生员李思□　王清宁各二钱　□□□家七两五钱　□房耀　贺光□　杨杰善　张□行　柴万青　□□□　□□秀　陈志魁　马宏进　申盛书各三钱　姚□俊　马学贵　单□士　冯大效各二钱　以上三十□□□戴明□转募

署蒲令张力卓四两　署蒲尉徐大勋一两　训导冯德本　城守司金□　监生乔维垣　生员曹力壮　冀凤翩　张景　贺继统　曹德泉　□□诚　冯有德各五百文　生员王壆二百文　温□树盐□一百文　□□商十四家合五百文　各铺户六千七百五十文　化□镇众姓各铺户六千文　以上一十九宗□明□转募

尚之俊　吴安祖　于□　孟□　贾□钟　寿阳令□灵阿各八两　署寿阳令严□□□四两　吏目胡启甲　把总谢俊各二两　甘州驿丞邵宗柏　□□丞钟□各一两　学正侯六行一千文　□□□恒昌四百文　景贤祠公局十千文　榆次当行十千文　□□当行四千文　刘邦彦　荆绥各二千文　梁植忠一千五百文　隆盛益　隆聚源　六合　保合　五当各一千五百文　郭□盛　刘星如　史集雷　曹桂□　蔡寿山各一千文　任用仪　张蒲壁　张锦云　李书万各八百文　各□□二十五家各六百文　吕铭　葛梦庚　刘嘉咏　耿鹍龄　刘鸣谦各四百文　以上五十九宗吴刺史转募

盂县教谕王盘　盂寿营游击七十九各四两　守备安永佑　盂尉张保垠各二两　把总刘若敏一两　李世昌　李梦笔　李梦白各三千文　刘元复　靖源涌　石韫章　赵成功　张巨元　贡生王礼贤　店号二十家各二千文　张广亮　三益合　张椅各一千二百文　李浩然　中和公　万顺当各一千文　昌顺当八百文　以上□十一宗贾明府转募

寿阳教谕刘溥　训导阎廷瑾各一千文　寿阳尉邱戬士一两　太安驿丞鲁元□一两　程梦龙四千文　武元德　阎克允各二千文　张大仁　高维成　王存富　弓守达　李克花　李会　任永太各一千五百文　李瑶培　李荣瑞　赵万年　赵昌盛　刘文英　高延昌　张辟疆　阎之屏　岳

廷藩　霍本立各一千文　安焕靖　陈建和　吴永清各五百文　以上二十七宗希明府转募

灵石令今□绛州牧王志融十两　同知王缓来二十两

即用郎中王□飞　议叙参将曾德钰各十二两　顺天府通判王如垠　同□郭□□　即用□□□　中书王锡谷　布政使理问梁中和各十两　同知王鳛　署湖南千江县陈德隆各八两　守御所千总耿泰善五两　同知梁锦云　即用詹事府主簿梁作成　州同梁□□　梁卓各四两　以上十四宗王刺史在□府□转募

猗氏当行□六十两　杜村□油行五十两　木厂五两　油行四两　盐商□崇□　郑□昌各三两　靛行　铁铺各二两五钱　药铺二两三钱　店号十三家各二两　肉架　绸铺各一两　以上□□□宗□□氏□□□府转募

平陆王□　梁□各四两　张居敬　李攀香　王元璐　房明　王泰来各三两　□□相　张希仲　□隆恭　□□号各二两　刘□泉　□□魁　□□让　周永庆　□太□　刘任□　店号七家各一两　□□□□□□□□二百二十三两

解州□□□□□四两

河东□□大使□□□十两　□□　王全　张□文各三两　□□□□启泰　董得昶　郑义□　赵元合各三两　张昌基　薛玢　薛珊　孙庆长　任诚意　贾恒真　景敬兴　薛安各一两　雷遇魁　郭培植各五钱　工头卢小才三两三钱　以上二十宗夏司寇转募

盐池司巡检董洙六两　圣惠司巡检龙亦冯十六两　安邑捐职按照磨李□周二两　安邑候补河南直隶州宋于渭五十两　运城监生惠恉十二两　运城捐职千总王晓　监生张兴荣各八两　闻喜捐职理问马大任六两　太平候选布经王念维　平遥增贡生王玉成　运城监生张鹛　绛州庠生李光禄各四两　阳曲武举候推　守备马晋章　长治捐职州同常德全　太谷候选县丞陈禄　沁水候选正八品□士俊　介休候选吏目赵师

仲　灵石候选吏目陈士勋各二两　以上十五宗李照厅转募

安邑原任甘肃漳县令王凤起十两督修工程　安邑候选盐大使王应楷十两督修工程　安邑礼部郎中王凤翰一百两　安邑候选州同葛庭玑十两　安邑候选詹事府主簿葛庭萼　候选训导王文熙各四两　以上三宗王□部转募

监掣同知沈廷瑛一百两　监掣书吏李于端　刘天佑　孙仰圣　和集祥　李钲　孙仲贤　利瓦伊溶　宋霖　吉元酉　姚旭　郭基　张克裕　张克礼　李麟　马成　刘鹅各三两　以上共收原封银三千六百二十四两一钱　又收大钱一百八十八千四百五十文　总共兑见足平银三千六百九十八两四钱一分五厘

署临晋县沈观铭四两　角杯巡检刘名义　典史薛用谦　□宾蔡桂　江西候补经历王仁清各二两　教谕李钟芳　举人荆炑　监生胡凤翔　胡廷礼　胡卜玉　武举王花梃　武生王二元　浙江人李载元　施廷瑞　店号四家各一两　当行三两　监生荆世□　武生王远顺　南连村卫诠　卫许　胡家庄□□班　苏州□□溶　店号五家各五钱　以上二十九宗□□巡司转募

35. 清道光十五年（1835）重修关帝家庙暨祖茔陵寝碑记

此碑现存常平关帝庙崇宁殿东檐廊东侧。碑无首，龟趺。碑身高2.16米，宽0.78米，厚0.15米；座高0.42米，宽0.84米，厚1.05米。碑文楷书，保存一般。碑文由但明伦记。

碑文记叙了作者夜里梦见拜谒一座庙宇，发现"金壁则摧残也，其墙垣则倾圮也，其前后寝殿则糟朽而剥蚀也"。第二日派人前往查看，正如梦中情形一样。遂发起重修活动，在众人合力之下，仅仅数月而完工。碑文最后记载了捐款人的姓名及具体钱数。

【碑阳】

碑额：无

题名：重修常平庙记

　　帝君为我朝护国佑民之神，其功德之尊崇，与率土之所以敬而尊之。祠而奉之者，不具述。常平村，帝君发祥之所，有家庙焉，历代修葺，嘉庆间，奉敕重修，载在志乘。岁癸巳，明伦奉命观察是邦，窃喜近圣人居，桑梓邱墟，一一亲炙，幸慰生平钦仰，私衷欢欣鼓舞者久之。忽夜方寐，见有神宇崔巍，历阶瞻谒，森然圣像放大光明。既而周游栋宇，其金璧则摧残也，其墙垣则倾圮也，其前后寝殿则糟朽而剥蚀也，肃然震惊而觉。旦，命大使侯君淳亲往勘视，一如所梦。缘鸠工庀材，摧残者整理之，倾圮者版筑之，糟朽剥蚀者补葺而坚实之。黝垩丹护，焕然改观。其祖茔陵寝之在故里者，亦甃石而培补焉，间数月而工竣。夫以神在天之灵，有感斯通，前观察使陈君中孚，亦以凤兆而偿其先人之愿，今相距廿余年，前后若合符节，然则功德之尊崇，岂有量哉？是役也，明伦捐廉三百金，蒲州守查君克丹捐廉一百两，东场龚大使自阋五十两，坐运商人共捐银五百两，例得并书。

　　道光十五年十月河东兵备道兼山陕河南盐法道黔南但明伦谨识

36. 清道光二十三年（1843）帝君祖茔碑记

　　此碑现存常平关帝庙崇宁殿西檐廊西侧。碑竖式圆首，方座。碑身高1.6米，宽0.64米，厚0.16米；座高0.31米，宽0.71米，厚0.44米。碑文楷书，保存一般。碑文由徐丽生撰，景维禧书丹，关兆庆勒石。

　　碑文记叙了作者在解州任上时拜谒关帝祖茔，见"卧草楼烟者坟冢，饮风吞雨者厅楼"，不禁感慨想要重修，在河东道宪旦、安邑知县袁和夏县王的助力下，成功重修了关帝祖茔。

【碑阳】

碑额：永垂不朽

题名：帝君祖茔碑记

　　解州古解梁地也，东距城二十里常平村也，南行六七里，帝君祖茔也。余辱莅兹土曾拜谒焉。见卧草楼烟者坟冢，饮风吞雨者厅楼，不禁慨然思葺，兹因河东道宪旦捐银五十两，安邑知县袁、夏县王各捐银四十两，襄厥成功。因为之赞曰：

　　天造地设兮灵地，山绕水环兮秀气。

　　千秋俎豆兮馨香，万代昌荣兮无既。

　　解州直隶州正堂徐丽生撰

　　贡生景维禧书丹

　　世裔五经博士关兆庆勒石

　　道光二十三年三月吉日

37. 清道光二十九年（1849）重修关帝祖茔家庙碑记

　　此碑现存常平关帝庙于宝庙南侧碑楼内。碑螭首龟趺。碑额高0.8米，宽0.69米；碑身高1.78米，宽0.69米；座高0.18米，宽0.69米。碑文楷书，保存较好。

　　碑文记叙了重修关帝庙祖茔家庙的经过。常平村为关帝的发祥之地，元明以来，历代不断重修。道光二十九年（1849）陈公组织重修，"筑祖陵萧墙四十余丈，石崖二十余丈，建祖庙东西官厅、两廊，前后甬道，周围垣墙"，并且这次重修工程没有"请帑金"，也"不烦民力"。

【碑阳】

碑额：皇清

题名：重修关帝祖茔家庙碑记

常平者，帝君发祥之地也，祖陵家庙在焉。肇启圣躬，钟毓媲于凫绎，匡扶汉室，忠尽绍于龙逄。追崇先德，国有隆文，后人尤宜体斯意，以妥神灵。元明以来，创建重修，代不乏人，第久历乎星霜，复剥蚀于风雨，我仁宪贯甫陈公祖，筹经费数百余，重加修葺，筑祖陵萧墙四十余丈，石崖二十余丈，建祖庙东西官厅、两廊、前后甬道、周围垣墙，并创立庙房三间，经始于夏，告藏于秋，不数月而落成焉。未请帑金，不烦民力，而陵寝完固，庙貌焕新。噫！盛矣哉！至其教孝作忠，足以讽示当世，又不啻修废举坠已也。爰志而勒之贞珉。

督工绅士耿士俊　侯尔昌　宸思让

大清道光二十九年岁次己酉十月上浣榖旦立

38. 清咸丰十年（1860）遇闰加增钱粮碑记

此碑现存常平关帝庙圣祖殿后。碑竖式圆首，座缺失。碑身高 1.14 米，宽 0.49 米，厚 0.11 米。碑文楷书，保存较差。

碑文记叙了遇到闰年增加租种田地钱粮一事。碑文缺字比较多，根据题名推测，遇到闰年的时候，关帝庙田地与商税酒课一样，都会增加相应的钱粮，这样便于增加庙内的收入。

【碑阳】

碑额：永垂不朽

题名：遇闰加增钱粮碑记

自夏贡□□周□□□税敛而钱粮以兴。古今以此□民，各有定制。□□□之时□□□□□□□□积久弊生，遂有借。乾隆三年□税□□工□之□□□□指□加闰□时为□立无多，人不介意，后竟一分，即是三分，尚□□少，意欲更□□□□□□有余年，今经六路告发，遇仁宪叶公祖示明根源。革去流弊，□具立□存□收□，每遇闰月，只将商税酒稞（课）之十七两五钱有零者，加八州粮之两万八千七十□两之内，约算每百该加银六六三厘，每两每钱均加钱一文，至粮项不满钱者，俱不必加，使里长交付里正，里正交付收利，以□解纳六路，因挂维正是供之牌于堂产，立碑于城隍庙六路焉。庶厥弊永不□滋云，是为记。

六路公直□□□□□□

咸丰十年闰三月吉日立

39. 清光绪十六年（1890）常平关帝庙进烛碑记

此碑现存常平关帝庙献殿东山墙。碑为长方形。碑身高 0.53 米，宽 0.72 米。碑文楷书，保存较差。碑文由刘日宴书，黄登雨、王盛立石。

碑文记叙了中秋赛会之际，解州城四关之地都有迎驾谒神的活动，但赛会活动日益接近游戏。只有南关会的人进烛表虔诚之心，表示"达旦直节之微意"，虽有木牌刻有同会人的姓名，恐日久朽坏，立石碑永久记之。

【碑阳】

碑额：无

题名：常平关帝庙进烛碑记

吾郡为神之梓里，常平又神之毓秀地也。有庙于此，先时在城四关，每遇中秋，迎驾谒神，似近于戏。惟南关一会人等进烛，聊表虔心，乃续达旦直节之微意也。虽有木扁刻记同会姓名，恐岁久易朽，兹谋易之石，以垂不朽云。

时大清庚寅岁仲秋之吉立

吕金　贺一节　李上进　侯世禄　张廷福　任得财　贺君诏　杨成　马履干　杨进胜　李加英　宋得时　丘孕琮　李国春　南文焕　刘加胜　杨福德　杨自贵　翟可盛　马钟骧　张晋瑞　段国荣　王自法　李正　宋得贵　罗秀　杨得胜　孙自显　郭永固　郭邦才　彭起寿

以上各一钱

丘志得　靳立　贾尚金　宋贤　耿运祥　李启禄　任启胜　郑进孝　王国标　靳天禄　李启福　董世兴　豆自法　王启胜　任贵　赵启胜　丘法　王国金　贺福　豆有　杨三　梁加才　杨贵　杨登　杨成德　孙呈环　吴自孝　杨胜　杨世有　孙呈明　贺福　杨计胜　杨世清　崔公　罗锦　侯南　常呈花　杨荣　李文秀　罗得成　杨自强　史春明　马得禄　燕尚明　贺庆　杨进才　庈广　马文炟　陈登盛　马得法　刘国俊　史根子　王夫兴　侯运亨　张维蜀　庈林　孙钟　何守明　蒲兴　郝栱长　刘世兴　相明　关世法　李春　张启林　李启法　张奎光　冯申　连法　李益　范大印　史廉　王起龙　郑国化　李荐　雷守金　刘起成　辛奇　张守兴　贾延福　荆世绵　尚义　王创业　秦守法　任夫才　樊启胜　程志德　卫甲　李增禄　李畅　吉汝平　刘自成　李前　李养才　樊起龙　翟自法　杨启盛　李审　丘成德　胡廷献　谭虎山　苏计仙　李成有　赵夫兴　何复宗　以上各五分

郑进孝　刘启福　贺加成　李忠　李养□　柳星　张国法　范一贵　丁德　史有法　张兰

首事人孙安二钱

史国秀三钱

郡后学刘日宴熏沐书

石匠黄登雨　王盛

三、临汾市襄汾县陶寺村关帝庙

陶寺村位于临汾市襄汾县城东北 7.5 千米处，境内地势平坦，是典型的传统农业型村落。在陶寺村漫长的发展历史中，涌现出很多重要的考古发现，排在首位的就是陶寺遗址。陶寺村关帝楼位于陶寺村中大道正中的高坡之上，昔日规模宏大的关帝庙，现如今只剩下一座殿堂，孤独地矗立在村中央的广场旁。

1. 元至正二十六年（1366）新修关公行祠记

此碑现存陶寺村关帝楼廊下右侧。碑为长方形，方座，青石质。碑身高 1.55 米，宽 0.72 米，厚 0.28 米。碑文楷书，保存较好。碑文由张昌撰书并篆，卫安仁刊。

碑文记叙了陶寺旧有关公祠，建于元大德五年（1301），后遇到地震倾圮，一直没有得到修缮，当地石文郁、曹仁甫、撒君祥等发起重修，工程始于至正乙巳，丙午完工，重修之后形成"祠为三楹，层留石柱，崇堂飞檐隆栋，巍然雄峙"的格局。碑文中还介绍了关公一生，突出关公"忠义"的精神。碑阴部分对于施主名字及捐资物品做了详细记载。捐赠以粮食的"石""斗"，各类布匹的"疋"[1]，建庙所使用的材料以"根""条"等计量单位表示，反映出元代庙宇捐赠的特点。

【碑阳】

碑额：关公行祠之记

题名：新修关公行祠记

　　　　翰林国史院检阅官张昌撰并书篆

---

[1] 碑文中予以保留。

襄陵陶寺里旧有关公祠，建于大德五年，后值坤震倾圮。里人以断桷裂瓦覆其像而祀之，涉六十余年无兴覆之者。义士石文郁、曹仁甫、撒君祥等，怜其曝露，注意修之，材木瓴甓之需、匠石工役之费，咸出众力。祠为三楹，层留石柱，崇堂飞檐隆栋，巍然雄峙。经始至正乙巳十月，讫工丙午之夏。将落成，佥议，谓重葺之功，不可无纪，乃托友人侯行可，儒生段思立来征文。予以忠臣烈士祀典所崇，关公立祠，其来自昔。遂告之曰：两汉得天下，相承余四百年，至献帝以庸儒之材，受制疆臣，炎火奄奄殆尽。曹操以奸雄之贼朵颐汉鼎，挟天子以令诸侯，天下诸侯顾望前却，不敢加一兵以讨之。惟昭烈以帝室之胄，愤然兴师问罪，将取青毡而还之我。时则有诸葛关张，实仗大义，以左右之，奈天命已移，谨成鼎足，羽飞中蹶而汉室遂衰，孔明继亡而炎精竟灭，然其忠义之名充塞乎天地，闻者未尝泯也。故千百载下，人犹有思而祭之者，独关公之祠，遍于天下焉。岂非以魏王尝画关羽，战克庞德，愤怒于禁，降服之状于高陵之屋，为之权舆乎？而说者，以为公有义勇之烈，故后人慕之尔。抑是，岂真知公者哉？若公之大节，惟在乎佐昭烈讨乱贼，以图复汉室而已，庙而祀之不亦宜乎？予恐后人慕公之小，而不知公之大，故特表而出之。

　　至正二十六年六月望日立
　　石东秦里卫安仁刊

【碑阴】

碑额：无

题名：无

　　本里施主芳名：
　　维那首
　　石文郁　撒君祥　曹仁甫　石文进　曹文质　张英甫　曹仲祥　赵

仕良　梁贞甫　秦叔勉　李仲谦　张仲和

助工

众社人等

石文进米十石　曹文质米六石　张仕忠米五石　张英甫米五石　石文献米五石　曹仁甫米五石　刘君宝米五石　秦叔勉米四石　张仁美米三石五　曹文秀米三石五　梁清甫米三石五　尚仲亨米三石　石济英米三石　张仲和米二石五　赵行间米二石五　梁贞甫米二石五　秦仲温米二石　贾世明米二石　李子明米二石　曹道成米二石　王君甫米二石　柴德明米二石　秦国明米二石　李仁庆米二石　张得甫米二石　李仁美米二石　张正甫米二石　撒君祥米二石五　赵荣叔米二石　□伯议米二石

秦良卿米二石　尚国用米一石六斗　张士敬米一石五斗　陈君义米一石五斗　王庭秀米一石五斗　柴恒进米一石五斗　李仁义米一石五斗　段思立米一石五斗　秦进臣米一石五斗　赵思贤米一石五斗　张世成米一石五斗　段贵卿米一石五斗　贾济夫米一石五斗　尚仲温米一石五斗　赵善宜米一石五斗　张士贤米一石五斗　马国用米一石五斗　张文秀米一石五斗　张文庆米一石五斗　焦受卿米一石五斗　侯行可米一石五斗　王敬臣米一石三斗　赵云卿米一石三斗　李巨川米一石二斗　贾敬叔米一石二斗　秦瑞卿米一石二斗　边仲良米一石五斗

张通甫米一石　赵彦正米一石　曹仲祥米一石　尚德明米一石　赵仲信米一石　张庭瑞米一石　张文玉米一石　尚济甫米一石　张才亨米一石　赵子谦米一石　赵忠甫米一石　赵子忠米一石　赵进之米一石　赵文智米一石　张孝礼米一石　秦彦成米一石　秦彦德米一石　贾友谅米一石　张义卿米一石　陈庭玉米一石　王秀实米一石　张和志米一石　段德用米一石　张彦明米一石　乔伯川米一石　李仲德米一石　张仲禄米一石　石具占米一石　张伯正米一石

梁世荣米一石　秦裕甫米一石　秦文义米一石　李庭实米一石　王敬忠米一石　陈光生米一石　王成甫米一石　张庸甫米一石　张克明米一石　王汉臣米一石　梁德甫米一石　撒良庆米八斗　王志道米八斗　李友卿米八斗　段德卿米八斗　秦文信米八斗　陈元甫米八斗　赵山甫米八斗　张君信米八斗　秦敬夫米八斗　赵仲甫米七斗　李庭瑞米七斗　张孝卿米七斗　赵仲德米七斗　秦瑞通米七斗　邓义卿米七斗　赵济之米七斗　张义夫米七斗　刘明甫米一石

梁仁甫米五斗　撒仲德米五斗　张君济米七斗　食李三米七斗　张世才米六斗　张德林米六斗　尚思忠米六斗　秦余庆米六斗　石鲁占米六斗　石楚占米六斗　张庭义米六斗　张德义米六斗　秦仲祥米六斗　秦德甫米六斗　张士贤米六斗　梁德周米六斗　张道同米六斗　刘温甫米六斗　张弘礼米六斗　李仲敬米六斗　秦和甫米六斗　梁胡老米六斗　秦克谦米六斗　石友直米六斗　吴君济米六斗　邢待昭米六斗　梁温甫米六斗　梁通甫米六斗　张德米五斗

张田甫米五斗　贾伯半米五斗　梁敬臣米五斗　石余庆米五斗　秦君甫米五斗　秦克明米五斗　秦文礼米五斗　张思义米五斗　秦余敬米五斗　段成志米五斗　秦仲良米五斗　石君侯米五斗　边仲良米五斗　梁二老米五斗　焦伯清米五斗　焦存义米五斗　王小三米五斗　李君裕米五斗　石庭玉米五斗　秦小大米五斗　刘百户米五斗　万行可米五斗　王巨川米五斗　梁长米五斗　贾世坚米五斗　张仲玉米五斗　张敬先米五斗　张才庆米五斗　李伯祥米五斗

梁仁义米四斗　李仲谦米四斗　石文秀米四斗　尚伯林米四斗　石友谦米四斗　张显卿米四斗　张显义米四斗　焦小四米四斗　张八米四斗　秦思义米四斗　张文德米四斗　张弘道米四斗　张喜喜米四斗　张章章米四斗　秦仲和米四斗　王德林米四斗　秦七米四斗　秦八米四斗　秦孟德米四斗　张四米四斗　梁德康米四斗　秦敬先米四斗　石英通米四斗　王僧成米四斗　赵仲明米四斗　段善玉米四斗　石胡米四

斗　石小二米四斗　石小三米四斗

□□□米四斗　王文仲米四斗　张白才米四斗　张谦禾米四斗　撒国祯米四斗　韦绍先米四斗　梁君政米四斗　梁白当米四斗　梁小六米四斗　王文溢米四斗　宋文质米四斗　王文质米四斗　边施恭米四斗　秦文政米四斗　秦信夫米四斗　秦川甫米四斗　张孝先米四斗　刘平甫米四斗　化米四斗　石品甫米四斗　张彦成米四斗　秦小二米三斗　张存善米三斗　秦敬甫米三斗　石继甫米三斗　尚中良米三斗　王□□□□米三斗　张伯禄米三斗

曹马马米三斗　张八米三斗　王立米三斗　梁直甫米三斗　石二米三斗　石梁秦米三斗　王义夫米三斗　王小二米三斗　张润之米三斗　石元甫米三斗　秦恭义米三斗　张彦享米三斗　张伯通米三斗　梁德卿米三斗　石从甫米二斗　撒国翁米二斗　梁倚成米二斗　张思礼米二斗　张小二米二斗　张十米二斗　秦四米二斗　乔小四米二斗　赵思德米二斗　梁文渊米二斗　刘仲温米二斗　刘小二米二斗　段彦秀米二斗　张彦广米二斗

王温甫米三斗　李胡米三斗　王孝祖米二斗　王小二米二斗　小张十米二斗　秦仁义米二斗　王君作米二斗　张温米二斗　郑思义米二斗　曹德仁米二斗　张四米二斗　梁仁长米二斗　李塞驴米二斗　张从从米二斗　刘长米二斗　张白卿米二斗　秦小二布一匹

王宅张福清布一匹　尚宅刘妙真布一匹　梁宅王通仕布一匹　尚宅张妙谨布一匹　张伯仪妻布三匹　张士敬母布一匹　李仁甫妻布一匹　赵宅侯妙真布三匹　石宅梁妙真布三匹　王宅郭善真布三匹　张妙正布一匹　张显卿母布一匹　张文质妻布一匹　梁德辛布一匹　梁受卿母布一匹　秦孝成母布一匹

崇福院常任施青杨树一根　榆树一根　官师布一疋　拣师布一疋　济师布一疋　崇风庵常住施青杨木一条　刘贾马官人米五石　安□村赵克恭米一石　□□义米一石

赵知观米六斗　张德卿布二疋　杨阿张檩一根椽一十根　郭仁卿布一疋

翼城县张彦通米三斗　赵曲镇刘和庆米四斗　秦大年米一斗　王仁义□□□

王云□、□彦成布一匹　石君通米二斗　范村薛敬□布一匹　朱村王克已米二斗

□□梁布一匹　白好张存敬米一斗　刘何梁布一匹　安山庄梁专祥布一匹

南张村石□□布一匹　河南尚三布二匹　尚济川布一匹　邓忠许忠信布一匹　梁□□布一匹

吉西梁薛通甫米五斗　安李李直天布一匹　史村赵大夫米二斗　北邓小赵米二斗　南梁侯士良布一匹

□□□米二斗　□□□米二斗　□□□米二斗　□□□米二斗

2. 清康熙二十六年（1687）重修关圣庙碑记

此碑现存陶寺村关帝楼廊下左侧。碑为竖式圆首，青石质。碑身高 1.65 米，宽 0.68 米，厚 0.28 米。碑文楷书，保存较好。碑文由秦镜撰文，李廷柱书丹。

碑文记叙了重修关圣庙的经过。碑文追溯了历代重修的过程，但"秦斌等知斯义也，睹其损折倾圮，慨然思修之"，于是从康熙庚申之冬，成于辛酉之夏。重修之后的关帝庙，上下周匝，焕然一新。同时，对于殿堂四周的四根石柱也有人捐赠重新进行修缮。碑阴部分详细记载了众多官员、民众，以及周边村落的捐款人姓名和具体捐赠金额。

【碑阳】

碑额：无

题名：关圣庙重修记

考之祀典，法施于民，勤事定国，御灾防患者则祀之，祀之则必营构殿宇。所以，俾过庙思敬而治民于此也。迨年岁既久，不能保风雨之攸涂、鸟鼠之攸去，则修理之功，端有赖于继起，默言修于今日亦綦难矣。积玩者，无奈民力竭而乏资帛，情诿袜线刚愎，诩庵刀不肖，至垂涎以自肥。有一于此，不可以修，修矣不可以成。吾乡有关圣庙，其创建修补，载在碑碣，历历可考。以其鼎峙中央，遂谓风脉攸关，故建之不得以建，修之不得不修。虽然以云庙则可，若关公之祀岂徒尔哉？关公一心扶汉，凝如炳如若土山之约、若不受汉寿亭印、若谢马、若赠袍、若保二嫂千里归、若拒请婚等。安危常变，节义威凛，有一非天理人伦之正纲常名教之，重者乎，百世下自当闻风兴起，以自心之，关公□证在庙之。关公久求诸身，期无愧诈，则前人之所以建，后人之所以修，系诚巨也。秦斌等知斯义也，睹其损折倾圮，慨然思修之，千引其疏且告之曰：是役也，劝人乐输，任劳任怨，毋依傍阘茸者，毋染指，毋锐，始而怠终。诸君爱勉力勤事，物则云集，工则子来，起于康熙庚申之冬，成于辛酉之夏。上下周匝，焕然一新。工成而思：所以成，则众人之善不可没也。下邦复瓷墙，堨地采石，勒名索记。于予，予不喜诸神，梁公奏请文公虑，居心窃向往之。噫嘻！关公有功于民之神也，暨众信等，又有功于有功之神之人也。予不谄神之心，适日慊也，故不辞扑儳为之，叙并以告世之惑，祸福而淫祀者。

廷试丙寅岁进士吏部候选儒学训导秦镜撰文

后学李廷柱书丹

大清康熙二十六年岁次丁卯菊月吉立

铁笔郭邦奇　曹进玺　李有珠仝刊

【碑阴】

碑额：无

题名：**重修碑记**

管老秦可道　秦溥　秦可法　秦守全　段希绥　张应祚

生员秦道衡银一两六钱

候选州同秦宣银一两五钱　段九思银一两四钱　秦煌银一两五钱

候选训导秦镜　生员秦镇银一两四钱

贡监王宸银一两二钱

贡监秦焜银一两二钱　张进善银一两一钱　张光明银一两一钱　秦国相银一两　张应奇银一两

生员秦可贞银一两　生员秦子熤银一两　生员石巍俊银一两　李士荣银一两　秦炜银一两　秦道达银一两　石琏银一两　秦钊银一两一钱　秦道凝银一两一钱　段尚贤银一两一钱　秦鹏银一两一钱　杨玉德银一两一钱　秦守如　秦守全银一两　秦□文银八钱　张进□银八钱　阴阳官段希纲银五钱　柴登全银五钱　曹王央银五钱　生员张鎔银五钱　生员秦国平银五钱　吏员曹子芳银五钱　秦守本银五钱　狄家庄生员□嗣杰银五钱

副官曹振新　秦铭　张一林　张应昌　李世隆

秦斌六钱　樊尚德五钱　秦铭五钱　郭守志五钱　唐士元五钱　张一详五钱　秦国成五钱　王忠孝五钱　张锦五钱　秦泽五钱　秦宗武六钱八分　张士元五钱　刘星焕五钱　贾天赐五钱四分　秦可道五钱　张智五钱　秦炜男生员秦连珍一两二钱　生员张普五钱二分　秦渐五钱　曹铭新六钱　曹振新五钱　段希维五钱　梁自胜五钱　石璆五钱　秦文宏五钱　秦子庄五钱　秦杰五钱　郭宏恭五钱　李世隆五钱　柴可柱四钱　曹谦四钱　张世彦四钱　曹□荣四钱　秦□敬四钱　陈可立五钱

赵付荣四钱　贾天福四钱　贾天锡四钱　秦登偕四钱　张永才四钱　李化奇四钱五分　王天富四钱　张应得四钱　刘付央四钱五分　秦祚昌四钱　秦国启四钱　生员秦可□三钱　生员刘星灿三钱　秦守耀三钱六分　王聚贵三钱　张从霖三钱五分　曹邦统三钱　郭守法五钱　冯

松林三钱　柴登秀三钱　梁太谦三钱　秦可法三钱　曹进恭三钱六分　柴金亮三钱　张进良三钱　秦鉁三钱四分　张进奇三钱　张进明三钱　张弘德三钱　张进玉三钱　秦继三钱　贾尚进三钱　王文贵四钱　吴尚义三钱　曹进福三钱六分

为首秦宗武　郭守法　张之彦　秦炾　秦鹏　张应祚　秦钊　张星元　杨□滋　梁珍　段九鹏

张之彦六钱　张正洪三钱　贾天贵三钱　秦□铉三钱　曹琏三钱　石□俊三钱　秦子圣三钱　李志明三钱　王忠禹三钱　张起元三钱　柴可通三钱　秦朝勇三钱　张三元三钱　张进胜三钱　张进元三钱　刘凤翼三钱　段自忠三钱　张一栋三钱　梁巳奉三钱　张进才三钱　张弘道三钱　杨玉胜三钱　尚永仓三钱　刘凤羽三钱　尚永禄三钱　张应芳三钱　卫国祯三钱二分　梁顺卿三钱　张巳春三钱　李凤翔三钱　张金胜三钱四分　曹进升三钱　梁有德三钱

尚自升二钱　张巳升二钱　张士显二钱　秦大瑞二钱　秦自立三钱四分　梁太央二钱　秦可立二钱　张进表二钱　李化豹二钱　李廷柱二钱　曹忠二钱　张云清二钱　张一林二钱　秦子炜二钱　贾秀二钱　曹自新二钱　曹极新二钱　曹维新二钱　曹杰二钱　贾承业二钱　秦登隆二钱　秦守君二钱　秦大壮二钱　王天荣二钱　张一连二钱　李志道二钱　秦守善二钱　李志旺二钱　贾天正三钱五分　冯胜二钱　李志央二钱　卫时新三钱三分　张得富二钱　陈富二钱

柴可央三钱　石腾龙三钱　秦铨三钱　张一凤三钱　秦宁分三钱　冯三富三钱　曹正新三钱　段德英三钱　尚有正三钱　李玉敬三钱　张顺魁三钱　秦铎三钱　曹进龙三钱　柴登智三钱　李志德三钱　梁进耀三钱　张国央三钱　段成材三钱　李化象三钱　张礼三钱　段成梓三钱　张巳奉三钱　秦一品三钱　张崇胜三钱　薛君正三钱　柴登霄三钱　梁弘道三钱　张一豹三钱　丁自敬三钱六分　范得志三钱三分　王崇奎三钱　孙一禹三钱　乔加官三钱

李三央二钱　段九龄二钱　秦加申二钱　张应太二钱　秦宗实二钱　张志德二钱　李景澄二钱　秦大福二钱　李昌祚二钱　张弘智二钱　张一桐二钱　梁弘义二钱　李化凤二钱　张光智二钱　曹卫二钱　梁巳林二钱　段九通二钱　王清泉二钱　王忠俊二钱　曹相二钱　张经二钱　王得二钱　曹时新二钱　张应玲二钱　李景清二钱二分　冯三元三钱　曹信二钱五分　邓升二钱八分　尚有莹二钱四分　秦天熊二钱四分　王怀仁二钱四分　张士贤二钱二分　卫邦宾二钱七分　常孝二钱九分

秦种二钱　秦登顺二钱　贾□□二钱　□□□二钱　曹一品二钱　李本央二钱　秦道央二钱　申貟二钱　秦有亭二钱　梁余二钱　秦定治二钱　曹登龙二钱　秦宗莭二钱　乔一央二钱　秦登昭二钱　曹进贤二钱　秦明二钱　曹铭二钱　曹弟二钱　张应春二钱　曹如会二钱　尚永通二钱　尚永库二钱　秦朴二钱　曹定新二钱　梁君明二钱　卫邦美二钱　张应赐二钱　张自明二钱　郑付胚二钱　张之修二钱　张有二钱　曹更新二钱　柴栖凤二钱

曹捷二钱　秦之柄二钱　曹智二钱　石严俊二钱　张一熊二钱　张一虎二钱　秦宗禹二钱　贾玉魁二钱　曹道成二钱　张顺义二钱　段承章二钱　段希孔三钱　张奉君二钱　吉弘柱二钱　张登高二钱　张顺贵一钱九分　张得胚一钱九分　张应孟一钱九分　王立一钱八分　李珍一钱八分　刘进玺一钱七分　张进亨一钱六分　王孝一钱九分　王玺一钱八分　李如得一钱六分　王正一钱六分　王忠一钱六分　郭弘炫一钱六分　段自成一钱五分　王进良一钱五分　柴金柱一钱五分　崔登隆一钱五分　高增珍一钱五分　闫得胚一钱五分

石胚一钱五分　秦照一钱五分　秦大福一钱五分　贾成央一钱五分　郭成德一钱五分　秦守林一钱五分　陈付得一钱五分　张进通一钱五分　李付贵一钱五分　张光龙一钱五分　秦守德一钱五分　段央一钱五分　桑成林一钱五分　张顺彦一钱五分　张央一钱五分　贾成奇一钱

五分　秦圣一钱五分　秦守谦一钱五分　梁纶一钱五分　梁经一钱五分　秦俊燿一钱五分　闫明星一钱五分　段徐正一钱五分　闫守恩一钱五分　刘付云一钱五分　秦宗才一钱五分

高增福一钱五分　王忠彦一钱五分　秦俊西一钱五分　侯如旺一钱五分　张进得一钱五分　秦□恩一钱五分　宋孝易一钱五分　徐方仓一钱五分　张成家一钱五分　姚一通以上一钱五分　王永祥一钱一分　卫邦俊一钱一分　贾孟成一钱一分　张一秋一钱一分　曹仁一钱一分　秦宗让一钱一分　梁宁邦一钱一分　秦道立一钱一分　秦守炫一钱一分　赵文忠一钱一分　朱朋一钱一分　秦子有一钱一分　贾玉玺一钱一分　刘付成一钱一分　李登第一钱一分　赵国旺一钱一分　段成荣一钱一分

刘守全一钱一分　李奖一钱一分　曹楹一钱一分　张得时一钱　王虎山一钱　石腾进一钱　张云鹏一钱　张已相一钱　石腾运一钱　李生全一钱　王镇一钱　石龙俊一钱　张进贤一钱　秦国富一钱　李化英一钱　张立一钱　王建杰一钱　石善三钱　秦道太三钱　贾成道三钱　卫三央三钱　张应金三钱　孟一进三钱　任明太三钱　秦云三钱　李馺三钱

祁明德三钱　秦大经三钱　崔升三钱　张进瑞三钱　秦孔三钱　赵央三钱　秦子木三钱　张已朋三钱　张金全三钱　乔一正三钱　王忠义六分　卫国宁六分　卫邦如六分　秦朝演六分　祁之明六分　张应增六分　秦升六分　卫时有六分　秦彦六分　张付胚六分　秦可则六分　曹孝六分　张永六分　梁正六分　秦杰六分　张尹六分　柴焕六分

邓曲村郭九思　男从仁银二两　陈庄村祁成银三钱　荆村庄霍进震银三钱　杨国央银三钱

盘道头李士宣银二钱　李加久银二钱　李士宁银二钱

赵曲镇李明胚二钱　李□起二钱　张建详一钱五分　王永杰一钱　卫灿一钱　张进英九分

南梁村侯之藩一钱二分

平阳府杜昌裔一钱二分

刘家村董文英一钱　张士俊三分

赵点村杨光武五分

安李村李孟尧三分

朱门武氏二钱二分　曹门张氏二钱　张门姚氏二钱二分　闫门秦氏一钱二分　张门白氏一钱二分　卫门朱氏一钱　梁门张氏三分　李庄村靳门李氏三分　郭氏三分　央广村崔门秦氏二分　□堆政一钱　□如樱一钱六分　□从忍一钱

3. 清康熙二十六年（1687）捐施关帝庙前后石柱记

此碑现存陶寺村关帝楼四周。四根石柱，青石质。柱身高2.2米，宽0.34米，厚0.5米。碑文楷书，保存较好。

碑文记叙了村民给关帝庙施舍四根石柱，每根柱子都详细记载施舍人的姓名、捐献根数。

【刻文】

（庙前左）

本里

梁德新　男志刚二人同施　梁受乡　男济川石柱一根

维那石文郁　撒君祥　曹仁甫

（庙前右）

本里

石德施石脚柱一根

秦巨川男楚才　段君祥男思德二人施石脚柱

维那石文郁　撒君祥　曹仁甫

秦张石匠卫安仁　南梁李文秀　侯士良

（庙后左）

本里　时元　时亨

卫德仁长男施石脚柱

维那石文郁　撒君祥

秦张石匠卫安仁男之秀

（庙后右）

本里

石彦德施石脚柱一根

秦楚才　弟楚德　段君祥　男思德二人脚柱一根

维那石文玉　撒君祥

四、临汾市古县热留村关帝庙

热留村关帝庙位于临汾市古县的热留村，该村历史悠久，最早可追溯到新石器时代。整个村子位于霍山脚下，东距镇政府所在地古阳2.5千米，南距古县县城20千米，全村面积4.14平方千米，人口1428人，分布在六沟七梁一面坡上。村北边的野雀梁山是全村最高点，汾河一级支流的涧河由北向南环绕全村。热留村关帝庙，坐落于热留村的村中部，四合院布局，该建筑北有正殿，南建有戏台，东西两边配殿对称，山门设于该庙东南角。整个建筑坐北朝南。热留关帝庙，始建于宋元，明正德十六年（1521）重修，清乾隆四十八年（1783）铸钟、吊盆，对庙宇复加修缮。近代以来，热留村关帝庙一共经历了三次大的劫难：1938年日本侵华战争期间，日军由临汾到此轰炸抗日将士，往庙里扔了一颗炸弹，所幸只是撞毁献殿的一根石柱；到了"文化大革命"时期，正殿内的悬塑被毁；1976年，关帝庙成为供销社的库房，因发生盗窃案，罪犯企图放火掩盖犯罪事实，所幸火没有点着，关帝庙也就逃过一劫。1998年，社会各界人士捐资重修关帝庙，2006年，被评为山西省文物保护单位。现在，关帝庙保护基本完整，其气势恢宏，建筑精美，在古县古建筑中非常有代表性。

1. 明正德十六年（1521）重修关王庙碣（一）

此碑现存热留村关帝庙献殿内。碑为长方形，青石质。碑身高0.5米，宽0.72米。碑文楷书，保存较好。

碑文记叙了本村刘善士捐资修补关帝庙之事，并详细记载了施主的姓名与具体金额。

【碑阳】

碑额：无

题名：重修关王庙碣

　　大明国山西平阳府岳阳县临溪乡金堆里弱柳村重建关王庙

　　久守维那头刘定男生员刘世英　刘世华同施银一十两

　　阳和卫后所正千户刘玉应袭刘辅　生员刘世卿　男刘林同施银五两

　　本族舍财功德主刘和　男刘世威　刘世武施银五两　刘世臣　男刘本施银五两　和次男刘世相三两　刘森　男刘世清施银三两　刘仁银三两　刘得　男刘廷儒　刘进才银一两　刘宁银三钱　刘付兴施银一两　刘付山银一两　刘付礼银一两　刘世伦　刘世虎同施银五钱　刘文章一两

　　本村功德主李景隆　男李着　生员李珩同施银十两　李景虎　男李铎　李旦儿施银五两　李景春银二两　李景川银一两　柴朴　男柴得川同施银一两　张鉴银二两　王伦银一两　郝秀银五钱

　　本社舍财施主陈得贵银一两　陈文晓银一两　陈文典银一两　陈文礼银五钱　申珏银三两　张廷玉银五钱　张纪银一两五钱　杨能银二两　李典银一两　李然银一两　任得米银一两　郝胜　男郝文义　郝文智同施银一两五钱　李坚　男李文浩银一两　许胜银五钱　许钦银五钱　武钦银五钱　刘文广银五钱　段宣银五钱　李子林银五钱

　　金堆村舍财施主范质□两

　　辛妇村舍财施主周文银□两　周武银□两　周文保银□两

　　汾州梓匠马志荣　男王文选　马腾

　　石匠张志原　刘志聪同造

　　时正德十六年岁次辛巳三月吉旦书于碑记

2. 明正德十六年（1521）重修关王庙碣（二）

此碑现存热留村关帝庙献殿内。碑为长方形，青石质。碑身高 0.47 米，宽 0.72 米。碑文楷书，保存较好。

碑文记叙了正德十六年（1521）和隆庆三年（1569）两次修缮关王庙及捐资数额、纠事人等信息。

【碑阳】

碑额：无

题名：重修关王庙碣

大明国山西平阳府岳阳县临溪乡金堆里弱柳村重建关王庙

久守维那头义官赵岳　男监生赵瑞卿　赵汉卿　生员赵晋卿同施银二十两　义官赵□　男赵尧卿　赵舜卿　赵禹卿　孙赵廷璋同施银二十两　婿刘允中银五钱　周文进银一两　赵戊　男赵廷俊　赵廷佩同施银五两　生员赵廷伟　赵廷备　赵廷汲同施银三两

本户舍财功德主赵廷儒　男赵薄同施银十两　赵锡银三两　赵文玉　男赵廷美同施银三两　赵廷义　男赵燮　赵□　赵学章　赵重喜银五两　赵文洁银一两　赵廷宝银二两　赵瑞清一两　赵廷□银三两　赵廷祥　男赵羽银二两　赵廷信银三两　赵廷□银五钱　赵廷得三钱　赵廷仓银三钱　赵廷禄银三钱　赵汝　赵惠银五钱

隆庆三年重修功德主

知州赵廷汲　男知县赵沂同施银十两

维那头功德主知县赵廷俨　男监生赵沛同施银七两　寿官赵渊　男知县赵汝思同施银七两

洪洞县周村泥匠李表　男李泽　李金同舍银二两

正德十六年三月二十五日吉时立

3. 明万历十六年（1588）弱柳三官阁碑记

此碑现存热留村关帝庙内。碑仅存残片，存文 15 行。文据民国二年（1913）《新修岳阳县志》卷十五补全。碑文由赵汴撰写。

碑文记叙了弱柳村村名变更的历史原因及创建三官阁的史实。可以推测此碑本不应在关帝庙，因关帝庙是村内最大、保存最完整的庙宇，故此三官阁不复存在后，此碑就被保留在关帝庙。

【碑阳】

碑额：无

题名：弱柳三官阁碑记

　　万历十六年　邑人赵汴　秦安县知县

　　县治北四十里有古凤凰村，即今弱柳也。名不从古而从今，盖缘人多刚猛，故自宋元以来皆称弱柳。弱者，柔也，而柳又轻柔易制之木，此立名之微意也。本邑一十八里，人才惟金堆为盛。而金堆所属数村惟弱柳为尤盛。除大小文职数十员，中间隐而未仕者四五人。若知府吉公在中、知州赵公廷伋、知县吉公泰、赵公廷俨、赵公沛，皆人才之杰出者也。盖其村落两山相顾，藏风不露，山水潆洄，源深流远。四周松柏森茂，泉甘土肥。北倚霍山，凤凰山环绕而拱，灵秀之气扑人眉宇。村中区有古建关帝庙，巍峨壮丽。前有商山祠，后有山神庙，西有观音阁。最东则地势稍下，三水交集，奔腾澎湃，狂不可制。堪舆家谓，宜建庙以镇之，则水可安流不溢。嘉靖二十七年太学生赵公晋卿，家食不仕。因商榷于先大夫凤岗公廷伋、隐士刘公世卿、乡耆刘公世相等，询谋佥同。劝道各捐资财若干缗，鸠工集料间，掘虚土得铜钱二万，始克攸济，谓非神之默相不可也。爰下砌石桥三丈，阔三丈，高二丈。中券洞门，长三丈，阔一丈五尺，高如阔数。上建楼阁三间，前肖三官神像，后塑倒坐观音。阁高三丈，宽二丈有奇，两旁各二丈。经始于是年之夏，落成于再次年之冬。若金妆绘画，若屋脊门楣，若醮盆女墙，则频年陆续为之，皆义官赵公九卿、刘君珂、赵君廷侍之赞成也。夫自创始以及完备，前后四十年间，庙则高矣美矣，功则广矣，胡可无记！而记则属诸余。余不敏，亦何敢辞！余惟地不自胜，因人而胜；庙不自美，因人而美。三官圣像天下郡邑悉从庙祀，其威灵赫奕，福善祸淫不遗锱铢，而人之崇奉信服者，亦无间于上下遐迩。则神之佑德罚恶，真伪不爽，而御灾捍患之功，诚宜岁时伏腊报祀之崇也。若徒观其赐福解厄之功，而无修德弥灾之术。虽崇朝而祭，吾未知享与否也。然则修心田以为福地，诚为立身之本，反是而谄矣，渎矣，神岂享之乎！兹因庙记而及本村之人材，因人材而及命名之初意。自此以往，当必有因观感而兴起者矣。凡有功于是庙者，例得书于碑阴。

4. 清康熙十年（1671）舍地豁粮碑记

此碑现存热留村关帝庙内。碑为长方形，青石质。碑身高0.54米，宽0.74米。碑文楷书。碑文由赵国琼书，李之焜刊字。

碑文记叙了生员刘邦俊父子为关帝庙舍地增加庙宇收入，从而实现"于是有地可以养僧，有僧可以祀神"的目的。碑文详细记载了所舍之地的四至和舍地主的姓名。

【碑阳】

碑额：无

题名：舍地豁粮碑记

吾村有关帝神庙一所，坐镇中区，其神之威灵赫炎，感应不爽，至若庙貌森严，尤为吾村之达观者也。然有庙不可以无僧，有僧不可以不养，养之者莫若舍地矣。幸刘生邦俊者于顺治九年舍空地一块，凿取土穴二孔，聊（联）为僧舍，继将门前平地三亩亦输其半，因而社众约有十数余人随起善念，努力输资捕价银四两，永为死业矣。一人舍心于前，众善继起于后，于是有地可以养僧，有僧可以祀神，殆为一人之善欤？众人之善欤？众人之善不可泯，而一人之善尤不可以泯者矣。因命俚语书其始末，用志于千古不朽，讵敢以文章云乎哉。

计开：上次平地三亩，坐落油房库。东至道，南至道，西至崖，北至界石，共豁粮一斗六升八合。

舍地主生员刘邦俊　男海芳　海埧　弟刘邦宾　侄应坤　应元

舍财主乡官赵汶　乡耆赵清　乡耆赵润　生员刘邦佐　刘邦思

生员任道经　吉三思　王之富　赵汝鹏　赵汝威　赵汝凤　刘邦恩　刘邦安　任政　吉朝旺　阴茂盛

生员赵国琰　赵如袒　赵如纻　赵如旺　赵国瑾　生员刘国茂　刘邦新　刘国茂　吉朝林　张银礼　赵柑　赵科　赵社　赵三贵　生员刘允恭　刘允仁

督工刘邦□　赵邦生　赵摇　赵□　赵□

僧人法唐　如□　悟得　□□　□□

赵国琼书

刊字李之煊

康熙十年九月三日立石

5. 清乾隆六十年（1795）修文昌阁并文笔布施碑记

此碑现存热留村关帝庙内。碑为竖式圆首，青石质。碑身残高 0.42 米，宽 0.5 米，厚 0.15 米。碑文楷书。碑文记叙了布施的具体人名及对应的金额。

【碑阳】

碑额：无

题名：修文昌阁并文笔布施碑记

赵登先　九品赵自观　赵□□各施钱五千

赵自业　武生赵□□　九品赵公　房积业　赵永旺　赵永通　各施钱四千

耆宾赵宗元　九品赵贵　各施钱三千

刘□观施钱一千八百　赵时先　刘□惠　崔金斗　赵东□　赵喜　赵宗财　赵辅尧　赵永旺　赵□居　刘□贵　刘□盛　李存禄各施钱二千

刘克旺　李存福　赵宗仕　赵永存　房九成各施钱一千五百

赵积□　刘见英各施钱一千四百

赵□□　赵贵先　赵□山　刘复□各施钱一千二百

赵复先　赵复□　赵□□　武生赵富杨　赵兴元　赵□　赵□□　赵□□　赵宗□　□□□　赵祥□　赵□□　赵□□　赵□□　赵□□　赵□□

乾隆六十年三月

6. 清嘉庆五年（1800）露崖寺香火地详案

此碑现存热留村关帝庙内。碑为竖式方首，青石质。碑身高1.14米，宽0.64米，厚0.15米。碑文楷书。碑文由赵超篆并书。

碑文记叙了露崖寺香火地引发的各种纠纷及岳阳县衙的最终判定结果。

【碑阳】

碑额：无

题名：露崖寺香火地详案

吾县北七十余里有露崖寺，载在县志，由来久矣。寺有香火地，坐落寺沟庄，内粮银二钱一分，向在金堆里二□□□赵刘吉名下办纳。

迨后庙宇倾圮，社中绅士□壮观□之，社人捐地募资修复如初。至乾隆五十八年，壮观子孙赵二龙等夺卖寺地□□邑辛大福为业，社人控诉，历任未结。嘉庆三年间，邑侯王公莅岳，查讯佃人追核粮串夺卖之情，已□□□子万年犹复哓哓。呈办□伊族人赵金凤奔控本府宪李，批县详报，旋于四年六月内，署府宪王批，据邑侯审详，□赵金凤呈控赵万年夺卖寺地一案，缘县属有露崖寺一座，寺内香火地亩系□年先人施舍，历年久远，管业无异。乾隆五十七年，万年故父赵二龙夺回寺地，收租一年，旋与伊弟相继□故。赵万年悔惧声言退地，嘉庆二年四月内，以殡葬无资，仍将前地卖给洪洞人辛大福为业，得银四十两。□伊族人赵金凤曾种寺地三分之一，不肯交租，与辛姓致相诘讼。前任杜令等俱未讯结，赵金凤等复上控李府宪，批饬查办。随传讯完粮里老，并查明种地人等实系寺内地亩，随断令辛大福将地□交寺僧管业，念其被人说合时并不知系寺地，追价给还，赵万年等分别发落，勒石示禁等情，蒙批如□饬遵。而辛大福以红契置买为词，不肯退地，亦不领价。至七月内，新府宪缪公查明府役辛大福置买寺地显系知情，饬将地价四十两解充平阳书院膏火，业经批解结案，所有地粮推收清楚，照旧办纳。夫以一详之公案，成万载之口碑，妥神灵而惬众望，于以见我侯之惠爱岳民类如此也。爰勒石以志不谖云。

　　特授岳阳县正堂加七级纪录十次江苏太仓州镇洋知岳阳事王莘槐判断

　　经理庠生赵超篆并书

　　官代书刘金元

　　本寺僧人纯续　行湛

　　嘉庆五年二月吉日热留村合社公立

7. 清嘉庆十二年（1807）禁赌碣

此碑现存热留村关帝庙内。碑为长方形，砂石质。碑身高0.4米，宽0.59米。碑文楷书。碑文由赵文学篆并书。

碑文记叙了因本村风气渐坏，赌风日盛，为严禁之，采用合村公议的做法，通过官府加以通告说明，并且在正月中，也不得以同乐为借口，一旦违反，将面临严重的后果。

【碑阳】

碑额：无

题名：禁赌碣

尝思君子乐得其道，上达所由基也；小人乐得其欲，下达所由始也。余村古凤凰村也，粤稽明时，游宦者约有二十余员，询光宠乎！宗族交游，而为后人之所念哉也。无如沿及于今日，不克以前人之心为心，而竟以赌博为事也。夫赌博之不可为，可胜道哉，非特无以光于前，无以裕于后，甚而破业败家，躧名丧节，其弊将伊于胡底乎。且村中不乏忠信之子，从小事严禁之，□渐染于其中而无由上进。余独何心，能不伤感。因于十二年与合村公议，蒙县主王太爷书印将赌博严加禁止。自禁止后，各宜禀遵。即正月间，亦不得籍（藉）口于同乐之说，偶犯严禁。如有犯法之辈，仍蹈前辙，关帝神前□□□□而犹有创见，夫赌博私□者，或徇情而密放，或隐匿而不报，关帝神前罚戏六朝。倘不依罚，禀官究治，是非我等之过刻也。苟能谅余之苦，众识迷途，其走远望正道而思，遂将见士读于诗书，农力于稼穑，工守其绳墨，商通其货，则亚亚然朴反之可爱，岂非我等之所厚望，所深幸哉。爰铭诸石，以垂戒于无穷也云尔。

□璟□　赵清尧　从九品赵公　赵特先　赵□生　□□□　赵秉山　□□□　赵□太

经理□□□　刘积仁　赵纯□　刘积□　赵敏学　赵宗魁　赵文学撰并书　以上各施钱五十文

时嘉庆十二年孟夏合村公立

8. 清道光十三年（1833）关帝庙重修碑记

此碑现存热留村关帝庙内。碑为长方形，青石质。碑身高 0.36 米，残宽 0.36 米，厚 0.09 米。碑文楷书。

碑文记叙了关帝庙重修的经过，但此部分碑文残缺，现有碑文记载了捐赠人员名单和具体捐款数。

【碑阳】

碑额：无

题名：关帝庙重修碑记

（此处漫漶）

赵仁林钱九百文　监生赵志学钱九百文　赵石林钱八百文　刘成器钱八百文　从九品刘三元钱八百文　赵宗正钱七百文　赵成学钱七百文　赵振先钱七百文　赵峨山钱七百文　郭复盛钱七百文　赵鹤林钱六百文　杨仁林钱六百文　赵占先钱六百文　房居旺钱六百文　赵世仁钱四百文

武生房玉堂　赵成富　赵龙林　赵德荣　赵贵元各施钱三百

环盛号　赵宗礼　赵云鹏　杨学玉　赵宗闵　赵天元　赵步先　赵履瑞各施钱二百

赵德花　赵宗唐　赵长乐　赵宗辉　郭洪□　赵清元　赵复林　李在荣　赵金山　赵春山　赵成兴　赵广德各施钱一百文

经理赵宗喜钱二千一百文　赵春元钱一千五百文　赵奉先钱一千二百文　监生赵云瑞钱一千五百文　贡生赵景唐钱一千九百文

大清道光十三年岁次孟冬吉旦

9. 清道光十九年（1839）重修陂池碑记

此碑现存热留村关帝庙献殿西墙壁上。碑为长方形，砂石质。碑身高0.45米，残宽0.78米。碑文楷书。碑文由赵步楚撰并书。

碑文记叙了热留村人重修陂池为村增色补风脉之事，碑文记载："乡村之有陂池，无非为风脉计也。"可知当时就是为补风脉所建。然而池中时常无水，成为干砚，人才也就出不来了。因此，陂池出现了时而被填，时而又被凿开的现象。

【碑阳】

碑额：无

题名：重修陂池碑记

  盖闻停水曰池，畜水曰陂。乡村之有陂池，无非为风脉计也。热留村古有陂池一所，凿村中区。当池水充满之际，蛙鸣池内，波动池中，洋洋乎为余村形胜之地，实脉气之所由关也。但掘池为沼，旁无收敛，一经坍塌，其地即与街平，池溏恍若粪场矣。夫以土类之地，而形其不美，村人莫不顾而虑之也。故今合村公议，村中约有百家，每家纳石头一十五块。复择其富厚者攒钱二十余千文，以为工价，买砖并石条、石灰之费。内周围用石卷起，外四面用砖修成八角花墙。工成告竣后，适值大雨时行，道水流入其中。村人玩赏之间，视其墙墙垣清雅，见其水水色涟漪，将秀凝瑞聚，地灵人杰，其裨益村脉，或且有较胜于昔者。

  一时纳工输财，与夫劳心修理之善，均不可以不记也。故志之，以示不谖云。

  邑后学赵步楚撰并书

  经理人赵天元　赵春元　赵智麟　常日顺施钱二千五百文

  光兴号　聚泰号　太义永　同兴堂以上施钱一千五百文

合盛铺　庠生赵景虞　赵宗洪　赵履瑞　刘全盛　以上各施钱一千文

赵金凤　杨士林　赵万利　□复岳　赵福麟　刘万顺　赵景麟　阴大盛　赵桂元　马合成　以上各施钱五百文

赵复元　武永昌　赵中麟　武永杰各施钱四百文

赵辉麟　赵际□　赵云登　赵仁山　赵世元　赵集麟　赵宗保　赵□麟　房玉湛　乔玉富　高宗盛　房居旺　赵德荣　以上各施钱三百文

道光十九年中秋上旬吉日合村公立

10. 清道光十九年（1839）风脉碑

此碑现存热留村关帝庙献殿东墙壁上。碑为长方形，砂石质。碑身高0.54米，残宽0.58米。碑文楷书。碑文由赵步先撰，赵云瑞书。

碑文记叙了热留村移修夫子庙等以补风脉之事。《风脉碑》和《重修陂池碑》，时间一样，存放位置也对称，都是壁碑。记载的都是从风水、自然环境角度出发，通过移建关帝庙、重修陂池，从而达到改善村落风脉的目的。

【碑阳】

碑额：无

题名：风脉碑

热留村古凤凰村也，当年游宦者多矣。今何贵濒无人，而且动出不吉之事。即村中地师每曰："社神不宜居村中央，东南夫子庙于村不利，且川中松树圆满，系合村风水所关，此树断不可伐。"村人闻言，而不禁有兴利除害之举，故同合社公议，将赵观先等坟前松树出钱八千买入社中，永为寄根。复买新修社神地一块，出钱三千文。东南俱至界石，西北俱至官道。将社神移修于川中，其旧祭社神处旁有槐树，仍系社中经管。至夫子庙亦于斯时兴工拆去，所拆砖瓦木石，俟后择吉地再为创修。此三事告竣后，又议关帝庙围墙太高，因花钱四十余千修成花样，形势高仅五尺许。是数役也，虽费金甚多，然有益于村者谋之而得，有损于社者去之殆尽，将害除福至，地灵人杰。而余村之兴隆犹骎骎乎可渐媲美古昔矣。谨序。

　　阴阳学李时新

　　邑后学赵步先撰

　　太学生赵云瑞书

　　香首赵履端　刘全盛

　　经理赵景虞　赵春元　刘才　赵云登　赵天元　赵智磷

　　主持法恒　觉彦

　　道光十九年岁次乙亥瓜月合社仝立

11. 清咸丰二年（1852）重修启文书院碑记

此碑现存热留村关帝庙内。碑为竖式圆首，砂石质。碑身高1.07米，宽0.55米，厚0.44米。碑文楷书。碑文由赵德新撰。

碑文记叙了热留村重修启文书院，教育子弟成才之事。

【碑阳】

碑额：永垂不朽

题名：重修启文书院碑记

　　盖闻古之教者，家有塾，党有庠，国有学。诚以古人之乐育人才，大率自学校中来也。热留村旧有书院一座，名之曰启文。说者谓实文脉之所攸关，亦上达之所由基也。所以前人□□修□，而且密其为后世深谋虑，固大彰明较着矣。孰意人心多诈，每见利而遗义。竟不□以前人之心为心，卒之年深日久，土崩瓦解，书院恍若田园，讲堂遂成草舍，而且义田租粟□几□骑无归矣。于是有经理者顿起好善之心哉，重为修理。不料此意一举，慨然乐从者，实□有□因而总经理者若而人，□经理者若而人，捐资募化者又若而人。群贤毕至，少长咸集，□□乎诚一堂之盛事也。村人曰："是不可以不书。"属余作文以记之。余观夫是役也，虽费金百有余千，而有劳其心者焉，有劳其力者焉，有劳其心劳其力而并伤其财者焉。由是而百废俱举矣，由是增其旧制矣，且由是而告厥成功矣。此则书院之大观也，前人之述备矣，夫而后利则从此□，□则从此兴，庶不负前人之□心，亦不负今人之雅意也，惟赖居是土而服先畴者。此志向□□□之□□亦犹今之视昔云尔。谨序。

经理赵常山捐钱三千文　赵仁山捐钱二千文　赵君山捐钱二千文　赵玉山捐钱三千文　赵植元捐钱二千文　赵云鹏捐钱一千文　赵俊元捐钱三千文　赵万和捐钱三千文　耆宾赵宗□捐钱二千文　庠生赵占林捐钱二千文　赵景虞捐钱三千六百文　赵辉林捐钱二千五百文

赵德新撰

大清咸丰二年岁次壬子十月上旬吉旦

12. 清咸丰二年（1852）捐资碑

此碑现存热留村关帝庙内。碑为竖式圆首，青石质。碑身高1.04米，宽0.49米，厚0.14米。碑文楷书。

碑文记叙了捐款人名及具体钱数。

【碑阳】

碑额：名播千秋

题名：捐资碑

郭兴仁捐钱三千文　刘进城　马奎城　房秉秀　光兴号　茂盛号　聚泰魁　解中元　武永昌　赵宗曾　刘玉秀各捐钱二千文　温盛元捐钱一千五百文　杨国秀　张进元　解宝福　房生林　段登泰　史

九宵　李连升　乔玉杰各捐钱一千文　顺盛堂　宋金魁　房有香　李学兴　史进元　牛大忠　牛大孝　刘二旺　刘清蘭各捐钱一千文　赵兴学　赵云汉　赵云登各捐钱一千文　赵峰林　赵明林　赵云雾　刘荣邦　赵万善各捐钱五百文

堪舆李调元

经理刘成魁捐钱二千文　杨仁林捐钱三千五百文

时大清咸丰二年岁次壬子十月上旬吉旦

13. 清光绪二十年（1894）重修关帝庙碑记

此碑现存热留村关帝庙内。碑为竖式圆首，青石质。碑身残高 0.97 米，宽 0.61 米，厚 0.21 米。碑文楷书。碑文由赵声灵撰，赵志昂书，张思俊刊。

碑文记叙了赵德奎等人发起修复关帝庙并添建东西看楼、围墙等事。碑阴部分记载了捐款人姓名及具体钱数。

【碑阳】

碑额：无

题名：重修关帝庙碑记

　　（此处漫漶）人无以借其恭敬，人非神无以保佑。神也，人也，两相需而两相系者也。（此处漫漶）难胜数矣。于嘉庆年间，余祖父名景唐者，新造东西看楼。本院犹有（此处漫漶）如新，名虽重修，其功胜于创造者耳。及之同治年间，余堂叔名德奎者，兴众经（此处漫漶）著者矣。迄今前数年间，瓦已解而椽已腐。无人不知，乃闻者落于其空谈，见者假托（此处漫漶）之，有因社钱难齐，而推诿不前者有之，有因卖树起谣言阻隔而恐惹人者又有之。不（此处漫漶）除，余于是常辗转反侧思之，前创造者何为，后重修者又何为。余等知觉，犹是人运动，犹是（此处漫漶）为非常之为，岂不能法人之可为而为者乎。由是，余与杨某社首发其赤心，先卖商山庙柏树一株。一面（此处漫漶）一面为振邪言之费，然大规虽立，众口难调。又觉众丁易举，独力难撑。又商议，备席请纠首数人兼管钱（此处漫漶）概，协力同心。虽云办公，与办己者无异耳。今者功成告竣，虽非大德，不过以志不朽之云尔。是为序。

　　□声灵施钱二千文　□宗义施钱一千文　□五银施钱三千文　□□曾施钱二十千文　□兴枝施钱三千文

　　香首刘时祥施钱一千五百文　监生赵宗邦施钱四千文　李长春施钱二千文

　　监生赵上林为修庙存钱二十千文情愿施与神前

　　邑增生赵声灵撰　子附生赵志昂书

　　住持僧人比丘昌盛　昌兴　徒隆珠

　　石匠青州府张思俊刊

　　戊申年十月吉立

　　光绪二十年卯月中旬热留村合社人等香首刘时祥　监生赵宗邦　李长春公立

【碑阴】

碑额：无

题名：无

　　王福清　王务全　□□盛　□□□　段德旺　杨宗明　李登奎　刘时兴　李存忠　李春荣　生员解宝玉　交里庄　□□钱二千文

　　段生杰　张成名　张生福　房秉全　王有盛　杨宗运　李治国　王万山　史登云　李存胜　刘文山　封时祯　刘连秀　刘时利　刘文进　赵□安　张生有　赵万重　赵宗康　刘正身　赵载盛各施钱一千文

　　赵观仁　赵洪福　李春福　赵菲仁　洪印　杨宗清　赵宗显　刘思

本　监生刘文林　刘宽运　赵宗旺　赵宗成　刘思福　赵宗颜　赵玉玺　赵玉林　□成林　刘文美　武善经　赵□兰　以上各施钱一千文
　　刘文斗　赵万通　赵振林　牛兴奎　赵宗智　赵宗礼　□□　赵纯香　郝进善　安子沟　转天掌　桑林圪台　孙文宝　□□里　以上各施钱一千文

14. 清代捐资碑

此碑现存热留村关帝庙内。碑为竖式圆首，青石质。碑身高 1.25 米，宽 0.6 米，厚 0.12 米。碑文楷书。

碑文记载了捐款人的姓名及具体捐款钱数，至于捐资原因，碑文中没有提到。

【碑阳】

碑额：皇清

题名：捐资碑

　　□□魁　阴再进　赵□先　宋金魁　武建魁　王珩　焦起富　武进珠　冯宇导　和恒号　大庆当　元顺号　李有财　杨有德　孟怀敬　任玉凤　孟日盛　李旺仁　李旺　张守信　韩甫瑶　刘宗元　霍敬宗　苗福仁　赵华　赵永亮　孙文广　唐城赵祥林　王进光　李定富　赵玉盛　杨生金　永盛号　生员李在田　义兴号　张名海　杨洪秀　房有年　曹沛□　朱傅仁　张耀如　李世魁　孙桂荣　关生富　张恒礼　柴元林　张怀有　周洪福　周广年　王时玉　赵万荣　韩文英　张有福　任学敏　庠生景成春　周大烈　刘秉礼　景生德　李宗唐　赵炳　房宝山　孟正龙　尉修和　李成芳　段小功　程大魁　曹成孝　刘万盛　李占鳌　乔洪盛　程大进　李英　李明桂　乔思祥　武光魁　高文贵　梁复候　马大杰　范常祥　张万廒　柴万仓　任世臣　张

有宝　张远　韩花容　王荐　张达　韩大金　韩廷常　韩大雄　韩大奇　周显　乔振先　乔凤先　武进宝　孙承业　赵凤林　天恒店　复兴号　义和号　肇元号　金盛号　义盛斗　万寿店　大兴店　年兴号　李智信　常生瑞　兴隆当　尉万库　杨文仕　刘作贵　张九思　马如祥　王兴　赵玉龙　李惠　乔文山　刘进　秦义太　范盛　刘侠　李如元　李金元　李时通　李为福　郭大岗　吴秉忠　吴显忠　吴印忠　孟有年　刘金凤　乔清林　赵来银　宗兴号　宋行成　吴仲元　马建寅　马建荣　李世库　牛大贤　薛如宝　曹兴举　复兴号　武思寿　天成号　张□杨　解连元　张如英　杨得贵　刘积业　阴□□　阴□□　李萝舜　李萝太　李萝元　宋文杰　房世玉　吴加元　孟叶熊　孟梦熊　张居宝　房有登　王明盛　张福寿　弓法财　李太清　任玉林　孟维敬　赵大观　秦学康　刘尔瑶　得意号　苗文仁　常日顺　以上各施钱五百文

赵大法　刘安定　郝人纪　刘安住　孟和敬　刘胜蛟　阴永贵　孟立敬　杨福财　孟彭年　元学文　李怀元　石怀瑜　石永华　赵虎山　赵福成　范茂荣　双合号　刘库　李继宝　刘东兴　周春元　张秉奇　曹来管　柴选科　生员石翰　庠生祁□　房继明　赵国亮　刘世杰　张清贵　武自成　师建彪　冯宗彦　张宗德　关生武　乔金福　王斗荣　孟得福　李在福　韩大华　杨生奇　李法宝　赵成林　赵成功　赵大富　刘万庆　刘永年　郭亮　刘明耀　刘万廷　师义　张来福　周东山　苗庆历　李学顺　李学新　李学才　杨曰秀　杨有富　周大朝　孟昔龙　刘逢太　任汉臣　史万富　刘金盛　段尔敏　王建德　马登程　杨文忠　张永保　郑万益　王大芳　房有盛　张陈氏　王明金　段尔祥　杨文才　杨文贵　洪兴号　李光明　刘景荣　刘黄甲　人和当　合成当　张曰□　乔清柱　怀太号　杨如县　闫彭年　范天喜　王希宁　刘花　郑玉　师有训　师有瑾　赵成瑞　藉顺　师进元　焦起云　陈世杰　秦有法　武生赵占奎　杨宗堂　苗文礼　王天

富　黄清贵　杨洪元　王继舜　张荣　郭洪祥　吴起达　崔福管　马大龙　王作相　李绍志　景智虎　生员王正国　李三更　王希顺　郭万清　张国荣　以上各施钱四百文

　　张学全　张兴德　刘俊龙　张洪玉　党钟泉　张万宝　吴永兴　李攀虎　云集斗　樊兴义　荀思贤　李存科　房福仓　李时玉　苗生花　任世奇　冯有保　董万仓　赵玠义　董杰　赵礼　秦惠元　周克忠　周大智　耿学顺　姚天顺　温德　卫高元　郭永喜　韩有金　梁锁福　薛宗圣　田德盛　乔万富　李如松　马福元　藉立纲　李鹤翼　许连明　胡连科　李洪杰　常法　杜可柱　尉魁元　许九江　天顺店　张兴　郑万章　武奇　李世武　以上各施钱三百文

【碑阴】

碑额：重修

题名：各位已施钱数碑记

　　李元盛钱十二千三百文　赵景武钱五十千文　赵仁麟钱八千文　李春华　李春荣钱十千文　赵长兰钱五千一百文　赵履端钱十千文　刘积成钱四千一百文　周东臣钱五千二百文　杨学玉钱五千四百文　赵德麟钱四千六百文　赵宗财钱三千文　李春元钱二千八百文　赵大福钱二千七百文　赵明麟钱二千五百文　赵春元二千五百文　赵丙兰钱二千二百文　赵智麟钱四千四百文　刘建通钱三千文　赵云龙钱二千三百文　李生贵钱三千三百文　赵天元钱二千二百文　赵连元钱二千文　张居英钱二千文　赵占先钱二千文　赵云汉钱二千文　赵福山钱二千文　刘五钱二千文　赵新麟钱二千文　逯天元钱二千四百文　房居凤钱二千七百文　田复林钱二千文　赵宗新钱二千文　赵宗学钱二千文　赵云城钱一千五百文　刘建礼钱一千二百文　赵长乐钱一千一百文　逯长建钱一千一百文　赵步先钱一千文　赵万镒钱一千

文　赵永刚钱一千文　赵达娃钱一千文　刘建富钱一千文　武生房玉堂钱一千文　房居封　房居兴钱一千文　赵纯学钱六千一百文　刘全仁钱六千一百文　刘一兴钱三千一百文　赵桂元钱二千文　赵宗江钱三千六百文　刘全甲钱二千三百文又钱五百文　田福荣钱四千文

五、晋城市巴公镇渠头村关帝庙

渠头村位于晋城市泽州县巴公镇，地理位置优越，交通便利。渠头古称渠邱、堀头，历史悠久。渠头村中庙宇众多，排列有序，与阁楼栅栏一起构成了渠头的阁镇布局。渠头关帝庙位于村中部偏北，在渠头村有着十分重要的地位。它不仅是祭祀的所在，还是村中处理大小事务的公共空间。渠头关帝庙始建年代不详，据康熙三十六年（1697）《重改修关帝圣像记》记载："吾乡关夫子庙，讳李公祷子有验而创建者也。"从碑文中可知关帝庙是李家人因祷子有灵而创修的，明清两代多次修葺。关帝庙原为两进院，并建有戏楼、看楼等。现存正殿三间，偏殿六间，并东西楼两座、山门及东西耳楼各三间。2009年经村"两委"研究决定，重修关帝庙，并根据康熙三十六年（1697）《重改修关帝圣像记》重塑正殿神像，历时近一年完工。如今，关帝庙已经焕然一新，每逢节日，村民都会到此来烧香祈愿，逛庙赶会。

1. 清康熙三十六年（1697）重改修关帝圣像记

此碑现存渠头村关帝庙内。碑为竖式圆首，青石质。碑身高1.67米，宽0.60米，厚0.19米。碑文楷书，保存较好。碑文由张纯撰并书，段克猷篆。碑文记叙了关帝庙创建、重修及关帝神像几经塑造改变的过程。

【碑阳】

碑额：无

题名：重改修关帝圣像记

□□有关夫子，犹佛中有观世音，皆百十万亿，且自散满于天地之间。虽十室之邑，三家之村，无不肖其像而祀之者。盖以其能悯人疾苦，救人危难，又不以为烦，而所求辄应，故尸而祝之耳。吾乡关夫子庙，讳李公祷子有验而创建者也。圣像雕自广陵衣冠，悉从汉创，以神为汉汉寿亭侯也。明万历朝，神数有冥佑，功昭封伏魔大帝神威远镇天尊。太学生李公讳玗等，居恒事神为最虔，闻是命而书扁以表章之，复相议曰："神已俨然帝矣天尊矣，而冠裳如故，非所以尊瞻视，重恩荣也，寻当易以冕旒焉。"心许之而未即果行，无何其仆夫驱车经庙前，适有刘氏子嬉戏道左，迫不及避而仆于途，车轮循腹以过而竟得不死，人咸谓神之庇也。玗等遂毅然而酬前愿矣。独计衣冕之更不无形貌之损，心又弗忍也。乃移原像于殿之东楹，另塑一像于正中，端冕凝旒，穆然帝者之威仪焉。两侧又增侍像六尊，复请西真武庙十帅中之站像，而奉诸殿右。非徒取其三相匹也，亦谓帝与天尊，不宜仍居帅列耳。玗等于神可谓备极尊崇也，与不宁惟，特选良工制宝龛三楹，精巧夺目，尤为当时巨观。而龛外复各增置几筵以为陈设俎豆之具，庶几于事神之规制无少缺略焉尔。斯举也，乃侄秉直经理之功居多焉。玗与玮等但授以意旨而已。迨及皇清顺治庚子，太学生建中李公率乡人重修庙貌，百务聿新，赫然改观矣。而两壁所绘神之讳汉迹脱落殆尽，未遑谋及也，秉直子，俸予受业师也，矢心丹臆而力久不逮，前人爱募同志者而金碧之，功竣之日，业已伐石贮庙，将永乃祖父及诸善士名于无穷。而年不符德，遂赍志以殁焉。康熙丁丑，世弟祚隆，为进之季子，恳予而言曰："先祖父咸有功于神，不复镌片石以留，且迹得勿怨恫九原乎，敢求吾子一言以志之。夫以三世未竟之志，未显之事，而欲以竟诸一日，显诸千秋。如祚隆者，亦可云贤且孝矣。予何容以不斐辞。因思天下肖神像而祀之者众，从未有一堂而三肖其像者，亦未有一氏一族而一修再修如玗等叔侄父子者。吾推其心，谓此悯人疾苦救人危难一同观音大士而有求辄应，略不自以为烦之、关夫子，虽百千万亿，其身散满于吾乡之中，俾吾乡人永无疾苦危难而后快。又何嫌乎三像数像之多，而惮夫一修再修之劳哉。然则谓李氏之叔侄父子与神中之关夫子佛中之观大士同一婆心可也，是诚不可无以志之也。"爰追叙其原委而考之石。

  康熙三十六年岁在丁丑闰三月上巳之吉

  郡庠生张纯沐手拜撰并书

  郡庠门人段克猷沐手拜篆

  住持僧寂悟

  玉工续得云　续得海

2. 清康熙四十八年（1709）关帝庙创建西偏殿六圣祠众姓施金碑

此碑现存渠头村关帝庙内。碑为长方形，青石质。碑身高0.4米，长0.6米。碑文楷书，碑文中部剥泐不清，保存一般。

碑文记叙了关帝庙创建六圣祠村民捐款捐物的具体信息，其中还有财神会捐椽檩等。

【碑阳】

碑额：无

题名：关帝庙创建西偏殿六圣祠众姓施金碑

  岁进士李云宝施地基一段　柳树一根　青石十丈

  候选州同知原珽已施并募共银十两

  监生焦鉴施银五钱　李佩□施银一两

  李珽郊施青石三丈五尺　李自笔己施并募共银八两八钱

  王份施梁三根砖五百　陈□施银二钱

  张怀己施并募共银十两五钱　张大志施柳树三株

  李珩施银五钱　张干施银五钱　原胤彭施银五钱　薛俭施银一两

  郎梜施银一两五钱　郝守成施银一两　张琔施砖一千　李提施银三钱

霍桂林施银二钱　董家旺施银二钱　李邦泰施银三钱

李蒙琰施银三钱　徐玺　李文杰施银三两　晋元斗施砖五百

司天禄施银二钱　赵宗胤施钱三钱

庠生李文秀施银四两　牛瑛施银七两

财神会橡檩作银三两四钱　郜忠施银一两

李自法施银一两　众姓人工五十工

纠首李文秀　牛瑛

玉工续蒲　续兰捐工勒石

大清康熙四十八年三月十七日吉旦

3. 清乾隆十五年（1750）复起路灯会碑记

此碑现存渠头村关帝庙内墙上。碑为长方形，青石质。碑身高0.4米，长1.2米。碑文楷书，保存较好。

碑文记叙了路灯会起源及费用状况。从碑文记载所知，路灯会是在七月十五盂兰节和正月十五元宵节时，在村中主要街巷布置花灯，一方面用来超度孤魂野鬼，一方面也是为了供人们娱乐游玩。当时村民感叹"旧会已属不振，今鸠聚善士捐谷二十二石，即恳住持海月和尚经理。谷十六石，令其出息办灯食，讽颂接引"。可知路灯会历史由来已久，并且有自身运作机制，"余谷易银，首事等分存出息，以备神前香烛之用"，用物换银，银钱生息作为会社的收入来源，作为其长期存续的核心，类似这种做法在很多传统社会乡村庙宇、会社等组织运转中随处可见。

【碑阳】

碑额：无

题名：复起路灯会碑记

路灯会者，光明澄澈所以济十类孤魂超然迷途也。期拟于每岁七月望夜，盖欲藉盂兰之法力，洪溥济于无涯耳。旧会已属不振，今鸠聚善士捐谷二十二石，即恳住持海月和尚经理；谷十六石，令其出息办灯食，讽颂接引；付乐工张玲麟谷三石，令其出息裹盛举鼓吹前导；存谷七石余。费用之外，余谷易银，首事等分存出息，以备神前香烛之用。庶乎善事永久，济阴弗坠，孤魂等众蒙被于无穷也已。捐谷姓氏详列于左：

李动捐谷一石　李俊　原大本　张君眷　李安葆捐谷一石　李元公　桑奉林　李仁　李闻远捐谷三斗　简斌　陈必盛　张学先　李承干捐谷二斗　牛必成　张锐　贺文魁　德生兴捐谷二斗　崔万金　孔毓美　原逊　李瑞捐谷二斗　王松山　李小劭　李永年　薛林　唐兴旺　牛必强　张霞举　李荣　薛永德　韩之彦　郭旺　李仲　李凤仪　原铎　赵兴荣　陈永德　李怀邦　李栗　李承文　段肇先　郭坤石　张天泽　孙建功　李松　郭俊杰　张景祥　张楫　焦琏　李光祥　王广绎　李全　赵应发　姜明体　张典　张佩　张进财　司坤　马全　王得印　李安声　王得福　张其发　张其麟　李庄　王金镶　张福聚　黄金生　原美成　张君惠　张煜　靳有法　李议　史法　陈玫　□全美　王相　李仙□　□君　薛会先　田培德　李福印　王健　张应才　司宣　李光宗　张彪　赵仁杰　冯印　张可祥　王永成　王丙吉　侯镇远　李韦　史建明　李国棠　彭玺　张番　李建试　林天尤　刘奇　靳子宽　王之淮　张顺　李方成　孙大祥　李名　刘廷先　李自义　黄攀　贵桂　刘玉佩　焦义　李裕良　原斗　樊福　李维扬　董帅闵　张遐龄　李全义　张瑾　牛发　陈圣格　张鸣　段全　赵开基　宋文举　成绍烈　成宗生　黄恺　陈圣章　王金玉　王廷诏　周广禄　范大禄　秦瑗　申宏　段林　李发　段可成　陈渭　陈应昌　王又新　李儒　赵琏　张建功　晋宴　姜文相　陈九敬　赵绪　陈殿玉　吴贵荣　原祥　张宗可　赵文俊　董永泰　黄义　张克礼　李兴　李淑兴　陈恋　张宗海　吴本太　韩祥　樊存礼　崔松　吴顺　以

上各捐谷一斗

  首事陈瑄捐谷三斗　韩之见捐谷二斗　李奇祥捐谷二斗　赵文廷捐谷二斗　赵玉捐谷二斗　续廷美捐谷二斗　张发贵捐谷二斗　赵宗顺捐谷一斗　李麟捐谷一斗　侯廷栋捐谷一斗　陈惠捐谷一斗　贾秀皇捐谷一斗　侯廷相捐谷一斗　孙廷弼捐谷二斗

  纠首张聚捐谷二斗　张惟谨捐谷三斗

  大清乾隆十五年岁次庚午孟夏秋中浣吉旦

4. 清乾隆五十二年（1787）堰头北白衣阁募金置田碑

此碑现存渠头村关帝庙内。碑为长方形，青石质。碑身高 0.4 米，长 0.8 米。碑文楷书，保存完好。碑文由李逢春撰文，王锡书丹。

碑文记叙了渠头村白衣大士阁修补的经过。碑文详细记载了善士所捐钱数及捐款使用的事项。

【碑阳】

碑额：无

题名：堰头北白衣阁募金置田碑

  从来巷有善士则募化广，僧有庙田则焚修勤。村北白衣大士阁，自创修以来庙田有限。丙午冬，绳武晋君在河南叶县募金三十两，又合本巷所捐置田数亩，其所补于焚修之□者，岂浅鲜哉。事成，诸君谓众善士之功德不可没，于是乎记。

  邑庠生李逢春撰文

  六有堂王锡书丹

  张永发捐银三两　陈兴太　侯瑞发　孙九和　以上各捐银二两　宋恒俗捐银一两五钱　元益号　程义兴　吴锦荣　以上各捐银一两二钱　晋绳武捐银一两一钱　永顺号　常广太　王公典　永发兴　晋

统　晋瑞太　以上各捐银一两　李憎　李逢春各捐银五钱　共捐银二十二两二钱

置地使银二十两零五钱　计地三亩三分　勒碑使银一两七钱

住持广兴

乾隆丁未仲春穀旦

玉工司□元

5. 清乾隆六十年（1795）息讼碑

此碑现存渠头村关帝庙内。碑为长方形，青石质。碑身高0.3米，长0.5米。碑文楷书，保存完好。

碑文记叙了李姓人家与关帝庙庙产纠纷调解的过程。

【碑阳】

碑额：无

题名：息讼碑

　　村北有庙田十二亩，乃故官李公邃养为替度僧普文而施也。事在乾隆初年，迫李公病没后而家道式微，所有贷僧银一百四十两未及归（楚）[楚]，而普文寻亦物故，及僧人通休执券索讨，李已无力偿还。经众调处，议以此地作抵，并益以什物，重立施约。于今有二十有五年矣。兹以官裔李子新祚，复认旧物，庙僧执理拒之。又债韩子为璋等仝合社融说，公同酌议，略理原情，助钱五千文。自此以后，永属常住养赡之资，非复李宦之旧物矣。葛藤既断，争端永息。因记其颠末，以示奕禩云。

　　同乡地李双全　陈建鉴

　　住持普治

　　大清乾隆六十年岁次乙卯浦月立

6. 清嘉庆三年（1798）嘉庆三年告示

此碑现存渠头村关帝庙内。碑为长方形，青石质。碑身高 0.3 米，长 0.75 米。碑文行书，保存完好。

碑文记叙了凤台县批复巴公十三里办理公务请求的过程。

【碑阳】

碑额：无

题名：嘉庆三年告示

干嘉庆三年二月内，因抚宪过境，巴公里地方赵全德、李思尧以违阮抗，公恳恩电夺一词，禀附近双泉、河西等一十三里帮办差务在案。蒙□天李太老爷批候，饬原差李义等传谕双泉等里乡地，遵照前票公（共）同摊办，勿得推诿。□干究处双泉等里乡地原恺等，以藉端渔利。公恳电鉴，具□言各里皆有应办公务，从无帮办他里之例。蒙批：原差公（共）同双方，查明该里历来章程，京覆该原差秦裕虎兴。查明历来章程京称，双泉河西等里原其帮办情事，各里照旧各办各里公务，蒙批据禀已悉，着即销案。谨将此事原委，据案大略勒石为记。此卷存凤台孙工房。

计开双泉里　河西里　水磨里　官西里　薛庄里　李村西里　板桥里　四义西里　郜东里　四义东北里　来村里　官庄里

堰头镇合社同乡约常垒山地方吴本昌等公勒

7. 清嘉庆三年（1798）公议乡风十二劝

此碑现存渠头村关帝庙内。碑为长方形，青石质。碑身高 0.65 米，长 1.47 米。碑文行书，保存完好。

碑文记叙了当时村中公议十二劝规定以正风俗。鉴于当时随着渠头村商业经营活动增多，富户越来越多，骄奢淫逸的风气快速滋长，很多村民不知礼数，村中耆老共同商定了十二条村规来约束村民的行为。正如碑文中所记载的"村之盛衰本乎天，兹恐人未可转移也，不知人定亦可胜天，先哲之言原不我欺，愿与同人勉之"。这十二条村规从各个方面对村民的日常生活行为进行了约束：劝人们能勤朴节俭，去除骄奢淫逸的风气，除掉身上的陈规陋俗，不准赌博酗酒，不准容留匪徒，不准损毁他人坟墓财务，不能胡乱制定乡约，提倡人们待人和善，尽量减少争讼，还要栽桑养蚕，勤于农桑。这十二劝从多个层面、多个角度全面地、详细地规定了乡民的行为准则，很多内容对当代乡村社会治理都有重要的借鉴作用。

【碑阳】

碑额：无

题名：公议乡风十二劝

  吾乡旧称盈富，人尚勤俭，风俗淳良，传闻远近，即或人情往来，宾朋宴会，亦止联情尽意，并无奢侈过分之举。迨自消乏以来几三十年，而村之殷富较昔胜时十不及一，奢侈之习，兹倍遏之，抑且积习相染，日趋汙下，渐有不知揖让为何说，苟不亟亟挽回，将来何所废止也。因与同人完其匮乏之由，审其事之易行而无害于理，且于村中大有益者十二条，共相劝勉，庶而转漓为淳，而风气归厚矣。或有辩者曰：村之盛衰本乎天，兹恐人未可转移也，不知人定亦可胜天，先哲之言原不我欺，愿与同人勉之。

  一议劝人酌减冗费。凡遇亲友有喜忧大事，不许邀公分书绩幅为情，盖身家有丰啬，往来有厚薄，无如随其力量自送干礼，则两有益也。

  一议劝人崇俭去奢。凡有喜庆大事，宴客方许用十二器，其余寻常谊会，无如遵谭宪台五簋约，奢俭得中，共相奉行，此不惟可以节俭，亦古人会数，而礼勤物薄，而情厚之意也。

  一议劝人剪除陋习。凡亲友中或嫁娶、发引、回灵等事，不许以灯笼为情，如有实在契好，愿助灯笼者，事主亦不赏犒，此亦杜恶俗免争端之一要着也。

一议劝人不可争讼。夫讼则终凶，其贤谆谆告诫，如实有冤。抑自应赴官诉理，倘系口角征嫌以及琐细等事，仅可凭乡党中有德之人从公里处，仰体长官息事宁人，至意何等妥协，而必欲以健讼、唆讼为能，扰害乡里，甚至挟嫌泄怨，劈室嫁祸，必欲破人之财而快，风俗之坏莫此为甚，自今以后如遇此等事件，凡我绅耆乡地同至公所，以理论断，不服者送官究治，此亦除刁风之急务也。

一议劝人戒赌。夫赌博一事，前人谓之迷魂阵。信非诬也，不然何以使人一入其局，不至身败家倾而不止。彼日以为业者，无已若旧家子弟素有正业而亦蹈此，莫能省悟，甚至父母兄弟因劝征而生家庭之爱，妻妾子女为抵债而起分离之惨，前鉴昭昭应亦知警，自今以后人能不近赌的□亦转穷乏，而为富厚之大关键也。

一议劝人不得滥举乡约。盖乡约原有约束一乡之责，苟非其人必受其害，向来原系遵官明谕，本村绅耆公议正其人，老成历练有为作者，方许举报充应，若使乡地自行举报，不无弊端，其法至善，遵行已久，往后仍照旧，勿得任情滥举，至上不娱公下不愤事，亦培植风俗之善法。

一议劝人不得容留外来匪人。夫容留匪类，官禁甚严，而多不遵者，何也？盖迷于目前之小利而忘犯后之大祸也。兹特谆切相劝，凡我村人，以及庵观寺院，皆亦遵行，知匪类之不可留，至拐带盗窃诸事可渐弭也。

一议劝人洁净街道。夫街道原非堆灰压粪之所，一值下雨。行人几无下足处，正可恶也。况当街堆灰压粪，不惟一股败气且属奉官禁，何得不知畏惧，自今以后，人知扫除街道，令人望之亦村中一大旺气也。

一议劝人不可酗酒骂街。盖人既同乡，则非亲即友，岂得无故肆行骂詈，如果与人有嫌，不妨指名段论，乃使一人恶我，而波及合村，五里正矣，从今人知此事为非，则不长厚之俗也。

一议劝人不可无故演戏行会。夫听歌观舞以悦耳目，当间阎盛时，犹之可也，值此消之际，每见演戏行会因收数十，久之，钱穰成嫌隙，致干词讼，不独贻笑四方，且愈形一村之难堪也。自今以后除春祈秋报及应敬神外，不可无故演戏行会，亦可省无益之费也。

一议劝人勿毁人家坟茔树物。夫谁非人子孰无坟茔？一荆一松几经年月而后成，乃竟忍心害理，肆行盗伐，古至连石碑等物，亦俱窃毁，此岂非王法之容鬼神之所不宥者哉，兹特行劝谕，能痛改前非，互相照应，则守望相助之风亦可复见于今日也。

一议劝人栽桑养蚕。夫蚕桑为王政要务，古之后妃皆躬亲之，况庶民乎，旧年曾道府宪示谕，已经勒碑而栽者，尚属寥寥，由于不知蚕桑之益故而。夫植桑养蚕，不惟克勤女工。且卖茧得钱，足够完粮纳课之需，其利亦何普哉，今再慨切奉劝人知蚕桑之当务，则亦勤俭之旧俗也。

嘉庆三年三月榖旦

8. 清嘉庆二十一年（1816）渠头村改中里碑记

此碑现存渠头村关帝庙内。碑为长方形，青石质。碑身高0.4米，长0.55米。碑文行书，保存完好。

碑文记载了渠头里于嘉庆二十一年（1816）由上里改为中里一事。据《凤台县续志》记载，凤台县分东、西、南、北四乡，北乡共二十六里七十六庄，渠头属北乡河西里，领四庄，村中分为四大社八小社。嘉庆二十一年（1816）六月，渠头由上里改为中里。

【碑阳】

碑额：无

题名：渠头村改中里碑记

向来吾村办公原系上里。近日村中空匮，如遇公事，仍照上里办理，拮据无力，诚恐有妨公务未便。因于嘉庆二十年，办仓务毕，绅耆李奎光等以公恳改易里分，以昭均匀，以便公务等语，呈请洪悉电鉴。蒙批，谅系实情，照所请行，各房存案，既蒙恩准，理合铭石以志感云。

绅耆李楚　陈俊　李奎光　韩为璋　原嗣宗　李如弼公勒

嘉庆二十一年六月榖旦

9. 清道光三年（1823）嘉庆二十四年免出借仓谷碑

此碑现存渠头村关帝庙内。碑为长方形，青石质。碑身高0.4米，长1.2米。碑文楷书，保存完好。

据万历《泽州志》记载，州内即清代凤台县境设有社仓二十所，分布在周村、七岭镇、渠头、四义等村镇，可见当时渠头村中已有社仓。清朝建立后，下令整饬各地仓储，社仓又恢复起来。碑文记载了渠头村有关社仓方面的分布、管理等情况，根据碑文记载内容可以了解清代社仓制度。

【碑阳】

碑额：无

题名：嘉庆二十四年免出借仓谷碑

嘉庆二十四年九月二十四日，内阁奉上谕，成格奏查明山西历年出借民欠仓谷恳恩豁免一折。本年朕六旬大庆，令各直省查明从前出借籽粮、口粮、牛具等项，有贫民力不能完者，请旨豁免。兹据成查明，山西各厅州县节年民借未完仓谷实数，具奏所有：岢岚州等十二州县，自嘉庆十六年起至二十二年止，共民欠常平仓并大有仓谷一万三千六百石零；阳曲等二十六州县，至嘉庆七年起至二十三年止，共民欠社仓谷七万八千三百二十石零；阳曲等二十七厅州县，共民欠义仓谷三万八千三十六石零。俱着恩豁免，用示朕惠洽蒸黎，恩施无已，至意，钦此！

钦遵在案。渠头社庙，分贮社仓谷二百八十六石八斗四升八合六勺。嘉庆二十三年六月内，阴雨连绵仓房倒塌，损坏仓谷一百三十八石七斗六升四和。二十四年三月内，前任陶太爷奉宪文，确查各仓积欠。经旧社长薛君重之子薛钊出具甘结，据实禀明。四月初十日蒙批。候橐祥甘结，粘单存查等语附卷。陶太爷据禀申详，本年九月内，钦奉上谕，加恩豁免。除豁免外，本社净存贮社仓谷一百四十八石零八升四合四勺，案存仓房，有卷可查。

道光三年五月既望大社公立

10. 清道光六年（1826）正北社刘爷会分贮仓谷记

此碑现存渠头村关帝庙内。碑为正方形，青石质。碑身高0.4米，长0.4米。碑文楷书，保存完好。

碑文记叙了本村正北社刘爷会分贮仓谷数量及使用情况。从道光三年（1823）《嘉庆二十四年免出借仓谷碑》和此碑可以看出渠头在村中将所设社仓分为四大社八小社，分别是正西、正北、正南、正东四个大社，又按八卦乾坤之位将四大社分为将社、马社、刘爷会等八小社。社仓主要分布于村中大小寺庙中，如关帝庙为正北社所在，三官庙为正西社所在，大王庙为马社、将社所在，白衣阁为刘爷会所在。每社设社长一人，社首数人，各社由执事社首轮替经营，凡遇赈济灾荒等大事时，由各社长公同酌议，统一制定方针，各小社按公议方针进行具体活动。

【碑阳】

碑额：无

题名：正北社刘爷会分贮仓谷记

渠邱村社仓应分贮社仓谷二百八十六石八斗四升八合六勺。嘉庆二十四年二月内前任陶太老爷奉宪文，确查各仓称，又经旧仓长薛君重之子薛钊出具积欠，共结据实禀明。八月内钦奉上谕加恩豁免，除豁免外，本村净存贮仓谷一百四十八石零，案存仓房。道光五年十一月，遵龚太老爷堂断，令西社分贮经理，每社应分贮谷三十七石零。张祥典、吴钊、张立成、郭东林出具领状，存案村中。四社又分八小社，正北社刘爷会按地亩分贮社仓谷仓斗二十九石九斗二升八合，其分贮谷旦外，又分社仓余利地价二银三十二两，社中置仓房一所，将利银使讫。另有清账，存社统为经管。

道光六年十二月二十日正北社刘爷会

11. 清道光八年（1828）记事碑

此碑现存渠头村关帝庙内。碑为正方形，青石质。碑身高 0.4 米，长 0.4 米。碑文楷书，保存完好。

碑文记叙了本镇人范祥麟私自典当北社赵爷神袍等神器，由本镇人张立武赎回的事情。

【碑阳】

碑额：无

题名：记事碑

本镇范祥麟私当北社赵爷神袍旌伞铜锣什物三宗，共当钱五十二千文。祥麟病故，张立武念在会社之家，不忍散会，情愿一家将此什物赎出。共使通本利钱六十千零一百六十文，入社行会。

道光八年七月八日本社公立

12. 清道光二十七年（1847）凤台县严禁扰民告示

此碑现存渠头村关帝庙内。碑为长方形，青石质。碑身高 0.6 米，长 1.3 米。碑文楷书，保存完好。

碑文记叙了凤台知县严禁匪徒扰害地方的安民告示。碑文作者认为凤台一地，是唐魏旧址，"明道之遗风。人尚敦庞，俗称勤俭"。但今日世风日下，人心不古，遇到灾害，发生抢夺事件。鉴于此种情形，发布了禁止强盗扰民的严格规定及相应的处罚措施。

【碑阳】

碑额：无

题名：凤台县严禁扰民告示

　　署凤台县事候补州正堂加五级纪录十次杨，为严禁匪徒以安良善以靖地方事。照得凤台一邑，乃唐魏之旧址，有明道之遗风。人尚敦庞，俗称勤俭。乃世风日下，人心不古。偶遇灾祲，非特强讹借，即纠众肆强，殊堪痛恨！查例载直省不法之徒，如乘地方歉收伙众抢夺扰害善良，照光棍例治罪。又光棍事发，为首者斩立决，为从俱绞监候。又披灾地方饥民，爬强若无器械，人数无多者，照抢夺例记赃问拟，满贯者拟绞监候。如有纠伙持械搜劫多赃，照强盗例，不分首、从，斩决。又抢掠田野谷麦蔬果与饥民爬抢及十人以下又无凶器者，仍依抢夺本律科断，伤人者斩监候。各等语定，例何等森严，法纲其容轻躐。兹值雨泽愆期，适本署县下车之始，即有河西里监生张士德、廪生韩景昌、从九黄锦、生员韩光鉴等，巴公里生员郭维垣、郭连池、从九孙鹏等各请示前来，本署县不忍不教而诛，除饬差严密查拿外，合行申明，例行出示，剀切晓谕。为此示仰合邑军民人等知悉，自示之后，尔等勿宜各安本分，保全生命，勿得偶遇岁歉，纠众讹借，稍不遂意，恃强抢夺，以致身罹刑宪，罪于重辟。倘敢不遵禁令，仍蹈前辙，一经访获，或被告发审实，除将本犯分别首从，按例治罪外，定将狗隐不报之里长、乡地暨知情主谋，意图报复及事后代为设计调停弥缝之人一并从重惩办。本署县言出法随，绝不姑宽，各宜禀遵。毋违特示！右仰通知。

大清道光二十七年七月十四日　告示［押］

河西里渠头村绅士耆庶公勒石

玉工景安斋续君训镌

六、晋城市高平郭庄关王庙

郭庄位于高平市区东北方向15.5千米处，建宁镇的西南部，建宁和北诗、陈区三个乡镇交界之处，地理位置显要，是建宁到高平的必经之路。郭庄关王庙是高平地区现在所知创建最早的关王庙，也是作为村庄中心的关帝庙的典型。郭庄关王庙位于村中心，是村中大庙，始建于洪武年间，万历九年（1581）、万历四十六年（1618）均有重修。万历九年（1581）碑文上隐约有两庑的说法，可能从洪武年间起关王庙就已经有一个院落的规模了。万历四十六年（1618）重修的大圣仙姑庙应该是关王庙的侧殿或配殿。在万历重修之后，郭庄关王庙就在不断地补修和增修的过程中。顺治十二年（1655）补修，顺治十四年（1657）又增修了东北角，到乾隆四十七年（1782）又增修东北角。到乾隆晚期，郭庄关王庙的格局基本成型，后来就没有太大的变动。清代中期以后，郭庄至少先后进行了两次全村的大规模庙宇兴建工程，一次是道光二十三年（1843），一次是民国十一年（1922），整体规模远超以前。庙宇兴建的修庙碑刻均立于郭庄关王庙之中，这从另一个角度表明关王庙的村庄中心地位。

1. 晚明石刻

此碑现存郭庄关王庙山门上。具体尺寸测量较难，留待日后补测。此碑与山门是一个整体，应该是修建山门时刻在上面的，这种做法在晚明以前比较多见。文中有施主字样也是晚明前的特点，此石刻应该是晚明以前的。碑文记叙了施主的姓名信息。

【碑阳】

碑额：善舍施主

题名：无

　　郭顺□　郭志□　郭志□　郭顺理　郭元□　郭顺成　郭顺□　郭□□　郭□□　郭□□　郭□□　郭□□

2. 明万历九年（1581）重修关王祠记

此碑现存郭庄关王庙正殿前西墙上。碑为长方形，青石质。碑身高 0.54 米，宽 1.21 米。碑文楷书，保存差。碑文由廪膳生员郭□□撰，廪膳生员郭维高书，儒学生员姬国光篆。

碑文记叙了重修关王行祠的经过。正文漫漶不清。碑阴部分详细记载了此次重修活动中来自本村和周边地区的捐赠人员名单。

【碑阳】

碑额：重修关王祠记

题名：无

　　高平县廪膳生员郭□□撰

　　高平县廪膳生员郭维高书

　　高平县儒学生员姬国光篆

　　（正文漫漶不清）

　　万历九年（此处漫漶）立

【碑阴】

碑额：万历九年十一月吉旦题名

题名：无

洪武年创立庙人名开列于后：

郭礼谦　男郭□通　郭述周　郭述荣　张谷中　刘钦甫　郭思敬　郭彦才　郭怀术　郭子昭　郭思礼　王□行　郭秀宝　郭景林　刘颙之　刘伯宁　刘怀玉　郭起宗　郭仕贞　郭孟岩　郭怀德　郭宗让　郭景昭　郭景辛　刘羽　刘九思　崔子敬　郭从秀　郭从□　郭大方　郭怀翼　刘谷瑞　郭仲成　郭克中　郭仕能　崔登□　张宗义　郭仲才　郭鹏飞　郭□举　连仁美　石仲安　秦仕通

万历九年修庙人名开列于后：

本县施主郭治统

□□官　崔公进　郭应祥　秦朝辅　李时和　焦汝明　袁奉美　张□才

西火施主袁克

石村施主姬佩道　姬重光　建宁夏九韶

本村施主郭辂　郭朝用　郭廷本　郭廷柱　郭廷庄　郭廷才　郭廷梅　郭廷路　郭朝忠　连孟阳　姬仁道　刘雄　姬仁见　姬分　郭冬　郭汝绪　郭弟　郭秀　郭僧　郭道　郭孟翔　郭孟金　郭孟时　郭孟□　连希龙　连希顺　连汝獬　连汝豸　郭进　郭廷秀　申得全　郭来□　郭廷臣　郭进龙　郭进朝　郭孟良　郭孟秋　郭孟冬　刘登　刘进弟　阎进宝　李春新　郭汝顺　郭书□　郭光弟　郭从恺　郭从慷　郭顺兰　郭顺社　郭顺民　郭应全　郭汝碧　姬仁睦　姬□文　崔连　刘欢　郭岚　郭应河　郭从□　郭朝现　郭应春　郭朝　郭自强　郭应秦　郭自行　郭补　姬仕强　姬仕从　姬仕阳　姬仕林　郭攒　郭治　郭从继　郭□□　申桂花　张怀　郭三畏　刘云　刘奉强　刘仕缘　秦万余　刘凤鸣　刘凤□　刘进忠　李春元

（以下两排姓名漫漶）

木匠申桂□　□□富　申继松　申继发

瓦匠成自能

画匠杨进德

泥匠李□

石匠郭□兰　郭汝准　郭汝莫　郭汝光　（以下漫漶）

3. 明万历四十六年（1618）重□大圣仙姑庙□碑记

此碑现存郭庄关王庙正殿前东墙上。碑为长方形，青石质。碑身高 0.54 米，宽 1.17 米。碑文楷书，保存较差。碑文由赵尚卿撰，韩龙光书，郭完固篆。

碑文记叙了重修大圣仙姑庙的经过。重修的大圣仙姑庙实际上是仙姑殿，应该是关王庙中的一个配殿。此次修庙的发起人中出现了维那和僧人，这一时期的维那已经不完全是寺庙中的职务了，僧人的出现也表明晚明时期僧人有参与关王庙的修建活动。

【碑阳】

碑额：无

题名：重□大圣仙姑庙□碑记

　　　高平县儒学生员庄里赵尚卿撰

　　　高平县儒学生员东韩讳龙光书

　　　高平县儒学生员本村郭完固篆

　　　据言，庙者貌也，逝者不可得见，作宫室以象貌之谓也，祭者际也。生□［者］欲为之见，假奏□以示际之谓也。□［庙］貌而任其颓□，□□［唤无］庙，同际而废其骏奔，唤无祭。□□□坟典志在祷文，偶睹窗友卫宇□□偕维那郭□、郭□、□楼，郭文卿与僧人明住请谒，随□□□北西□□，村名郭庄，乃小□□□□□祠，有土地祠，古为□□□先太□其焕阔，于村中建□□□关圣帝□，其□常

□□神而其□焉，据旧碑记乃于□□，即本村岁进士凤岗郭□□[①]……之德□若□□者，□□万历□□□□慕缘大社，规模两庑对峙，□间有□□□□□观□一新，□□中□北□有仙姑殿焉，□□□□……即获其□□□可谓□□地而膏□□……重建□□圣像以□□□□厦宇，以为□□□□□□特招拂□入□田焉，以备□图计远矣，斯……之体，霜雨赛祷□□或之德此创庙貌垂光而□者赞同焉，奏格以时而□□者愤发，逝者可仰而如在坐者得申神人交际之忱，□虽□□俎豆者礼也，乞灵思成者诚也，祀事持备孔明仪□□青讯不享备乃□而开乃诚神其吐之乎，夫神何以在就人□真诚处即神在，诚何以是就人心之清白处即诚是语曰有其诚即有其神，无其诚即无其神，此见得哉，将我享固庙之大证，要至诚至悫，尤庙祭之大根本也哉，□□□。

万历四十六年岁次戊午年穀旦

玉工赵崇恺　赵□□

4. 清顺治十二年（1655）□处补葺关圣庙记

此碑现存郭庄关王庙西侧殿前。碑为长方形，青石质。碑身高 0.44 米，宽 1.12 米。碑文楷书，保存一般。碑文由夏国彦撰，苏兆书，苏博篆，李举刊。

碑文记叙了与茧用有关的内容。此碑和顺治十四年（1657）《增修碑记》为我们了解清代早期这一区域的蚕茧行业提供了很好的材料。茧用的收入原来归里甲系统的"里老什排"所有。村社认为这些收入应该归属村社，用于庙宇补修之类的公用。这件事情引起了诉讼，知县的判决支持了村社。但是，这件事情似乎并没有完全平息下来，反而矛盾越来越激化了。

[①] 当为郭维高，字凤岗，见明万历三十二年（1604）大山石堂会《三义洞创修碑》。此人也是万历九年（1581）《重修关王祠记》碑的书丹者。

【碑阳】

碑额：茧用入社碑记

题名：□处补葺关圣庙记

　　关帝诞生汉季，迄今越千有四百余年，其英灵豪气，百代如生，万世钦服。晋郡泫东四十里许，有郭庄村者，有帝庙一区，创不可识，究帝之生平而履重修岁月，姓字前后，但□□无容赘言，但其间庙貌颓圮，器皿损折，乡民物力一时难凑，兹村素有平衡蚕茧一行，原为增饰神事之资，无何迁延日久，被里老什排徇称入社，各分而为自私之利，其□莫息问，有乡耆郭景隆等，目击心伤，非今是古，欲为长久之计，于是□请村众聚庙调处□蚕茧牙用，尽系入社，众悉唯唯。遂于本县范县翁案前□领帖文皁造官，称里老什排不得仍前擅自称收，许主神二人，社首二人，总催一人，每年轮流管理，或补葺庙宇，或增置器物，或别神事之用，谁曰不宜？如得用若干，费过若干，现在若干，同□交代明白，即注神历，□社中，所有旗伞等□止，可本村备用，若顺情借使者，天诛地灭也，今日而谋，文□铭为不朽，犹望后之贤人君子，可以遵例循行，共襄盛事，更防后之好诡小人，不得视为利□系豪侵住，任意横行，以违□处之美意。辱请不□为文，自揣庸鄙。敢曰文哉？不过叙其颠末，笔其岁月，立为石久之计云尔。

　　告戒□我人郭景隆等，各年不一，系府下里为讨照防奸事：本村有关圣贤有庙宇，年久倾□，所□蚕茧行抽□采用，公议入社修理，因□恶起争，曾告赴本县范老爷天断，准修庙，使□□□□□仍前不息，又想分肥，不入社中，叩□老爷俯赐准照，以便遵行，神人同感，上告老爷详行准照，大清顺治十三年五月二十九日告。报照状人郭增茂、郭有财、郭景清、郭景□。郭衍广书。

　　高平县建宁镇儒学生员夏国彦撰

　　儒学生员苏兆书

儒学生员苏博篆

儒学生员苏□眉　儒学生员郭十□订

主神郭文焕　苏文宝

社首郭庆善　郭景明

总摧苏进宝

效劳郭永体　苏时远　郭宗大

为首人郭景隆　郭衍庆　郭景清　郭有连

玉工李举刊

大清顺治十二年岁在乙未六月望日立石

5. 清顺治十四年（1657）增修碑记

此碑现存郭庄关王庙西侧殿前。碑为长方形，青石质。碑身高0.4米，宽1.14米。碑文楷书，保存一般。碑文由王□□撰，郭衍庆书，李学让刊。

碑文记叙了增修关帝庙的经过。如上述顺治十二年（1655）《□处补葺关圣庙记》碑文，两个碑文内容都与茧用有关。茧用作为修庙的一部分资费来源在高平其他很多庙宇中也常常出现，为我们了解村庄中各种矛盾提供了重要的材料。

【碑阳】

碑额：茧资碑记

题名：无

尝闻神庙鼎建，原非无因，盖有相地势之佳胜而创设之者，亦有睹风岚之缺□而修制之者，毓灵秀补□□所系祠诚，凡国□者焉，故□□□□□□务求瑞方□轮□□□法必□周众此□□之制□□□□□矣，兹缘泫邑东北郭庄村□□□□[伏]魔大帝庙势□要会五方之秀气攸萃，神威显赫，千古之英灵常振，□□礼告虔者，咸在于斯焉，岂不洋洋一大观哉。惟艮之角，因无地基，稍有所缺，其相沿盖亦有□矣。幸有本□□□□姬业恒、连正新，首事者庠生苏眉、冯德显顿起善念，共相议曰：庙制有□诚中心之抱歉也，遂以□和之茧用为庙中之公费。即恳之基主，基主亦唯唯然而诺之，于是从公议价置□社内买之者，输诚，卖之者亦输诚，此□神□人□之胜事业，□时□□猝虽未□理，然基址有定则，后起之补缀者，不□无地而庙宇之有缺者，亦得完美矣。由是而天赐其祥，地效其灵，□继嘏□迓景福，孰非此基□□之耶！唯恐延缓日久，无知者妄为侵欺□负此诚昔尔为□之故，请命于予，弗能逊让，□敏故叙此俚言，以垂诸石云。

计开：

主神姬业恒　连正新

社首苏毓眉　冯德显

沁邑儒学生员□□□篆

陵邑儒学廪膳生员王□□撰

沁邑儒学生员□□□订

沁邑本村郭衍庆书

顺治十四年孟秋月朔二日竖

玉工李学让刊

6. 清乾隆三十五年（1770）万善同归碑记

此碑现存郭庄关王庙西侧殿前。碑为长方形，青石质。碑身高0.4米，宽0.52米。碑文楷书，保存一般。

碑文记叙了善士给关帝庙捐献的具体物品、银钱。其中，非常有意思的是有人给庙里施舍坑厕，在其他地区关帝庙中非常少见。

【碑阳】

碑额：无

题名：万善同归碑记

  郭怀仁在本庙东北角施坑厕一个

  连荣在本庙滴点[①]后施坑厕地基一块

  郭怀义在本庙滴点后施坑厕一个

  十月初四日，因郭域卖到本庙东北角地基一块，已经受价。郭标与域相争不明，郭域情愿退价。二家同作功德，公施庙内，经庙内修理。其地基四至：东至路中心，南至郭怀义滴水，西至本庙，北至人行小路。四至以里切碓磨浮石根基，俱属庙内之业。立石存证。

  乾隆四十七年十月初九日，因补修东北角院墙房屋，郭怀礼在本庙东北角楼后施坑厕一所、王旭文施银二十两整；

  四十九年二月，郭怀义施银十一两、冯溶施银八两；

  乾隆三十五年秋仲月郭国相等施大院里苇池一所。

7. 清乾隆五十一年（1786）告示碑

  此碑现存郭庄关王庙西侧殿前。碑为长方形，青石质。碑身高 0.45 米，宽 1.5 米。碑文楷书，保存一般。

  碑文记叙了因私收贴费，知县毛振翿革除纳粮贴费陋规的告示。据同治八年（1869）《高平县志》载："毛振翿，涪州（今重庆涪州）举人，乾隆四十九年授职高平知县。"

[①] 即指滴水。

【碑阳】

碑额：无

题名：无

　　特授高平县正堂加三级纪录五次毛，为恳除积弊，以纾民力事，前据崔堪翼等呈称，县属完纳钱粮，除正耗之外，复有柜书私收贴费一项，相沿成弊，甚属□［害］官，吁请革除前来，查贴费陋规，有干例禁，本县到任以来，正拟兴利除弊，以靖闾□□积弊，以相沿日久，稍事因循，致滋扰累，当经批示，据呈出示，永远革除在案，合给示晓示，为此，示仰县属军民人等知悉：自示之后，倘有不肖吏胥，仍前需索，尔等即指名控案，以□按律详究，并将此示刊刻碑石，立于各该里公所，以垂永远，勿负本县爱民之至意，各宜凛尊毋违。乾隆五十一年四月二十六日示。

　　里人乡保地□仝立石

8. 清乾隆五十八年（1793）恩泽普沾碑记

此碑现存郭庄关王庙山门外东侧，笏首方趺。碑为竖式，青石质。碑身高1.44米，宽0.68米，厚0.26米。碑文楷书，保存一般。

碑文记叙了官方所发禁令的内容及发布人。禁碑在关帝庙常见，但此碑是比较少见的一种。有两个其他禁碑所没有的特点：一是发布禁令的不是知县，而是提刑按察使司，这是省里的主管诉讼的机构。二是内容很少见，"永禁：干犯尊长，越诉滋讼，讼棍教唆，金刀杀伤，借尸讹诈，包娼窝赌，崇信邪教，酗酒生事"。这里面所讲的很多事情是其他村庄从未见到过的。这些事情既然在严禁之列，一定是曾经发生过类似事件，与"越诉滋讼，讼棍教唆"相联系，再考虑到这是省里的按察使司发布的禁令，说明郭庄村在这个时候一定有人在越级告状。表明村庄里的矛盾非常激烈，以至于县一级都无法妥善解决。

【碑阳】

碑额：恩泽普沾

题名：无

奉本省钦命山西等处提刑按察使司按察使总理驿传事务加五级纪录十次宪台祖大人大老爷，为明切晓喻事。

永禁：

干犯尊长，越诉滋讼，

讼棍教唆，金刀杀伤，

借尸讹诈，包娼窝赌，

崇信邪教，酗酒生事。

奉本邑特授高平县正堂加六级纪录十二次仁明葛太老爷，为严禁开场聚赌，恶丐强索。

永禁开场聚赌、恶丐强索。

龙飞乾隆五十八年九月初一日

绅士　社首　乡保地公立

9.清道光十□年重修大殿捐资碑

此碑现存郭庄关王庙正殿前东墙上。碑为长方形，青石质。碑身高0.3米，宽0.46米。碑文楷书，保存一般。

碑文记叙了重修关帝庙大殿捐资的具体信息。由于碑文缺损严重，很多信息不完整。

【碑阳】

碑额：无

题名：无

大清乾隆四十年二月二十一日开工，重修大殿上盖九间费用银两于后：

郭岐忠施银十两整

郭之铺施银三两整

□□□施银一两□钱整

郭（此处漫漶）整

闫（此处漫漶）整

郭（此处漫漶）正

刘（此处漫漶）正

闫（此处漫漶）正

郭（此处漫漶）整

（此处漫漶）

道光十□年三月（此处漫漶）

郭熊施（此处漫漶）

郭铄施银一十五两三钱整

郭岐恭施银一十二两五钱七分

申□秀施银五两整

住持照境公立

10. 清道光二十三年（1843）重修诸神庙碑记

此碑现存郭庄关王庙山门外西侧，笏首方趺。碑为竖式，青石质。碑身高1.1米，宽0.51米，厚0.2米。碑文楷书，保存一般。

碑文记叙了道光二十三年（1843）重修诸神庙的经过。道光十八年（1838）到二十三年（1843）期间，郭庄村全村进行了一次大规模的庙宇重修："于是即于道光十八年正月初十日伐木变资，遂与社工允将南真泽宫一概重修，继将高禖祠并戏楼去旧换新，复及松泉寺、关帝庙，无不缺者补之。"从碑文中所记载的各个庙宇修建的花费情况可知，关王庙的花费与真泽宫、高禖祠、松泉寺、七佛殿舞楼四个庙的费用总和一样多，可知关王庙在郭庄村的中心地位。

【碑阳】

碑额：万古流传

题名：重修诸神庙碑记

今夫起因者，前人之所开也，因因者后人之所成也，前人之开不必预计后人之成，而后人之成实因前人之开也。即如余村之神庙居多，共历年深，甚为风雨所飘摇蒲芦之损噬者亦不鲜矣，倘不意为理之，则年湮日远，工程益张其浩大，如若即为理之，则村小力弱，费资将何以周济，念及此能不令人叹其开因之难其事也。然幸有南凤山松树稠密，可选成材以充费用，因与合社公议，凡诸大小无不一一称善乐从，于是即于道光十八年正月初十日伐木变资，遂与社工允将南真泽宫一概重修，继将高禖祠并戏楼去旧换新，复及松泉寺、关帝庙，无不缺者补之，废者修之，殿宇庙貌咸备观瞻，前谓起因者之有开，因因者之有成也。即此是已，兹于二十三年九月内资已告匮，工已告竣，择吉于二十六日酬神谢土，谨伸数语以识始末，以昭来许云。

兴工费钱开列于后：

共费松树五十五株　入钱一千串零零零[①]二百文　又入贴备并卖石灰钱五千零二十二文

重修真泽宫　高禖祠　补修松泉寺　七佛殿舞楼共花钱五百五十二千六百五十一文　补修关帝庙并谢土做碑共使钱四百七十二千七百七十五文　除入净空钱二十千零二百零四文

道光二十三年十二月二十四日

合社仝立

[①] 原文如此，大概为误刻。

11. 清光绪元年（1875）重修关帝庙碑记

此碑现存郭庄关王庙西侧殿前。碑为长方形，青石质。碑身高 0.67 米，宽 2.17 米。碑文楷书，保存较好。碑文由张凤祥撰并书，王发成、李永年同刻石。

碑文记叙了光绪元年重修关帝庙的经过。碑文中详细记载了来自周边地区、村庄和本村的商号、个人等的捐款数量，从捐赠范围及花费情况来看，此次重修活动的规模非常大。

【碑阳】

碑额：万善同归

题名：重修关帝庙碑记

　　盖闻莫为之前，虽美弗彰；莫为之后，虽盛弗传。天下事大抵皆然。郭庄圣庙一区，由来已久，但代远年湮，风雨之剥蚀日甚。自同治元年以来，止戏兴工，陆续修补、重修正殿五间、金妆神像、东西角楼四间、东西厢房十间、舞楼九间、书房五间、南庭五间、牛屋二间，迄今十数余年，功成告竣，黝垩丹陈，焕然聿新。谨将众善士姓名布施一切花费开列于后，刻碑勒石，永垂不朽云尔。

　　郭毓椿领捐

［□邑］□邑关升升捐钱二千文

　　　　荣长和　景泰隆　恒盛号各捐钱一千文

［单邑］凤祥号　王泰顺　荣泰号各捐钱二千文

　　　　恒隆号　福临号　广余长　泰盛号　万聚兴　聚泰和　诚茂合　义盛号　福临和各捐钱一千文

［荫城］大成源　天顺履两户捐钱一千五百文

王玉顺领捐外方钱二十千文

　　□□乐善堂捐钱五千文

周口李恒足　天福麟　王义和　荣昌义各捐钱二千文

□邑同义广捐钱一千文

济宁同盛栈　德盛店　义泰号　复隆栈各捐钱五百文

黄窑源兴店捐钱三千文

　　荣昌和　庆余店　成兴店　王盛号各捐钱二千文

　　万兴店　智生享　三泰店各捐钱一千文

　　李泰和　仁泰来　邱顺兴各捐钱一千文

王治章王广智领捐外方钱十千文

郭村张凤和捐钱一千文

　　程永安捐钱二千一百文

　　张凤岗捐钱二千七百文

　　张修本　杜登云各捐钱一千五百文

　　赵传芝捐钱一千八百文

　　徐锦堂捐钱五百文

　　谢维经捐钱七百文

城里张凤祥捐钱一千文

杨村关洪捐钱五百文

郭泰捐钱四千文

郭琮　赵德福各捐钱三千文

郭珍捐钱二千文

郭永立　刘随则各捐钱二千文

郭来顺　吴永发　郭国英　郭聚田　焦铭　陈双喜　申跟林　郭冬贵　郭加秩　郭继武　姬学礼　郭毓棒　郭毓林　王广智　郭聚元各捐钱一千文

姬贤捐钱一千五百文

孟元成　郭德兴　姬庭训　姬泰昌各捐钱八百文　郭恒泰　郭永昌　姬喜成　白培　郭成聚　郭振安　焦丙午　郭新兴　郭毓标　申

聚　郭影昌　郭辅众　郭喜福　申运生各捐钱五百文　刘接贵　申福则　杨治国　刘长福　李守国　申五和　申全有　郭立迥　张镇嵩　韩智　韩景元　马加泉　郭群姐　郭喜来　申体安　郭万景　申光密　郭马孩　韩成松各捐钱五百文　傅红温　申冬贵　申坪　武天顺　焦□则　郭德旺　张永聚各捐钱五百文　申张孩　申良廷各捐钱七百文　冯延令　郭发孩　连均恒　刘广生　申五魁　陈元喜　焦运发　郭永强　申良元　姬富荣各捐钱四百文　刘根元　申五祥　王荣孩　郭牛孩　郭逃命　马加安　郭金成　申荣贵　郭泰襃各捐钱四百文　申创命　申路女　郭泰则　姬增义　陈来香　郭密　郭毓荣　秦创成　郭黑则各捐钱三百文　姬占文　申命则　申五文　赵奉先　□本发　□文有　姬贡发　陈稳发　郭小孩　连继兰　刘广才　申永来　王扎根　刘广发　王长荣　刘万恒　韩四孩　王中喜各捐钱三百文

　　申改名捐钱六百文　申保兴　郭桐花　□存善　傅泰锁　韩振业　韩长和　郭余贵　郭林旺　郭维兴　郭安柏　申脊令　郭双月　郭金喜　申瑾　郭恒吉　陈长松　姬增礼　李太成　郭毛姬各捐钱三百文　郭长发　郭中伦　王二计　郭加□　刘茂□　刘海运　郭雪荣　郭狗孩　郭建智　郭保山　袁五三　韩五孩　郭发贵　韩黑孩　韩长喜　郭永智　郭毓栋　王聚义　李荣富各捐钱三百文　郭加宾　郭鹏程　刘长贵　申兴孩　龚黑漆　王茂孩　苏福贵　郭有余　□小孩　王绪□　圆胡庵　袁余禄　申良璧各捐钱三百文

　　施木柱二根

　　捐钱三百文

　　施杨树二根

　　又榆树一株

　　维首郭长春捐钱十五千　申埧捐钱十五千文　郭长生捐钱十五千文　王玉娟捐钱十四千文　涉治章捐钱十二千文　郭杰捐钱九千文　马

烈　武天裕　申良海各捐钱八千文　郭毓椿　郭佩各捐钱五千文　刘合盛捐钱四千文　申良生　申玉　郭存仁各捐钱四千文　申良生　申玉　郭存仁各捐钱三千文　申永兴　王玉泰　郭振堂各捐钱二千文　郭德和捐钱二千文　郭继贤　□镇善各捐钱一千五百文　郭毓槐　涉新才　郭存荫各捐钱一千五百文　郭羊孩　郭林泉　郭岚各捐钱一千五百文　郭恒昌　申来好　郭和成各捐钱一千文　郭春礼　□永源　郭耕成各捐钱一千文　郭玉则　连如意各捐钱一千文

共入大社钱一千一百一十七千三百七十一文　共入布施钱三百四十四千八百文　共入卖树木钱七十九千七百四十一文

以上通共花出钱一千八百零四千二百三十八文　以上除出所入　净缺钱二百六十二千三百二十六文　卜大社

大清光绪元年岁次乙亥孟冬之月吉日

泽州府儒学郡庠生张凤祥撰并书

玉工临县人王发成　李永年同刻石

住持隆升

阖社仝立

七、晋城市高平寺庄镇寺庄村关帝庙

寺庄镇寺庄村在高平市北面，距离高平市中心大约 10 千米，为镇政府所在地。依据现有碑刻及资料，可以断定，寺庄村南关帝庙始建年代当在晚明的嘉万年间。当时的寺庄村叫作义庄，大概仅仅有几十户人家，两三条街巷，东西、南北街巷也不过里许。最初的关帝庙创建是以家族庙宇为主要特征，因此，在第一次修葺的时候，捐资出力的依然以"毕"姓为主，无论是碑刻的玉工，还是撰写碑文的镇邑庠生，乃至所捐资数量、类别情况，都说明这一关帝庙，系一般规模的关帝庙，抑或就是晚明时期敕封关羽，民间供奉、祭祀关帝的高潮阶段的产物。作为真正的"关帝庙"是在康熙、乾隆年间才确立的，第一次重修为康熙二十四年（1685），碑上的题额为"重修圣贤庙叙"；第二次重修在嘉庆元年（1796），碑额才为"重修关帝尊神庙"。到了嘉道年间，伴随寺庄镇商贸发展，而希冀增扩关帝庙规模的时候，涉及地界和用地的问题，便需要捐输和购置。光绪年间，才真正创修舞楼，有了较为庄严肃穆的酬神献戏，也充分反映了家族式寺庙的遗迹。到了民国时期，伴随着社会制度、科技交通等变革，寺庄镇的商贸发生较大的变化，不再是交通要道的商埠，而是转型为方圆几十里的集市——粮食交易市场。因此，关帝庙前广场及其戏台都有了用处，进行了最后的修缮和改造。

1. 清康熙二十四年（1685）重修圣贤庙叙

此碑现存寺庄村关帝庙内。碑为长方形，青石质。碑身高 0.5 米，宽 0.94 米，厚 0.2 米。碑文楷书，保存一般，碑表面有多处裂纹，剥泐严重。碑文由李璜撰，暴江立刻。

碑文记叙了寺庄镇东南有圣贤庙，虽创立时间无法考证，但有众人捐修等情况信息。

【碑阳】

碑额：无

题名：重修圣贤庙叙

　　本镇东南有圣贤庙□□，虽未考创自何年，建自何手，由今观之其庙在毕家巷也。吾想创立所费之赀虽未必尽出于毕家，亦未必□不□出于毕家也。或以为迁，试观重修者□耳。今将捐财米捐工力者□□列之以□后有识者。

　　镇庠生李璜撰

　　　　□□会施银三钱五分半　蚕茧会施钱一两□二钱五分　轿会□□七钱五分　施谷□□□　毕右门□施谷二□□　毕□旺施银□□□　毕□□施银一两五钱八分　□毕□□施□　毕□□□□□　毕□□□□□□五斗　做饭三十□□□　毕□□□□□施谷五斗　做饭□□□　毕□□□□施谷二斗　做饭二十七□□　毕□□银八钱　施谷三斗　做饭四工　油匠毕□□施□□□□　施谷三斗　□□□□工　□□毕显昌施□□□　施钉□□□　陶□□钱施谷一斗　□□槐施银三钱□□　□□友施银三钱做□□□　□□光施银□□□　毕□□施银二钱　毕□先施银二钱　施谷一斗　李□玉施银一钱　施谷一斗　□□施谷一斗　施豆腐一□□□　□□□钱　做饭顶土工用　毕彦施□□□二钱　张□　张志洪　李云梯　张□□　李茂　李□□　□□□　□□□　□□□　张□□　郭□□　□元□　毕□□　毕□□　毕玄　毕光正　张孟□　□珙□　张洪之　以上各施谷一斗　毕□施银五分　毕□琳施银一钱　□□施五分　毕首□施谷□斗　毕宗□施银一钱　毕全施银一钱　张门樊氏施银五钱　王门□氏施银三钱　王门张氏施银二钱　郭门毕氏施银一钱　毕门贺氏施银一钱　□门李氏施银一钱　毕门李氏施银一钱　杨门□氏施银一钱　毕门

杨氏施银一钱　毕门张氏施银一钱　毕门程氏施银一钱　毕门李氏施银一钱　毕门张氏施银一钱　毕门苏氏施银一钱　大殿□□使过银九两六钱二分　化壁金妆圣像开光祀神共使用银六十五两五钱五

　　维首毕国洪　毕育龙

　　康熙乙丑二十四年戊子月丁丑日

　　玉工暴江立

2. 清嘉庆二年（1797）重修关帝尊神庙碑

此碑现存寺庄村关帝庙内。碑为长方形，青石质。碑身高0.57米，宽0.94米，厚0.25米。碑文楷书，保存一般，表面剥泐严重。碑文由郭光祖书。

碑文记叙了为准备每年祭祀神灵的费用，乾隆四十七年（1782）税书牛廷玉捐献祭祀钱一百五十千文，希望获取利息，作为每年祭祀的费用，同时郭廷举施地基一段作价二十串等事项。碑文详细记录了捐输人员的姓名及金额数。

【碑阳】

碑额：无

题名：重修关帝尊神庙碑

　　乾隆四十七年有税书牛廷玉劝捐祭祀钱一百五十千文，恳商揭使所得利息，以备每年祀神之费，并郭廷举施□□地基一段，价钱二十串，□□庄首事买庙前□□一段，价银二十两，所有捐输银两与姓名开列于后：

　　李生栋银一两　税书牛廷玉　罚报杨荣银十二两　李家松银八两　税书李库　罚银李天荣银十两　税书李安仁　罚报赵改成银一千文　李洋银十两　郭廷举银五两　李准银十两　常秉钿银十两　杨峻银十两

五班社首郭光玉　毕卿堂　阎有成　李润然　毕卿强共银十两

税书李安仁　罚报恒春号银十二两　牛琨玉银二两　崔克恭银五两　积成典银六两　毕永温银四两　毕卿堂银四两　付珍　付玉龙银四两　郭廷来银三两　孙珏银三两　韦天柏银三两　孙松龄银三两　宝兴号银四两　顺和号银四两　吉顺典银四两　永泰号银四两　升恒店银三两　牛广治银三两　裕成号银三两　齐生堂银二两　刘福银二两　天顺号银一两五钱　毕效甫银一两　常俊启银一两五钱　傅玉贵银二两　郭廷瑞银二两　郭廷观银二两　毕天锡　毕天赐银二两　李成亨银二两　聚中和银一两五钱　毕成周银一两五钱　杨进保银一两五钱　杨承基银一两五钱　毕永法银一两五钱　张廷龙银一两　郭廷有银一两　邰发福银一两　税书李安仁　罚报王改成钱一千文　张旭忠银一两　杨明银一两　杨有德银一两　毕兴雨银一两　郭廷符银一两　张珍荣银一两　郭廷琇银一两　李振邦银一两　郭祯银一两　张义银一两　毕有忠银一两　张得荣银一两　毕润银一两　毕文德银一两　毕振锁银一两　毕永纯银一两　新合号银一两　张万选银一两

总理郭廷举　韦俊盛　李安仁　杨峻　李准

郭光祖书

嘉庆二年岁次丁巳孟春吉日榖旦

3. 清咸丰四年（1854）重修关帝庙碑记

此碑现存寺庄村关帝庙墙壁内。碑为竖式圆首，无底座，青石质。碑身高2.05米，宽0.55米，厚0.21米。碑文楷书，保存完好。碑文由王守贞撰，毕几书丹，牛三孩、郭福林刻石。

碑文记叙了义庄镇创修关帝庙的经过。维首杨理等首倡义举，自勉捐输，而四方好善之士咸乐助之。碑文详细记录了捐资名单及具体钱数，其中有来自全国各地的商号、票号等。

【碑阳】

碑额：无

题名：重修关帝庙碑记

六一居士云："盛衰之理，虽曰天命，岂非人事哉。今观义庄镇关圣帝君庙之工程益信其不爽也。"镇之东南旧有关帝庙，历年久远，风雨侵蚀，人皆观望罔□轻举。此无他，□□〔非常〕之功必待非常之人也。癸丑岁，维首杨理等首倡义举，自勉捐输，而四方好善之士咸乐助之。然犹虑其不继也，又请圣贤会一局。首事者之虑始而图终，亦已劳矣，于是鸠工庀□□逾年而功告厥成焉。今日者，庙宇辉煌，轮奂一新，衰者以盛，废而以兴。

兹将捐资名开列于下：

□攀柱自外省上来

逢源店〔下保土寺〕捐钱二千文　万庆恒〔馆陶〕捐钱一千文　公益当〔大庄〕捐钱一千文　益盛店〔张官寨〕捐钱一千文　元聚号〔大同府〕捐钱一千文　万盛宫　隆景　义盛昌　万有公　恒茂德〔阳高〕以上各捐钱一千文　盛聚恒　广盛衡　聚盛衡〔贺钊〕以上各捐钱一千文　广聚店　信昌号　义兴合〔张洛〕以上各捐钱一千文

西山营

复亨敬　复诚德　福德瑞　顺义昌　源义恒　福升长　信成德　福德恒　以上各捐钱五百文

张营寨

聚兴号　恒兴和　万聚号　福厚德　源德昌　源盛恒　以上各捐钱五百文

威县

协成公捐钱五百文

潞邑

牛布云捐钱五百文

代王城

元义兴捐钱五百文

柴沟堡

德顺玉　德盛昌　以上各捐钱五百文

蔚州

德木裕　德隆裕　隆丰永　以上各捐钱五百文

郭铭学捐钱十千文

杨清华　张德辰自外省上来

官亭

森裕恒捐钱三千文

洪善堡

元成店捐钱二千文

昌顺德　小陈同茂缎店各捐钱一千文

华桥

万隆号　义兴昌　兴成永各捐钱一千文

肃宁

□义成捐钱一千文

宋廉知　郭增自外省上来

杨小迷　恒泰当　恒隆号　德丰泰　诚格当　永义当　重盛号　以上各捐钱二千文

曲邑

胜恭发捐钱二千文

楚旺

阜泰号捐钱二千文

义□□　□兴号　利永和　顺成号　□□号　义和号　九盛号　三

益裕　以上各捐钱一千文

磁州

恒庄号捐钱一千文

顺昌衣行　毕请和自外省□□［上来］

李岗

公议会□［捐］钱二千文

大庄

永隆号　聚合成捐钱一千文

百□

同义店　同义公　天兴号　库房　锱兴号　三益号　积金号　恒盛号　□□成　□□缎店　嘉泰号　以上各捐钱一千文

小陈

万和号捐钱一千文

博野

庆升号捐钱一千文

洪善堡

锦盛当捐钱一千文

大庄

发盛号捐钱五百文

蠡县

同顺号　同泰隆捐钱五百文

小陈

万聚兴　体仁堂捐钱五百文

洪善堡

恒通店　天兴楼　涌泉号　庆丰号　祥庆瑞　恒普魁捐钱五百文

大庄

永庆号捐钱五百文

税书□□庄　罚报百家坡　田士德砖三千个

税书赵百魁　罚报王朝林　各捐钱一千五百文

李淮捐钱一千文

三聚典捐钱三千文

隆昌号　复成盐店　协和盛　天育公　以上各捐钱二千文

三聚成　义发荣　王和公　以上各捐钱一千五百文

泰顺永　升恒店　兴泰号　聚德堂　三泰德　新义号　恒盛成　积成号　天盛公　美景园　以上各捐钱一千文

义恒馆捐钱七百文

新义馆　诚盛馆　和益斋　顺义馆　泰兴染坊　合盛醋坊　德润隆以上各捐钱五百文

协昌楼捐钱四百文

毕□　毕凤群　以上各捐钱三千文

毕清鸣　毕海水　毕招□　以上各捐钱二千文

毕福源　毕安乐　许德盛　以上各捐钱一千五百文

毕天禄　毕继松　张林孩　常松孩　杨理　苏洁　李好过　以上各捐钱一千文

毕红孩捐钱一千二百文

苏英捐钱八百文

郭墉　毕琢　毕辛酉　毕湛　以上各捐钱七百文

——外省及本镇公捐布施钱一百八十七千文

——石头砖瓦土工彩画讽经勒石二应公花费钱三百一十九千文

——除布施外净缺钱一百三十二千文，此钱圣贤会补讫

廪膳生员王守贞撰文

乡饮耆宾毕几书丹

经理维首：

杨理　毕琢　张安泰　毕何　郭七康

毕凤群　常□　毕清魁　孙□□　毕清鸣仝勒石

大清咸丰四年岁次卯寅秋吉旦

石工牛三孩　郭福林

瓦匠王丑孩

木匠□好过

油匠张林山

4. 清光绪八年（1882）创修舞楼暨耳楼碑记

此碑现存寺庄村关帝庙墙壁内。碑为竖式圆首，青石质，碑面有裂纹。碑身高1.8米，宽0.4米，厚0.18米；底座高0.29，宽0.6米，厚0.41米。碑文楷书，保存一般。碑文由李登撰文，孙进显书丹。

碑文记叙了寺庄村旧有关帝庙的规模、捐资募化创修舞楼暨耳楼等过程，碑文中详细记载了捐资人姓名、所捐钱数及创修的开支情况等。

【碑阳】

碑额：无

题名：创修舞楼暨耳楼碑记

　　善闻：莫为之前，虽美弗彰……知有人以开先，不可无人以继后也。义镇之东南隅旧有关帝庙一院，不详其创自何年，至重修数次，均有碑记可考。其庙坐东向西，东有耳房三间，南有厢房三间，西有厨房三间，院宇疏落室幽，间有东南界墙一圆垣，堵高俨然，非徒壮他人之观瞻，实是弥补巽方之缺陷，诚一镇之要地也。然，闲雅虽有静室，而歌舞未筑高台，每值献戏之时，鸾水结彩，制造舞楼，倘逢阴雨，辄被沥淋漓，戏即停止，殊非所以重祀典也。社首崔福盛等议，欲创建舞楼，但恐经费浩大，独力难支，乃预请圣贤会一局十数年间，得余赀三百余千文，又邀请本镇善士恭书缘薄数枚，募化远方，共捐钱二百余千文，始庀材鸠工，度□□筑登登，但事□揭，绸缪罔懈，阅历半载，方致轮奂之观。兹当功成告竣，凡输财君子，效力善人，理宜勒石书名，以流芳不朽云尔。

  候选儒学训导庚辰岁贡生李登撰文

  邑庠生孙进显书丹

  ——入布施钱二百六十千文

  ——入圣贤会余钱二百五十千文

  ——入卖谷余利钱五十七千文

  ——入历年房租钱七十四千文

  ——统共入钱六百四十一千文

  ——买地址三块支钱一百九十九千文

  ——买石头　砖瓦　木料　脊兽支钱二百六十六千文

  ——买石灰　头发　铁器　车脚等支钱一百二十七千文

  ——木　瓦　土匠工价支钱一百七十千文

  ——彩画　油漆等杂费支钱一百二十千文

  ——统共花钱八百八十二千文

  ——除入净缺钱二百四十一千文

  总理社首毕来魁　李荣盛　郭铭阳　毕鉴　韦春荣　张文彩　苏元林　毕吉祥　崔福盛　郭金沛

  光绪八年岁次壬午年孟冬月吉日

【碑阴】[①]

  （依据碑文可知，应当刻有《捐资名碑》，但目前难以翻动识读，抑或另有《捐资名碑》。）

[①] 此碑立于清光绪八年（1882），现存高平市寺庄镇寺庄村关帝庙（旧村南头），该庙倒塌，此碑被弃于废墟中。因此，碑阴（捐资列名）目前难以识读。

八、晋城市高平陈区镇大山石堂会关帝庙

大山村石堂会关帝庙位于高平市陈区镇石堂会村东，坐北朝南。始建于天启三年（1623），由"泫邑石村东里人姬仕书"与"奉常卿孙儒士、郭基洪"等人相谋共同创建。当时的建筑规模是"创建正殿四楹"，"东西廊房各四楹，东北耳房一座"。顺治三年（1646）创修了庙宇钟鼓楼，这个时候仍然是以姬命新一家捐款为主。康熙四十七年（1708）重修，这次重修应该在原来规模基础上有所增修，捐款范围扩大了很多，组织者也有了姬姓以外的其他姓氏的参与。雍正到民国期间的重修情况不详，但民国碑中说"乾隆道光间重修者虽代有其人"，可知乾隆和道光期间当有重修，但无碑刻存留。民国十一年（1922）三月到十三年（1924）四月历时两年，"重修正殿五间，东西廊房各四间，中厅三间舞楼三间，增修耳楼两间，看楼五间，看楼下骡屋五间"，这个建筑规模和现在基本一致。

1. 明天启四年（1624）创修敕封三界伏魔大帝神威远镇天尊关圣帝君庙碑记

此碑现存大山石堂会关帝庙正殿东侧山墙。碑为长方形，青石质。碑身高0.4米，宽0.52米。碑文楷书，保存完好。碑文由暴家修撰，姬仕书，郭鸣鸾刊。

碑文记叙了创修关圣帝君庙的经过。其中创修活动主要由姬氏家族发起，创建正殿四楹，东北耳房一座，殿宇高耸，有飞翚鸟革之势。

【碑阳】

碑额：无

题名：创修敕封三界伏魔大帝神威远镇天尊关圣帝君庙碑记

　　汉寿亭侯，三国人杰也，精忠扶炎汉，义勇震吴曹，当日孰不畏其英风哉，迨至今千余岁矣，依然威灵，凛凛照耀乾坤，正气漫漫充塞天地。时酋奴猖獗陷辽阳广宁，上方嵩目忧之，彼神力默助，则波清浪静，锋息烟销，四海享宁谧之福，我大明封以帝。谁曰不宜？是以上自公卿大夫无不尸而祝之，下至士农工商靡不庙而祀之，其盛德之感人有如此。

　　泫邑石村东里人姬仕书，长男姬命新，次男姬国新，特一庶民耳，亦起虔诚禋祀之心，谋于奉常卿孙儒士、郭基洪共营神地，独备工力，创建正殿四楹，塑□像于其中，尤建东西廊房各四楹，东北耳房一座，殿宇高耸，有飞翚鸟革之势。规制森严，气度清雅，可为里人享祀之所，以冀灵神之居歆也，倘后世有能嗣此者，则斯庙历万，祀而不颓，故勒石以垂永久云。

　　上党屯邑庠生云阳山人暴家修撰

　　建庙施主姬仕书　妻郭氏　男姬命新　姬国新　孙男姬有土　[姬有]祚　[姬有]周仝立

　　天启四年孟秋吉旦立

　　玉工郭汝兴

　　郭鸣鸾刊

2. 明天启六年（1626）创修碑

　　此碑现存大山石堂会关帝庙正殿西侧山墙。碑为长方形，青石质。碑身高0.3米，宽0.45米。碑文楷书，保存完好。

碑文记叙了姬氏家族创修正殿、耳房、东西廊房、三门、钟楼等并标明了庙宇的四至。

【碑阳】

碑额：无

题名：创修碑

邑石村东里人姬仕书，长男姬命新，次男姬国新，虔诚创修正殿、而（耳）房、东西廊房、三门、钟楼、圣像独备，□［营］全又舍扇庙地二处，□泉凹地二亩五分，其地四至：东至水泉，南至石垚，西至道北，北至水河。又代制树凹地五分，其地四至：东至山，南至坡，西至坡，北至山，共地三亩。

主庙人为约

建庙施主姬仕书　妻郭氏　男姬命新　［姬］国［新］　孙姬有土　［姬有］祚　［姬有］周仝立

木匠郭常筑

瓦匠成应云

石匠郭鸣鸾、郭养新

天启六年岁次丙寅六月吉旦

3. 清顺治三年（1646）创修关圣帝庙前钟鼓舞楼碑

此碑现存大山石堂会关帝庙山门一层过道东侧。碑为长方形，青石质。碑身高0.32米，宽0.45米。碑文楷书，保存完好。碑文由刘自修撰，郭养心刊。

碑文记叙了石堂会的善士姬命新施财独自创修关帝庙前钟鼓舞楼的经过。碑文中也提到此举的目的就是"积善之家，必有余庆，是光前誉后□□德也"。

【碑阳】

碑额：无

题名：高平县石村东里石堂会合村善士姬命新发心施财维独创修关圣帝庙前钟鼓舞楼志铭

夫志铭何为而作也？余观新诚修□远大而作也。盖修舞楼，左曰钟，右□□［曰鼓］，前后有盘鸳飞腾之势，则左右无□□中流之威，乃钟鼓□者，声闻四远，以□貌之□舞楼□者，歌雅奏以感神明之格，□为众灵而备□□□□□祀然，上继先君之功德，下开子孙之□□，惟愿善根□□□□□□德之大乎？然竭力施财非势也，以□□□，非媚神以邀福，以至屡屡功成，而□□□人人恭答报而天地以响祭于千秋。古有云：人有善愿，天必从之，又曰：积善之家，必有余庆，是光前誉后□□德也，勒石立铭以覆后世不朽之□。

覃怀愚士刘自修拙笔撰

施财善士姬命新　妻宋氏　男姬有土　孙姬真定　姬真宝仝立

攻玉匠郭养心刊

时大清顺治三年岁次丙戌正月初十日□［立］

4. 清康熙四十二年（1703）申禁凿山取石碑记

此碑现存大山石堂会关帝庙。碑为竖式圆首，青石质。碑身高1.68米，宽0.56米，厚0.21米；底座高0.45米，宽0.8米，厚0.43米。碑文楷书，保存完好。碑文由姬译撰，贾珩书丹，郭增明镌。

碑文记叙了石堂会有一龙井泉，冬夏不涸，泉上有祠，祭祀龙神，为保护泉水，高平县令再次申明严禁樵牧，惩戒凿石者。

【碑阳】

碑额：邑贤侯梅老爷判禁凿山碑记

题名：申禁凿山取石碑记

　　山不在高，有仙则灵，水不在深，有龙则灵。此《寰宇记》所以□挂漏而州乘县志犹未能悉载也。泫氏东偏曰石堂会者，高崖屈曲，其聚庐而处者，如登台然。繇此北上峦巚苍苍，灵气横飞，有水泓澄，击峦□亦可俯视者，龙井泉也。泉上有祠，以栖龙神，其泉冬夏不涸，人便养生，论者谓与惠泉虎跑同，其窅窈，岂非山水一奇观哉！在昔万历二十六季中秋，时邑贤侯马公因士民呈述，特刊卧石，示众禁樵牧，惩穿凿，盖以兴云出雨，山水之灵赫赫，故人所以尊崇、爱护之者，宜如此。但日久，玩生贪，昧取戾，又见告矣。爰集本里绅、耆、社、会人等具控县主梅老爷案下，给判，东向居民勿得再傍龙井左右开山取石，有故犯者，即逮刑宪。噫！梅父母可谓三①境神人之主，绍前烈而垂后范，其在斯乎？愿并镌石而恪遵之。

　　敕授文林郎　原知北直隶河间府静海县事　兼摄沧州青县等处印务　前江南滁州来安县知县　前荐举卓异钦赐蟒服岁进士　邑人姬译撰

　　上党儒隐贾珩书丹

　　时皇清康熙四十二年孟夏穀旦

　　本村耆老　姬有瑞　姬有文　姬有正　姬有魁

　　监生姬琉民　郭仲元　郭奇勋　姬□　姬勋　姬铉　姬铠　姬钺　连自得　连自友　□文澍　郭灿　姬升　姬端　姬铨　连捷　姬万荣　姬明　姬贵　姬辅　姬标　姬发祥　姬发秀　姬发禧　白崇兴　张建富　申怀友等仝立

　　姬铣出荒碑

　　玉工郭增明镌

---

① 三：同"四"。

5. 清康熙四十七年（1708）重修关帝庙碑记

此碑现存大山石堂会关帝庙正殿廊下东侧。碑为笏首方趺，青石质。碑额高0.29米，宽0.58米，厚0.23米；碑身高2.05米，宽0.58米，厚0.23米；底座高0.4米，宽0.78米，厚0.43米。碑文楷书，保存完好。碑文由张逸少撰，贾珩书丹，郭增光镌。

碑文记叙了石堂会旧有关帝庙三楹，久为风雨侵蚀，于是重修正殿，东西增至二楼，姬有文、姬有正、郭起明三人统领，"一乡共所为"。碑文详细记载了来自周边各村的捐赠人员名单、所捐钱数及物品，以及所出工数。

【碑阳】

碑额：重修关帝庙碑记

题名：重修关帝庙碑记

尝考周礼司空氏度地居民，东西朔南各不易其方，所宁干止也，干止宁，教化布，而天下于是乎治。今之时去古虽远，至问其主治民风亦未有不重土著者。泫东一村名石堂会，地僻山幽，泉甘木茂，其间居民相洽，比者仅数十家，或横经，或秉耒，暇则入社，饮太平酒，白叟黄童，各适其适，而壮者亦无不适，盘谷逸情，斯足以逮之矣。村中旧有关帝庙三楹，久为风雨颓敝，兹惧亵神，于正殿则式廓之，肃瞻拜也，东西增置二楼，亦颇耸观，南则地尚可亭葺，理有待，所费金赀皆始繇于积粟十余石，其后勉众乐输，人有同心，若夫鸠工庀材赡足食用则乡善士姬有文独任强半，姬有正、郭起明副之，夫父老子弟之倡也，三善士以齿德冠，一乡共所为，承前启后者应在型仁讲让课业奖劳之际，更新祠宇，特其一耳。然其意则教子弟以安土重迁也。爰居爰处，爰乐我所，解人固如是哉？予回抚掌而为之序。

赐进士第奉旨恩需翰林院编修□□［五］品俸张逸少撰

上党首邑儒隐贾珩书丹

郭庄村

生员郭铣施银七两　郭仕壁施银一两

苏庄村

生员苏廷相施银三钱　赵文绣施银五钱　义广生施银二钱

姬有文施银二十两　九百七十五工

郭起明施银十两　九十四工

姬有正施银五两三分　九百七十六工

姬有儒施中柳树二株　三十六工

姬有魁施银十两三钱　一百工

姬冕施银四两　三十六工　十三两九钱

姬联施杨树二株七尺粗　地基一块　六步　三十工

姬铉施银七两　三十七工

姬铠施银四两　二十六工

宋旺施银三两

姬镐施银一两五钱　四工

姬铣施银一两　地基一块　十九工　椿树一棵

姬钺施银一两　十五工

侯奇勋施梭布二疋　作银六钱　十九工

姬铨助二十一工　吃社饭

姬升施银一两　十六工

连目友施布一疋　作银三钱　六十九工

郭灿施银五钱　二十九工

姬勋助九十六工　社□□□□□□

姬弼施银一钱　五工

郭斗　八工

连目得施银一两　十五工

南头村

郭朝阳 [郭朝]布施银一两九钱

宋贞助十五工　姬凤鸾助十六工　姬端助十工　姬辅助三十四工　姬鸣助十三工　连捷助二十三工　张建富助二十四工　宋镖助二十八工　申怀友助二十工　申旺助六工　李季助六工　宋荣助十一工　白崇兴助九工　连自荣助二十工　姬淳助十工　郭仲英助十一工　郭仲智助六工　卫时兴助八工　姬万荣助十八工　张奉仁助八工　赵俊助五工　连新印助八工　姬俊助十一工　申琳助二工　宋建中助七工　贾代助八工　姬业喜助八工　秦小五助二工　姬珍助二工　赵文炳助二工　姬发祥助二工　张志云助三工　郭保助三工　王肇中助三工　姬万义助五工　连玉富助三工

以上通共助使出一百九十五两五钱四分，社内用不足，姬有文率男珞布施外扶补使上银九十二两时钱五分。

人己布施连前用布棚、响器货价赛上下剩租课进共收银一百零三两九分。

犒三班匠人玉工始终做吃的俱是文父子助。

二十日同阖社人等收姬淳西沟杨枝二株，记长兑谷二石五斗，日后庙内□[谢]土用。

买砖瓦一切头脑共折四万一千一百一十二钱使银二十六两七钱二分

买梁椽一切木植送椽吃豆共使银四十两五钱一分

买钉铁门环一切铁物共使钱八两零四分

上梁敬神三次三班匠人三次利市共使银四两四钱五分

买地基二分烧石灰买炭共使银一两七钱三分

买麻打绳做鼓羊毛布形黑□皮胶白土布□鸡子铁□□头发黑土共使银二两八钱三分

买烧酒四百壶并请先生众议话匠人动工使银五两五钱五分

石匠共钱九百三十五工使银三十七两四钱

毡匠共钱一百二十六工使银十两八钱八分

木匠工四百零一工使银十六两零四分

扯锯五百二十二工使银十三两零五分

控春匠四十二工并烧春烧炭共使银二两九钱一分

画匠彩画庙二百零九工

麻籽油豆面白面共使银十三两二钱七分

买盐油醋面菜共使银十四两

开光谢神经资坛谷　画匠利市共使银三两二钱

（下有一排名字，漫漶）

时康熙四十七年七月穀旦

维首姬有文　郭起明　姬有正

监工姬琉

仝立

玉工郭增光镌

6. 清乾隆三十年（1765）借用墙垣分明碑记

此碑现存大山石堂会关帝庙正殿廊下东侧。碑为长方形，青石质。碑身高0.35米，宽0.65米。碑文楷书，保存完好。碑文由姬天佑书丹，李学仪镌。

碑文记叙了关帝庙借用姬发顺、姬芸之墙修盖房屋，二人赴庙内言明应允，恐日后无凭，特立此借墙碑作为凭证。同时，碑文详细记载了重修房屋的一切开支明细。

【碑阳】

碑额：无

题名：借用墙垣分明碑记

此房东墙原系姬发顺、姬芸之墙，社庙于乾隆三十年六月修盖此房，管工者姬发昌、宋干、姬稳、姬诚和同合社人等礼请姬发顺、姬芸赴庙内言明庙内修盖房屋，借姬发顺、姬芸此墙修理，彼时姬发顺、姬芸□允，永无异说，嗣后年深日久姬发顺、姬芸若要重修房屋，此墙仍照旧基重修，此墙仍系庙内借用，不得更改，今恐无凭，立此借墙碑记永为存照。

  岁进士姬天佑书丹

  住持僧玄章

  买砖瓦头脑使银八两九钱一分

  买一切木料共使银十九两五钱八分

  买石灰使银一两五钱四分

  买米面使银十五两五钱三分

  一切杂费使银八两零七分

  买地基一段使银三两三钱

  石匠工价使银五两

  木匠工价使银三两二钱二分

  瓦匠工价使银一两四钱四分

  彩画油漆工价使银三两

  土工使银四两八钱六分

  买方桌二张使银三两一钱七分

  立碑使银一两五钱

  乾隆十九年姬诚和取石施银二十两

  □此银至三十年本利得钱八十四两六钱二分

  修此房并戏楼内格间共使钱七十九两一钱二分

  除使净余银五两五钱　入社使过

  乾隆三十年岁次乙酉吉立

  维首姬发显　[姬发]昌　姬稳　姬干　姬诚和仝立

  玉工李学仪镌

九、晋城市高平北城街道王降村关帝庙

王降村关帝庙位于高平市北城街道王降村，处村中偏南位置，坐西朝东。始建时间不详，雍正年间重修，道光碑记中称有碑刻，但未见。道光十九年（1839）增修"大小院宇，内外阶台、山门楼、钟楼、禅室"，并未提到舞楼。咸丰七年（1857）重修舞楼，碑文中称道光三十年（1850）舞楼损坏。关帝庙正殿三间，北耳房两间。山门外距离正殿院落100多米处有戏台，现毁损非常严重，内养羊。

1. 清道光十九年（1839）重新改修关帝庙碑记

此碑现存王降村关帝庙南墙根。碑为笏首方趺，青石质。碑身高2.1米，宽0.62米，厚0.25米。碑文楷书，保存一般。碑文由悦继昌撰，悦奉箴书丹，悦联魁篆，牛太平镌。

碑文记叙了重修关帝庙的经过。本村关帝庙创建年代已无法考证，雍正朝有补修，如今庙宇"榱崩瓦裂，兼之祠宇浅隘，内面仅堪容膝，不便排列"，因此众议重修扩建，有善士愿捐自己"八十金之产兑换他人一庙之基施社，改移修理"，并且本村"急为修缘募化，本村四方一时并起，且数年止戏收谷，而赀费少蓄，爰将殿堂移前错后，一切改易重修"，最后，工程告竣，庙貌焕然一新。碑文详细记录了参与的各位维首姓名，重修工程的出入开支情况。

【碑阳】

碑额：永垂不朽

题名：重新改修关帝庙碑记

关圣帝君存正气于雨（宇）间，作明神于千古，庙祀于余村者由来已久，其创建之初年，缺贞珉而无考，经营之首善遂湮没而不彰。国朝雍正间有余悦姓祖讳彩者，曾作领而补修之，墙壁有记，略而未详，兹不具论。迄于今代远年湮，屡经风雨飘摇，显着榱崩瓦裂，兼之祠宇浅隘，内面仅堪容膝，不便排列，展诚入庙告，虔者咸有重修展拓之意。因基址不便均为束手，适值岁时伏腊，乡党萃处之期，谈及社事，有善念素存者情愿以己八十金之产兑换他人一庙之基施社，改移修理，形诸齿颊，众皆闻之，善心感发，以故兑换之家亦施基数尺，有力之辈更愿出多金，亦因众愿皆合，遂趁势周旋其中，急为修缘募化，本村四方一时并起，且数年止戏收谷，而赀费少蓄，爰将殿堂移前错后，一切改易重修。惟圣像谨依古来面目，不敢毁伤，特设龛位奉祀，外又增修大小院宇，内外阶台、山门楼、钟楼、禅室，飞檐耸翠，画栋流丹。越数年而工程告竣，焕然一新。今者，易浅隘而为宽阔，改卑陋而为高大，观瞻壮丽，礼神明而临下有赫，庙貌森严，崇祀典而惠我无疆。庶神恩有永，祀事孔明矣。当此神人胥悦之候，举无伐施之心，尽作流传之想。余是以撷实编言而位置记云。

邑庠生守文氏悦继昌撰文［一枚印章］

国学生警轩悦奉箴书丹［一枚印章］

国学生捷斋悦联魁篆鉴［一枚印章］

执事维首

悦奉箴　悦继昌　悦联魁　牛松保　郭永生　悦奉公　悦通泰　悦恒泰　悦秉均　悦鸿喜　悦志庚　悦广河

佐理维首

常其恒　牛兆淮　悦润　王云起　悦应泰　悦会通　郭喜孩　悦同山　悦志全　悦茂升　悦秉正　悦秉起　悦广德　悦志和　悦大生　悦大魁　悦大银　悦大和　悦荣魁

入巢谷钱六百六十二千一百四十六文

入外来布施钱三百一十九千三百九十四文

入本村布施钱二百五十二千一百文

入利钱八十七千三百文

入杂项添余钱三十三千九百四十六文

以上共入钱一千三百五十四千八百八十六文

出石料钱一百四十九千四百一十二文

出木料钱二百二十一千九百七十五文

出砖瓦钱一百二十千零八百六十四文

出石灰钱十三千八百七十文

出毛钱十二千九百八十文

出铁货钱三十六千三百一十三文

出石匠包工钱八十八千二百二十七文

出木匠包工一百七十七千四百三十四文

出瓦匠包工六十九千一百八十七文

出雇土工工钱六十八千六百八十文

出拉石工钱四十千零零九十三文

出拉砖工钱三十三千一百三十二文

出拉树工钱一十二千二百文

出屡次敬神钱三十六千三百四十三文

出杂项零费钱一百四十四千八百一十四文

出油匠工钱六十九千五百文

出勒碑石工钱六千九百三十文

共出钱一千三百一十一千九百六十文四文

拨土工一千九百九十三工

拨车工八十六工

时大清道光十九年岁次己亥仲冬穀旦

玉工牛太平敬镌

【碑阴】

碑额：万善同归

题名：无

  四方善士布施

［河溪］永茂长捐钱十五千文

［罗邑］李正芳　尚三义　尚义盛　锦成旗　允成典　悦东升　确山牛松宝　西公盛各捐钱十千文

［王庄］李思义　各捐钱六千文

［罗邑］罗泰和　冯日顺　刘新盛　张义兴　各捐钱四千文

隆盛合　捐钱四千文

余灿章　全顺燕　牛同兴　万顺恒　王成号

［桥上］北义城

［徐庄］三义号

［朝邑］恒笃典

［嵩山］协成合

［西街］郭永福　各捐钱三千文

领缘薄劝捐首事

通德号捐钱三千文

罗邑袁药　张同春　大成当　王天成　史隆兴　东三盛　李顺兴　秦三义　桥上申新盛　秦国泰　朝邑恒心典　济源孔通顺各捐钱二千文　洛阳李篪　卫辉安茂号　□□新聚号　圪旦冯干　延州义合号　朱仙永盛镇　祥盛号　延州玉魁合　偃师大聚祥　孝义明兴号　汝州北义合　王何仁和堂各捐钱二千文　黑龙德合典　赊镇万魁局捐银（以下遮挡）　福兴店　裕盛义　赤祥王天福　店头焦钧　焦镜　焦攀桂　焦攀林　高邑张公兴　陈春盛　邢积裕　市望宋立勋　牛中立　唐家山赵岗　息邑何朝梁　后坡申礼松　东沟牛逢春各捐钱（以下遮

挡）王何谢鉴　赊镇元吉店　森茂店　瑞昌店　黄陂广兴店各捐钱（以下遮挡）北沟刘澎　□□郭永发　悦魁联

（以下约三分之二部分遮挡）

2. 清咸丰七年（1857）重修舞楼碑记

此碑现存王降村关帝庙南院墙上。碑为笏首方趺，青石质。碑身高1.35米，宽0.49米，厚0.22米。碑文楷书，保存一般。碑文由李良玉撰文，悦可法书丹，武宝兴镌。

碑文记叙了关帝庙戏台"榱崩栋折，旧址徒存"，社事推诿，于是众人商议重修舞楼。采用"酌咸丰□量所入以支用，因人役使，免其钞，以赴工"的办法完成。碑文详细记录了重修工程具体开支情况。

【碑阳】

碑额：无

题名：重修舞楼碑记

　　夫春祈秋报，祀典传自先民，而大厦高台，弦歌尤尚今世。村之中旧有关帝庙一所，庙之前后有戏台三间，不意道光年间，岁值庚戌，关圣之戏台榱崩栋折，旧址徒存。社事之推委，用之囊空，新基难立。于是悉聚村人，咸谋修理，而诚言为善之士经营图维，不惮劳瘁，故酌咸丰□量所入以支用，因人役使，免其钞，以赴工，是以辛亥兴工，甲寅告成，此数年之勤苦，若非勒碑刻石何以俾后世之人面石而言曰某年营始，某年告成，知重修之不易哉？

邑庠生伯烟李良玉撰文

邑庠生从心悦可法书丹

执事维首

悦奉箴　悦钟翔　[悦]维斌　[悦]秉直　悦大勋　悦秉礼　[悦]

钟瑞　[悦]绾春

佐理维首

悦大和　郭英　悦希曾　王瑾　牛秉清　悦希贤　悦瑞廷　悦茂财　悦大同　悦光宗　[悦]钟美　[悦]掌印　悦咣则　牛来全　王瑜　悦希舜　悦钟彦　常新春　悦光楣　悦钟明

入河南布施带揭项借钱三百四十千零六百三十文

入六年共收钱三百九十八千三百二十文四文

入维首布施钱四十四千三百文

以上共总入来钱七百八十三千二百五十四文

出木石油铁泥水诸匠工钱二百五十千零八百三十文

出买木石料钱二百一十四千一百七十文

出买树砖瓦墙笆钱一百零九千六百八十六文

出还揭项本利钱五十八千文

出一应零花钱一百五十千零五百七十八文

总共出钱七百八十三千二百五十四文

悦绾春三辆　悦希曾二辆　牛秉清二辆　悦维斌一辆　王瑜一辆　悦秉宜一辆　悦钟翔一辆　悦钟美一辆　悦咣则一辆　悦大同一辆　共分车工一百七十五工

共分地亩工二千五百七十四工

大清咸丰七年孟冬月榖旦

玉工武宝兴敬镌

3. 清咸丰七年（1857）彩画舞楼捐钱碑

此碑现存王降村关帝庙南院墙上。碑为长方形，青石质。碑身高 0.39 米，宽 0.3 米。碑文楷书，保存一般。

碑文记叙了彩画舞楼捐资人的姓名及具体捐资金额。

【碑阳】

碑额：无

题名：彩画舞楼捐钱碑

木石之工甫毕，丹青□□难营，故欲□□以收钱，而村人告困，欲延年以积聚，□岁□□还□□社维首及村积善之家，酌家之厚薄，钱之□（多）寡，以完绘画之工云尔。

悦绾春捐钱十千文

悦佳斌捐钱□千文

悦钟翔捐钱四千文

悦光宗捐钱三千文

悦奉箴　悦秉礼　悦布曾　悦钟美各捐钱□□□

悦瑞廷　悦耀廷　牛得林各捐钱一千五百文

王瑾　王永泰　悦大勋　悦钟瑞　牛秉清各捐钱一千文

悦□□捐钱一千文

悦□□捐钱□百文

□光□施□地基三尺

□□□　□□□　□□□　□□□　悦□□　牛□文　悦□□　悦□□　□□□　□□□　悦□□各捐钱五百文

悦□□　悦□□各捐钱三百文

大清咸丰七年孟冬月立

4. 清咸丰七年（1857）补刻重修关帝庙捐钱碑

此碑现存王降村关帝庙内。碑为长方形，青石质。碑身高 0.39 米，宽 0.31 米。碑文楷书，保存一般。

碑文记叙了补修关帝庙捐资碑。碑文记载了来自赊镇、洛阳、盂县、巩县、中牟县等地的各商号及捐赠钱数。

【碑阳】

碑额：无

题名：补刻重修关帝庙捐钱碑

前者建庙囊空而募化多方，姑缺名以待补。今也，筑台用，乏而钱钞始纳，遂按次以列名，以前日之踌躇济今，时之困乏，岂非神功默佑而使乡村之社事不至，有始鲜终哉！

赊镇恒泰店捐钱三千文

洛阳姚梦周　王锦顺［捐钱二千文］

汴省协盛店［捐钱二千文］

赊镇晋和店［捐钱二千文］

偃邑和盛号［捐钱二千文］

嵩邑孙金甲［捐钱二千文］

［洛阳］明盛店各捐钱二千文

［洛阳］恒盛店［捐钱二千文］

［洛阳］致和允［捐钱二千文］

洛阳和泰协［捐钱二千文］

［洛阳］瑞景文［捐钱二千文］

［洛阳］捧盛和［捐钱二千文］

［洛阳］庆昌和［捐钱一千五百文］

洛阳永魁仪各捐钱一千五百文

［洛阳］永茂坊［捐钱一千五百文］

［洛阳］广益店［捐钱一千五百文］

［洛阳］合盛西［捐钱一千五百文］

［洛阳］玉顺合各捐钱一千五百文

［洛阳］张三合［捐钱一千五百文］

［洛阳］原合盛［捐钱一千五百文］

宜阳冯廷焕［捐钱一千文］

赊镇同义店［捐钱一千文］

［赊镇］协兴坊［捐钱一千文］

［赊镇］泰昌公［捐钱一千文］

［赊镇］锦兴仁各捐钱一千文

［赊镇］李通泰［捐钱一千文］

中牟县同兴号［捐钱一千文］

孟县邓文盛［捐钱一千文］

［孟县］永祥玉［捐钱一千文］

［孟县］公议合［捐钱一千文］

巩县祥顺号捐钱五百文

大清咸丰七年孟冬月立

十、晋城市泽州县天井关村关帝庙

天井关,最早记载见于西汉刘歆的《遂初赋》:"驰太行之严防兮,入天井之乔关。"从汉代开始就是太行陉上的重要关口,现天井关村位于明清时期太行陉上官府设立管理机构的位置,对于控制太行山上晋豫之间的通道具有非常重要的意义。天井关区域内有多处关帝庙,今存四处。

天井关村关帝庙位于主街中段,地势略高于主街,坐北朝南。关帝庙创建时间不详,现存万历三十一年(1603)重修碑,但碑文中未提及关帝,此碑是否为关帝庙碑尚且存疑,但此庙至少应当在晚明时期就已经存在。乾隆二十四年(1759)至六十年(1795)也有重修。此后是否有重修情况未见碑刻记载。

1. 清雍正七年(1729)重修关帝庙记

此碑位于天井关村关帝庙右大殿内墙上。碑为长方形,青石质。碑身长1.97米,宽0.75米,厚0.15米。保存情况一般。碑文由王廷杨撰,马云衢书篆,闫福才、石生瑞镌字。

碑文记叙了关帝庙重修的过程。首先追溯了本村旧有关帝庙一座,"乡人奉之唯谨,而帝之庇灵为尤显胜国"。本关马昆发心重建,托付其子多方募集,"扩其基,创正殿三楹,配以角殿、东楼廊房五楹、西廊房五楹、舞楼三楹",历时11年终完工,碑文最后记录两则施地于庙的信息。

【碑阳】

碑额:重修关帝庙记

题名:重修关帝庙记

帝庙祀遍天下，所在以灵着。盖人心之诚积，则神之灵昭明，降鉴如影之于形，响之于击，感斯通而祷斯应也。昔有帝庙一区于此，乡人奉之唯谨，而帝之庇灵为尤显胜国。时有以积怨中伤善类者，投置名状于曹总戎，诬以潜通寇贼，总戎（戒）勒兵戎（戒）严，将殄歼之。既而拘其指名者，率皆淳良农夫，会无敢白其冤者，总戎（戒）疑而祷于帝，束牲于神座下，酌酒祝曰："某如通寇贼，神其领牲以为验。"久之，牲屹不动。改祝曰："某如无他，神亦领牲以为险。"祝未毕，而牲领矣。自此，辨其诬，释其人，而一方赖帝以无恐。此事至今在人口，居民皆能神灵而说之。夫以帝之聪明正直，扶翼善类，遗阻宵小，必不因虔奉香火而松于其人，独是人不敢为之，白者稽之于帝而受命如响，则帝之灵爽蟠天际地真有呼吸可通洋，如在者矣。自明以来庙貌为风雨所剥蚀者已久，又其旧制规模狭小，湫然荒榛秽莽间不可以栖神。本关汉公沛霖马君昆弟发心重建，属其事于子英马君等乃广募他方，以及本镇，咸与劝事，因辙其旧庙，扩其基，创正殿三楹，配以角殿、东楼廊房五楹、西廊房五楹、舞楼三楹。帝之庙貌巍然焕发，则人之奉帝者必益谨，而帝之庇是方者必益着也。是役也，经始于康熙五十七年三月，落成于雍正七年四月。纠首者为子英马君等而终始不倦，勤则怡中马君与枝马君为尤多，始谋者汉公昆弟，而其劝输募化审方面势，经理尽力者咸赖之于是。集众于庙，相谓曰：斯庙既成，不可无记。属记于余，用是沐手谨书。帝之庇灵于一方者自昔如此，因举其改创颠末与有事于兹役者，俾刻石焉。

时大清雍正七年岁次己酉季夏七月上浣之吉

诰授资政大夫通政使司通政使加八级纪录十六次王廷杨撰文

邑庠生马云衢书篆

捐银列后：

首事马思才　马树德　马三乐　马真乐　马嘉谟　马卫国　马印乐　马加国　马存乐　马君保　马建□　任之玉　郭顺国　马君弼　马

□□　马有全　马子富

　　始谋重建募化营运银两乡饮大宾马云翀　马云汉　马云起　马云飞　马云□

　　阖社公立

　　住持道人□阳君　常太明

　　大小木赵正英

　　玉工闫福才　石生瑞镌字

　　雍正十一年七月初二日本里五甲民王自虎、男连章、[有]章于雍正四年二月十七日用价买到本里七甲张鼎临、[张]存信堡则平地坡一处，照原契东至古路，南至巷则岭，西至大河，北至怪草洼地北水河。施于本庙为香火之资，永远为记。

　　乾隆七年七月廿三日本社民马万国因修理□神庙东楼后□□一截，东至万国两侄神路，西至下会石漏，北至祠堂□□东，北至祠堂□□墙□。万国修理即日，万国助布施□两，此系首事并合社人议明，俱无异说，立石永记。即日马洪业施银四两。

　　乾隆廿四年重修大殿南路□头王□瑞施钱九千文

2. 清雍正七年（1729）重建费用碑记

此碑位于天井关村关帝庙右大殿内墙上。碑为长方形，青石质。碑身长 1.87 米，宽 0.62 米，厚 0.15 米。保存情况一般。

碑文记叙了雍正七年（1729）重建费用的具体信息。碑文分为两部分，收入和支出是单独分列的，是研究庙宇重建费用开支的重要史料。

【碑阳】

碑额：重建费用碑记

题名：无

捐银使费列后：

永宁王宅银八两　永安卫宅银二两　忧镇阁曲厢银十两　三义号公银十两　平阳府高起　尚九锡　太原府石继珫　山海关印起鹏　唐邑县任耿　长治县牛万斗　张云程　阳城县刘广谦　渠头张永庆　周村张聚　以上各银一两　山海关毛玉吾　钱必宰　平阳府胡大经　沛县廉玺　王秉元　长治县常宅号　牛辅君　张金台　阳城县张向星　翟文亮　潘简　天益号　刘文彭　刘文耀　李启祥　李启瑞　高平县许凤先　□□□张徒　沁水县许玟　周村李珩　草底铺韩可明　本邑赵勋　河底镇王丕谟　南峪村翟佩　西汤帝庙社　以上各银五钱　沛县张国荣　袁廷玉　阳城县赵中　以上各银三钱　万善村崔奇邻卫尔秀公银三钱　潞安府李馥银二钱　张美之　秦相共银二钱　王青银一两　东关沈自金银一两一钱　沈应先银一两　犁川王皋银二钱　王门马氏银五分　大箕李升有　王世立　□落西闫世凤　闫世麟　闫泽绪　以上各银三钱　河内县张妙之银五分　杏树村闫福才银二钱　蔡家岭　赵光宅银八两　赵光华银一两　赵光表银七钱　赵光玺银三钱　赵光国银三钱　赵光朝银一两　赵如鹏银七钱　赵发生银二钱　赵如兴银一钱　赵全生银三钱　赵喜生银一钱　赵如松银二钱　赵正身银三钱　赵正心银二钱　赵正弼银一钱　赵宪章银一钱　赵世臣银三钱　赵世芳银三钱　赵永年银二钱　王家庄刘永泰银一两　王子忠银五钱　王子玉银五钱　王自旺银三钱六分　刘永和银三钱　闫成央银二钱　李存智银一钱三分　王进章银一钱　水城庄王名臣银二钱　王必华银三钱　王必玉忠银六钱　犁川董加新银一两　吴印庆　董延世　吴印世　□普　李显□　李显用　李显相　李显明　吴光裕　吴可智　吴士贞　吴天隆　吴应祥　吴应照董治邦　以上各银一钱　东岭口李廷相　李奉美　李奉鼎　以上各银一钱　李家屋头李自智三钱　李僎三钱　李自生　李自旺　李自贤　李自得　王登明　李秀　李金　以上各银二钱　刘汉升一钱　司家庄司加□五钱　司文贵五钱　司光义三钱　司加位　司加

祥　四文强　郭邦相　以上各二钱　司文忠　司文□　司光举　司光建　以上各一钱　下□南李兴甫二钱五分　王文节四钱五分　李得用一钱　董国　王文达　李存喜　王俊心　李存章　张其元　以上共银四钱　韦家街赵成玉二钱　赵成奇一钱　赵成银一钱　赵怀甫　赵金瑞　赵金朋　赵金祥　赵金轩　赵金富　以上共银五钱　赵成强　赵金儒　赵金和　赵金荣　以上各银一钱　关坡王自虎三钱　王自和一钱□分　王自富一钱三分　王自奉五分

　　本社马云翀　马云浩　马云起　马□□　马云□　以上共银□百一十两　马安乐同李有全银二十三两二钱　马存乐银二十三两二钱　马思才　男加玺　任之玉银十两　王□宝银四两九钱　马□乐银四两六钱　马化麟银四两　马树德银三两□钱五分　马卫□银三两□钱二分　马□乐银三两□钱二分　马尔□银三两　马自禄银二两□钱二分　郭顺国银二两七钱七分　□□□银二两四钱　马加国二两三钱二分　马真乐二两二钱五分　郭□国二两二钱五分　王建□二两二钱三分　郭正□二两□钱□分　马义乐二两一钱五分　马子乐二两一钱五分　马加宾二两一钱五分　马子富二两一钱五分　王□□一两九钱五分　马化建一两九钱五分　马君彌一两九钱五分　马加□一两九钱□分　马□成一两七钱四分　马建邦一两五钱三分　马建功一两五钱三分　王定国一两五钱　马印乐一两四钱四分　任福元一两四钱三分　马建□一两四钱三分　马君贵一两四钱四分　马尔□一两四钱　马方乐一两四钱二分　马加金一两四钱二分　马加□一两三钱二分　马加福一两三钱二分　马金□一两三钱　任常有一两二钱　马加臣一两二钱　马尔□一两二钱　马□□一两三钱五分　马建□一两三钱五分　马加信一两二钱三分　马有全一两二钱三分　马有玉一两二钱三分　马子荣一两二钱三分　马嘉谟一两二钱　马建禄一两二钱　马有珠一两一钱四分　马□乐一两二钱四分　马□□一两一钱四分　马□章一两一钱四分　马尔高一两一钱四分　马合有一两一钱五分　马子成一两一钱三分　马君

义一两一钱二分　马正国一两一钱　马尔□一两一钱　马建忠一两一钱　马同有一两一钱　马建尧一两七钱　马德行一两七钱　马富国一两五钱　李存仁一两五分　来从富一两五钱　马经国一两四分　马君佐一两　马子重一两　马子□二两　马子义一两　马□乐九钱七分　马□祥九千七分　马子龙九钱七分　马建极九千五分　任足富九钱四分　马子敦九钱　张彦功八钱七分　马子厚八钱七分　郭□章八钱二分　马有禄八钱　马化京七钱三分　马弘业七钱三分　马随业七钱　马有福七钱　张彦荣七钱　马达金七钱　马建曹七钱　马子季六钱八分　王文全一两　马印国九钱　马令□七钱六分　马宣乐七钱六分　马万□七钱六分　马建□六钱五分　马大□四两六钱五分　张其奉六钱五分　张美如六钱五分　张其勋六钱　张彦生六钱　马建永六钱　王述贵六钱　任兴五钱八分　马弘毅五钱七分　马君佑五钱七分　马君祥五钱七分　马同乐五钱七分　马万章五钱二分　马万言五钱二分　马君素五钱一分　马尔管五钱　马有文五钱　张斗成五钱　马章乐四钱八分　马加会四钱七分　马化合四钱七分　马定国四钱一分　马景乐四钱二分　张其富四钱　任之法四钱　张□佐三钱六分　□奉祥三钱三分　马加治三钱　田□润三钱　王廷选三钱　张彦全二钱六分　张大成二钱五分　□□□二钱　马尔义二钱　马□贵二钱　马□起一钱三分　王君佑一钱三分　马裕国一钱　马有义一钱　杨进贤四钱　茹天禄二钱二分　李贞会二钱　李裕安一钱　朱成美一钱　王文贵三钱

上共捐助银四百零八两五钱六分五厘

又化路缘净银一十六两五钱

本村店房收钱净作银十两零三钱九分

租谷九石变银八两七钱

马冀□营运获利银二十七两

马怡中亨九兴枝营运获利银十两

马沛霖敬神祈羊银三钱

余木植瓦变银一两五钱

共收银四百八十二两一钱七分五厘

费用记

砖瓦脊兽等银八十五两二钱

木植等银五十四两五钱

石灰银二两一钱

破石头抱田禾银四两一钱三分

大小木一千二百一十五　工银四十八两□钱□分

石匠九百八十五　工银三十五两四钱一分

铁器荆条□银五两六钱

金妆碾玉银一十六两一钱

油匠并物料银一十两零五钱

小工二千五百三十三银一百一十三两八钱五分

匠役口食银七十一两八钱

买西房后半地基并路价银二两

杂费银一十三两一钱八分八厘

以上共费银四百六十三两三钱二分八厘

出马氏户中坟地树十二株

修西房并后路使马君弼佐地作价银六两

君弼佐二人捐银三两五钱　收价银二两五钱

本庙置金漆茶桌七张坐凳杌则十七件

雍正己酉七月穀旦并立

3. 清乾隆六十年（1795）重修碑记

此碑位于天井关村关帝庙右大殿内墙上。碑为长方形，青石质。碑身长0.83米，宽0.68米，厚0.18米。保存情况一般。碑文由李光泰撰，郭端书。

碑文记叙了重修的过程，因碑文文字缺损严重，具体内容有待进一步考证。

【碑阳】

碑额：（缺）

题名：重修碑记

  考祀典凡有功名社者皆得而祭焉然以功而与于祭者（缺）
  □之至若道贯古今义炳日月为生民所未有而无得而（缺）
  关圣帝君天井关邑乘志为孔子回车处都人士仰止高山（缺）
  迹也而帝君庙则倾圮剥落榛莽荒秽殊为缺典佥谋（缺）
  余两修整殿宇妆饰神像墙壁之污垢者黝垩之棚厦（缺）
  膴金碧之后门路径之偪侧危险者周以短垣而护持之（缺）
  然与圣城贤关相辉映岂不胜哉至帝君之护佑兹土（缺）
  者山陬僻□而两圣人于此一留辙迹于千古一雪奇（缺）
  限于时不间于地其血食万代夫岂寻常祀典之所得而（缺）
  特恩己酉科举人吏部候选知县李光泰熏沐撰文
  阳城县儒学增广生员郭端沐手书
  首事马永富　马学泗　马□龙　马廷□　王东□　任大中　马子云　任广林（缺）
  总理马纯英　马德新
  大清乾隆六十年岁次乙卯夏五月竹醉日公立

十一、大同市灵丘县平型关老爷庙

平型关关帝庙,又名老爷庙,位于灵丘县白崖台乡白崖台村西北约1.5千米处的山坡上。创建年代不详,清代屡有重修。1982年重修、1991年塑像、2002年再修。占地面积约380平方米,坐西朝东,一进院落布局,中轴线上建山门、大殿,两侧建钟楼、鼓楼。现存大殿为清代建筑。平型关战役遗址中的老爷庙位于公路之西,坐西朝东,依山而建,前低后高,是沟堑的制高点,为敌我争夺战最激烈的地方,曾经为八路军686团指挥所,战后全师聚于此庙前举行祝捷大会。

1. 清乾隆三十六年(1771)重修关帝庙碑记

此碑位于老爷庙白崖台乡老爷庙院内。碑为竖式方首,青石质。碑身高1.22米,宽0.6米,厚0.18米。碑刻保存情况一般,碑身有四个孔。碑文由李获龄撰书。

碑文记叙了重修关帝庙经过。石桥涧是"三郡之接壤,实四方之要路也",最初关圣帝君庙就建在此。因年久失修,本庙住持同各村会首商议重修关帝庙。碑文详细记载了捐修名单及钱数,碑阴部分记录了本村和来自四方客人施银名单钱数。

【碑阳】

碑额:无

题名:无

　　盖闻神威赫奕,千秋肃祀之仪,庙貌巍峨,百世仰宏纲之重。忠挟末运,非徒存鼎足之乾坤;义植陁□,岂再辟蚕丛之日月。是以丹心炳青简而常新，浩气贯白虹而不灭。恭惟关圣帝君殿下，三国着无前之烈，万世垂不朽之名。一席桃园，易友朋而昆弟，半生荆楚，奋忠勇为神明。不独诩汉祚于三分，直是正人心与万祀。灵爽古今，常昭庙宇，远近皆修。今有地名石桥涧，其下阻隔深沟，两岸并无盘曲，虽三郡之接壤，实四方之要路也。且此地山高水缺，地广人希（稀），前人已念及此。上建关圣帝君之庙，以其大规模；下立客舍茶房之区，以供香灯。前筑石桥一座，古名普济桥，由来久矣。兹因日远年[湮]，风雨倾颓。睹其庙，摧残剥落，难伸俎豆之仪；霜露沾裳，莫展淑醑之献。行其桥，隔岸相垮，限天涯于咫尺；褰裳莫济，悲歧路于穷途。幸有本庙主（住）持王玉偕同各村经□□王进玉、段朝宝、段斌、丁晟国、李有仁、李梏龄、[臧]凤仪处心起造，立愿重修。东募西化，不辞风雨之劳；朝夕经营，何惮指示之烦。但愿仁仁长者乐布金钱，更祈义士高贤同亲备筑。非徒要一时之声闻，是以广神人之壮观也。今庙宇重兴，翚飞焕彩，不负前人之创建；金身森严，足启今世之瞻仰。桥梁复故，屦道周行，不闻倾危之患；步趋坦适，庶免跋涉之劳。茶房如昨，炎暑可以□渴烦，隆冬可以滋温润。当功成告竣之后，倘后之视今亦如今之视昔，则庙桥常新，永垂不巧。

浑源州廪生李获龄撰书　施银二两　平刑关都司纪录五次米（施）银五两　浑源州监生马严施银四两　崞县横道镇郭建盛施银二两　张发施银一两五钱　段朝□施银一两五钱　原任湖南武陵县典史候补吏目刘敏政施银一两二钱　臧凤仪施银一两二钱　李柱施银一两二钱　段斌施银一两　李生荣施银一两　李世隆施银一两　□裕富施银一两　□国富施银一两　张□生施银一两　韩士明施银一两　张宦施银一两　李登祯施银一两　李有仁施银二两　吕生竹施银八钱　曾起发施银八钱　杨升施银八钱　李进成施银八钱　李癸施小钱二千文　王国柱施小钱二千文　马恩施小钱二千文　监生李继晟施小钱二千文　刘宝施小钱二千文　孙文蔚施小钱二千文

杨进　白宣　李全　李奇　□有仁　李华　李琮　李敬　李应根　李□□　张珺　杜戎　臧士伟　臧怀里　吕生竹　赵璋　张朝栋　张珺　王成功各施银五线

　　会首王进玉　李获龄　李有仁　段斌　臧风仪　段朝宝　王义国施银三钱　住持王玉

　　石匠郭建盛

　　画匠王思宁

　　泥匠赵□□

　　木匠李世有

　　龙飞大清乾隆三十六年八月吉日立

【碑阴】
碑额：无
题名：无

　　□□礼　李有　李有生　李根　王同国　张全有　薛禄　萧会　于明□　刘相　茂隆当　永盛当　□立当　升成当　永和当各施银四钱　李永　李登文　郑发　三合铺　李起　杨永　高士威　吕杰　杨生荣　曾贵　麒麟店　永宁店　智有　张志福　曾富　段文　和顺店　□□英　李松龄　臧怀琛　臧天命　臧连　臧怀成　臧怀敬　于通□　闫升　张□　樊瑞　刘命　赵明库　王世发　□司各施银三钱

　　高贵　李的元　宋成　吕峻　杨志英　吕君元　李大成　马熙彪　曾起荣　耿有庸　恒盛铺　曾起富　郭方　刘的元　张求光　张□　□起□　萧进祥　王平国　谢登葛　杨癸□　张智　臧士弘　于圣□　张焕　于进□　于好□　臧仁仃　杨玉通　刘尚财　臧怀恭　臧廷　赵志升　臧怀壁　于正堂　臧士官　吕有官　杨崇有　李天新　任宏中　叶荣　孙富　王显功　叶根　郭秀　于棠　赵延林　郭希圣　赵

士伟　□□春　永裕当　卢嘉珍　同成当　赵□　李大　□喜□　大兴店　祁明儒　刘秉朝　□和店　张荣　孙花　恒盛号　□满红　东生店各施银二钱

李俊　王元　李尚恩　杨志贞　孙国来　孙登祥　李鹤龄　孙发财　于正印　于增□　赵登夅　王有金　李忠　杨生仓　□杨吟　臧一绍　李正　王梗正　陈连起　赵叶　石有　霍维名　张全中　周启珍　闫四隆　李增东　于怀新　赵良　马金门　大兴当　监生李义　高让　张玉玑　张威　张达　永茂当　天喜号　陈荣　黄永情　张荣　汲荣　臧孟儒各施银一钱

于成　谢朝海　郑起　李有生　郭的　张国起　张尔贞　杨生　张智　李升　吕库　褚直中　赵君　王富宗　高有　吕有　郭支顺　于新元　周世法　李□□　□□□　□□□　李□□　王□□　萧进付　李成功　杨永生　孙佩玺　刘的　李和　李尚明　张□□　□□□　□□□　□□□　李廷　李继唐　王忠发　李建德　高继道　郭璋　张正癸　李廷文　□□　郭兴　李明　周佑　王世贵　□连　孙□如　郭□　刘发财　李遐龄　□国喜　□迁　□有　郭有仓　李库　赵正方　王癸　刘莫劳　王六斤　李亮　张荣　杨涞业　臧士俊　白世良　赵全福　翟老五　臧怀壁　王升　张文王　贾起印　王自写　于忠□　臧士谟　臧士□　臧宗武　□□　臧怀望　臧壅　臧士科　□三□　童国喜　刘玥　臧□贤　李展法　李国正　李根贵　孙得贵　刘恒　姚世文　臧文夅　臧天新　臧一夅　臧□诗　耿有富　李祥　杨重生　李先吉　马有财　刘尚支　吕亮　吕赞荣　杨□文　王起发　崔荣　吕仁　李□　郝监　杨升　赵美士　李光　郭王　于升　屠□　于成业　张□　姚德　韩□　于复盛　王守仁　于中　孙俊　田升　赵□士　晁天福　赵士杰　于喜　王富　李增耀　刘伏兴　郭富　白正　董成文　靳世隆　李发　正景荣　白强　白□　赵□　曹忠　赵松林　张明　闫斌　张成　癸祥铺　郭成仪　王洪义　赵存

仁　李栢　周天好　刘世斌　张成功　王□　赵存的　张光明　李修德　杨廷林　吕玘　杨癸荣　刘与　张科　张喜　王成号　万兴号　汤知情　赵富　刘泰　复兴号　□成店　刘世的　梁直　甄贤　崔进财　刘中福　曹永顺各施银一钱

四方客人施银

梁明　刘珠　胡兴各施银五钱

李进全　王富　郭泰　崔国同各施银四钱

王成仁　杨生恒　陈宗吉　刘士义　孙荣　邢象贤　郭泰　韩□良　白宗各施银三钱三分

萧光有　谢功　任成文　张文斗　白进言　王守□　刘士义　刘二元　马相正　曹明宣　张锐　武海　雷义　雷癸王　安汪要　李东海　李隆明　许仁　胡发财各施银二钱

武培绪　宋有金　李进儒　王宗祥　王国宣　龚成　张公　左必贤　李天畏　李维沂　王兴　尤尚贤　魏花　周世达　龚成志　张明焕　王守礼　陈大财　张法科各施银一钱五

康发财　郝红基　韩义　白生　马官　周顺　麻成义　郭有良　麻廷宣　张凤花　赵元金　张一禄　熊昌远　高癸　梁有升　甄的　李□　□□　□□　□□　李和羊　张先福　韩志仁　刘安仁　杨培栋　吴伟　张朝君　□□祯　□□□　□□□　张□财　袁和　黄柱　曹铎　陈德　孙世香　张重　贾林　杨王　胡真　周□　刘□□　郭有良　麻廷直　门富　常敦伦各施银一钱

贾志通　张印□　□九万　周法财　张明德　曹成左　郭有金　翟文夅　左生荣　交起　张起　杨法文　薛法兴　笛养秀　郭有金

乾隆三十七年十一月□□□

主持人王二宝　□□□□□亩　座落庙后价大钱五千二百文　随地带粮银六分□□□

2. 清道光十四年（1834）关圣帝君庙重修碑记

此碑位于老爷庙白崖台乡老爷庙院内。碑为竖式圆首，无底座，青石质。碑身高1.71米，宽0.72米，厚0.2米。碑刻保存情况一般，碑身上半部有裂纹。碑文由吕克明撰书。

碑文记叙了"邑中人目击心感，咸愿各输财，重为修理，以壮观瞻"，众人合力重修关帝庙的经过。文中记载了重修工程捐赠人姓名及具体金额。

【碑阳】

碑额：万古流芳

题名：关圣帝君庙重修碑记

盖闻神道设教，载诸大易；敬神如在，详于圣经。是知圣无往而不存，神有感而即应，则庙貌之巍巍，神灵之昭昭，灵爽凭焉。想夫协天之道德，尊仰九州；刚直之精英，钦崇万国。光明生于节义，正大出自忠诚。四马拜赐，赤原因赤，而一烛光摇，烁古正以烁今。浩气塞江吴，威风卷残魏。非特汉末时一日不可无，即后之继杳天下者，百世知其不可没也。宜其春夏秋冬四时之享祀不绝，士农工贾万姓之感戴常新。今以茶房，实系一郡，诚为要路。旧有关圣帝君庙，历年业已久远，栋宇不无倾圮。邑中人目击心感，咸愿各输财，重为修理，以壮观瞻。特以工程浩大，独力虽成。爰求将伯之助，玉成庙宇之光。所赖四方尊官贵人，众乡亲族，大约素称善良，慷慨乐施者不下数百余家复捐多金，因而财用俱足。仍其旧贯，救弊补偏，不数日而庙貌焕然维新也。兹当神工告竣之际，爰勒石垂名，芳流百代矣。夫创修寺院，圣德之懿训常存；建立庵观，神灵之遗经永着。果报昭昭，炳如日星。谚有之：积德者昌，洵非虚语，祝四方大君子亦云。是为序。

庠生吕克明沐手敬书并撰

平刑关都府惠施银二两　平刑关巡厅王施钱一千　［平刑］关［委］厅曹施钱五百　李云龄施钱二十千　□生杨□施钱十五千　□生孙德崇施钱八千　萧福施钱八千　张昌施钱七千　孙德光施钱□千　孙彦施钱五千　李吉意施钱五千　白珍施钱五千　段锦施钱五千　张景施钱五千　曾官施钱三千　武生段名彩施钱三千

千总张殿元施钱三千　李进成施钱三千　吕大有施钱三千　监生陈久施钱三千　监生李永清施钱三千　□生李桂施钱三千　监生李春光施钱三千　曾安仁施钱二千五百　张存文施钱二千三百七十四　□维仁施钱二千　庠生段沅施钱二千　李□□施钱二千　段吉祥施钱二千

萧天成施钱二千　李挂印施钱二千　郑熏崖施钱二千　张纯孝施钱二千　张千年施钱二千　西口永盛标施钱二千　永盛当施钱一千五百　王海施钱一千五百　庠生李彦施钱一千五百　张文有施钱一千五百　李翠施钱一千五百　李淳施钱一千五百　张文会施钱一千五百　段凌云施钱一千五百　鲍得富施钱一千五百　天意成施钱一千五百

袁明亮施钱一千五百　刘□贵施钱一千五百　李林玉施钱一千二百　吕起富施钱一千二百　吴贵施钱一千二百　丰盛泰施钱一千　张伟施钱一千　普济庵施钱一千　万盛店施钱一千　万源当施钱一千　永通店施钱一千　东泰当施钱一千　信成店施钱一千　亨兴店施钱一千　兴盛店施钱一千　义合店施钱一千　天义店施钱一千　瑞生和施钱一千　天成店施钱一千　宁远德施钱一千　恒德当施钱一千　德庆永施钱一千　源盛当施钱一千　涌泉店施钱一千　徐孝义施钱一千　涌泉□施钱一千　万和店施钱一千　恒升当施钱一千　介宾杨全祥施钱一千　杨起银施钱一千　李□施钱一千　萧炳施钱一千

张宣施钱一千　监生张焕施钱一千　李淑秀施钱一千　李瑞施钱一千　李存仁施钱一千　杨德崇施钱一千　李栖凤施钱一千　李沄施钱一千　段凤施钱一千　李湄施钱一千　段有仓施钱一千　段文生施钱

一千　德成当施钱一千　广顺当施钱一千　张全有施钱一千　张怀玉施钱一千

张所善施钱一千　监生侯赟龙施钱一千　白素施钱一千　张彦如施钱一千　张天助施钱一千　鲁尚德施钱一千　王凤鸣施钱一千　李洋施钱一千　梁万金施钱一千　萧风林施钱一千　王喜施钱一千　旭升号施钱一千　李成喜施钱一千　崔天智施钱一千　百万金施钱一千　程永茂施钱一千

大同万恒长施钱一千　宋瑞施钱一千　永世缸房施钱一千　恒成缸房施钱一千　广全义施钱一千　杨全林施钱一千　韩发施钱一千　张瑞珍施钱一千　东恒成施钱八百　涌泉号施钱八百　当盛美施钱八百　张大利施钱八百　李彩施钱八百　鲍相国施钱八百　吴裔周施钱八百　李清源施钱八百

经理人李云龄　李维仁　曾官　李桂　段名彩　孙德□　张景　张昌　李翠　李林玉　李□　白珍　李吉意　段□　张世山仝立

石匠赵清□暨子□□　施钱二百文

木匠李起富暨子□□

泥匠王玉官

画匠侯□广暨子九经

募化僧□富

大清道光十四年岁次甲午七月吉日立

【碑阴】

（碑阴文字漫漶，无法录入。）

3. 清咸丰九年（1859）重修关圣帝君庙碑记

此碑位于老爷庙白崖台乡老爷庙院内。碑为竖式平首，无底座，青石质。碑身高 1.2 米，宽 0.72 米，厚 0.16 米。碑刻保存情况一般，碑面有剥泐。碑文由吕克明撰，张元书。

碑文记叙了关帝庙重修缘起及具体过程。庙前左右大路，均为交通枢纽，暴雨致使右边大路倒塌成崖，导致关帝庙偏全不备，"邑中人目击心感不忍坐视"，特祈望四方仁人志士乐输资财，重为修理。碑文详细记录了重修工程的参与人员，碑阴部分则记录了捐资人员名单及钱数、具体重修工程的开支情况。

【碑阳】

碑额：永垂不朽

题名：无

盖闻创造庵观故为仁人之韵事，补修道路更属义士之雅怀。又云：莫为之前，虽美弗着；莫为之后，虽盛弗傅。此诚千古不易之议论也。今以茶房旧有关圣帝君庙一座，历年久远，风雨侵颓。庙前左右大路，均为东西南北之通衢。岂期天雨浩大，将右边大路倒塌成崖。睹斯境也，仰观庙所，固已偏全之不备；俯视要路，复为断续而难行。邑中人目击心感不忍坐视，特以工程浩大，独力难成，伏祈四方仁人长者，乐输资财，重为修理。因而财用俱足，补偏救獘（弊），建旧图新，岂不幸甚？今当神工告竣之际，爰勒一碑以垂名，而众善精诚庶几，永傅勿替云。

庠生吕克明撰　张元书

平型关巡政厅张□施钱二千

署灵邱路都府　本营世袭云骑尉　候补守府王施钱一千

浑源州鸽子峪都府张殿元施钱十千

耆宾臧尔厉施钱五千六百

监生臧玉寄五千四百

浑郡会首薄馥桂　王辅庭　大宾耿大德　从九王清杰　麻沾恩　□

生张遂　耆宾王辅

　　经理人都府张殿元　耆宾臧尔厉　监生李兴春　李存仁　李淳　张元　段惟　张昌　李正德　李万贵

　　石匠王太暨子壁清

　　泥木匠胡深

　　画匠高鹤　杨成基

　　修桥匠王汝□　于德池

　　老善友杨芳　何狗儿

　　住持僧源明

　　大清咸丰九年岁次己未七月立

【碑阴】

碑额：无

题名：无

　　元恒成施小钱九千　双德贞施小钱七千五　德兴荣施小钱七千五　左方成施小钱七千　永兴店施小钱六千五　中和店施小钱六千五　万仪德施小钱六千　元双□施小钱六千　永□店施小钱五千　信义成施小钱五千　永发荣施小钱五千　和盛成施小钱五千　丰裕永施小钱五千　同成玉施小钱五千　广恒德施小钱五千　同新成施小钱五千　万兴店施小钱五千　万隆缸房施小钱五千　兴隆荣施小钱五千　双德明施小钱五千　永益荣施小钱五千　山玉永施小钱五千　三泰和施小钱五千　南三和施小钱五千　毓和号施小钱五千　公元□施小钱五千　德□昌施小钱五千　和盛亮施小钱五千　和义明施小钱五千　和盛□施小钱五千　广□贞施小钱五千　□□□施小钱五千　□□缸房施小钱五千　大德贞施小钱五千　张明珠施小钱五千　德义昌施小钱四千五　元成信施小钱四千　北三和施小钱四千

义和成施小钱四千　永义德施小钱四千　德和恒施小钱四千　恒义房施小钱四千　万和缸房施小钱四千　庞俊德施小钱三千五　德和荣施小钱三千五　广恒德施小钱三千　大成义施小钱三千　德盛荣施小钱三千　万盛荣施小钱三千　永庆店施小钱三千　万景隆施小钱三千　广德成施小钱三千　双盛德施小钱三千　南双德施小钱三千　支怀文施小钱三千　恒映祥施小钱二千五　程油房施小钱二千五　兴盛永施小钱二千五　董宝荣施小钱二千五　合成缸房施小钱二千五　永全正施小钱二千五　山玉美施小钱二千五　西盛华施小钱二千五　德义荣施小钱二千五　元恒店施小钱二千　天合店施小钱二千　南双盛德施小钱二千　东元双□施小钱二千　李温施小钱二千　郭瑞施小钱二千　郭守业施小钱二千　翟永恒施小钱二千　万恒公施小钱二千　公议店施小钱二千　刘重贤施小钱二千　恒茂缸房施小钱二千

　　复成缸房施小钱三千　左广福施小钱二千　万九彦施小钱二千　杨保明施小钱二千　赵大定施小钱二千　梁魁施小钱二千　惜和同施小钱二千　武生王文达施小钱二千　枝荣号施小钱三千　复兴店施小钱三千　耆宾于文广施小钱二千　张濮施小钱二千　监生王占魁施小钱二千　裴法施小钱二千　李廷玉施小钱二千　仁裕店施小钱三千　信成荣施小钱一千五　馥合荣施小钱一千五　张世荣施小钱一千五　广和申施小钱一千五　广和德施小钱一千五　王述曾施小钱一千五　翟万顺施小钱一千五　温得忠施小钱一千五　姚日明施小钱一千五　李正荣施小钱一千五　郑良坐施小钱一千五　张有禄施小钱一千五　杨成明施小钱一千五　王廷杰施小钱一千五　牛清玉施小钱一千五　郭照施小钱一千五　李广春施小钱一千　李才施小钱一千　涌泉店施钱一千五　天□店施钱一千四　兴盛店施钱一千四

　　兴合盛施钱一千四　监生李春光施钱二千　监生陈文炳施钱一千五　守蔚所高凤鸣施钱一千六　义和店施钱一千四　涌泉长施钱一千三　复兴源施钱一千三　德泰魁施钱一千二　永成泰施钱一千二　天

德号施钱一千二　新德店施钱一千二　天顺店施钱一千五　永通店施钱一千二　恒盛店施钱一千一　永泉号施钱一千　天庆源施钱一千　繁邑李俊施钱一千　永兴当施钱一千　张印施钱一千　张昌施钱一千　闫得有施钱一千　德成当施钱九百　灵邑当行施钱四千　缸行施钱二千　李正德施小钱一千七百五　恒盛轩施小钱三千　恒茂缸房施小钱三千

　　一宗共收布施大钱三百六十

　　一宗出南北桥工大钱一百□

　　一宗出修南道花□大钱六千

　　一宗出石灰大钱十四千三百

　　一宗出木植大钱十九千一百

　　一宗出抱小桥墩子□道大钱五千

　　一宗出柴炭煤子大钱十二千三百

　　一宗出抱石头马巍大钱二十千三五

　　一宗出修北桥底大钱十四千八百一

　　一宗出画工大钱十八千三百文

　　一宗出泥木工大钱十一千五百文

　　一宗出土基□□砖瓦□□□大钱

　　一宗出靠工□□□墨水大钱七千二百五

　　一宗出寄要布施监用请客花用大钱

　　一宗出打碑石工大钱九千三百文

　　一宗出抬碑花用大钱二千五百文

　　一宗出开光花用大钱三十五千五百一十五

　　一宗出零行花用大钱十二千五百文

　　一宗出和尚源明使大钱九千一百五十文

十二、阳泉市城区义井村关帝庙

义井村今属山西省阳泉市城区义井镇，历史上的义井镇位于平定州城的西北方向约 5 千米处。义井镇是晋冀之间井陉商道上的重要节点。井陉商道从西面经过平潭驿（今阳泉市区平潭街街道）之后就到达义井镇，在这里，商道分为井陉驿道、岩崖古道和驼道走廊三条商道，义井镇就在这三条商道交汇的位置上。义井镇向东是一片丘陵地带，桃河从这片丘陵中穿过蜿蜒流入河北井陉，这条道路就是驼道走廊，也是今天石太线铁路的大体走向。义井镇向北绕行，再沿着温和河谷向东是岩崖古道，大体上就是今省道 315 路线。义井镇向南绕行，经过平定州城之后向东就是井陉驿道，大体上就是今天的青银高速和国道 307 的路线。

义井村关帝庙位于山西省阳泉市城区义井镇义井村前街北面，东阁内侧，坐北朝南。目前所见碑刻中没有义井关帝庙兴建过程的历史记载。当地学者或称创建于万历五年（1577）到万历十年（1582）[1]，或称创立于康熙二年（1663）[2]，均无相关说法的实证，大体上在晚明清初创建。关帝庙为东西两院，东院为观音殿与马王殿，西院正殿为关帝殿，东为大王殿（藏山大王），西为龙树菩萨殿，原有戏台和钟鼓楼。2004 年至 2005 年重修，2014 年再次修缮。庙会为农历七月二十四日。现主体建筑尚存，现在仅存的庙宇部分，占地面积 309.4 平方米，建筑面积只保留 148 平方米。

---

[1] 王晋秀：《义井村关帝庙》，阳泉市义井镇漾泉文化研究会编：《漾泉》（义井村专辑），内部资料，2009 年第 4 期。

[2] 2005 年《阳泉市义井村关帝庙重塑圣像碑记》。

1. 清康熙五十三年（1714）无题名批示碑

此碑位于义井村关帝庙墙壁内。碑为长方形，青石质。碑身高 0.31 米，宽 0.38 米。保存一般。

碑文记载了关于买卖干菜所抽税钱的规定，作为帮助往来夫役之资的告示。

【碑阳】

碑额：无

题名：无

义井乡地：张琚，葛还元

遵何太老爷批谕，念地方苦累，或遇籴粜买卖干菜，每斗抽钱三文，每斤抽钱二文，以帮往来夫役之资。

此照

康熙五十三年八月二十七日立

2. 清雍正二年（1724）平定州正堂李大老爷批示碑

此碑位于义井村关帝庙墙壁内。碑为长方形，青石质。碑身高 0.32 米，宽 0.34 米。保存较差，碑面剥泐严重。

碑文记载了平定州正堂李大老爷关于买卖靛出钱的规定的批示。

【碑阳】

碑额：无

题名：平定州正堂李大老爷批示

义井镇地方：尹朴，任玘

呈为年满更替地方事

计开：张守成，贾威准替取认

又批：念系地方苦累所有卖靛一事，买靛一瓮，诉出用钱五十文，以作往来夫役之资，不得少与，亦不得多抽，永远遵行，此照。

雍正二年九月廿六日

3. 清乾隆二十四年（1759）重新金妆三官圣像碑

此碑位于义井村关帝庙墙壁内。碑为长方形，青石质。碑身高0.32米，宽0.5米。保存较差，碑面剥泐严重。

碑文记叙了重新金妆三官庙圣像的经过，并且详细列出参与此次重妆的人员姓名及所捐钱数。

【碑阳】

碑额：无

题名：重新金妆三官圣像碑

重新金妆三官圣像

今将施钱姓名开后：

乡地吕海涛　刘俊　荆瑞虎

经理人吕溥　张廷栋

聂大元三百　聂登高二百　葛还元三百　王成海三百　石莹三百　张丕绩三百　吕丕宗三百　吕笛　张舒　王顺　王孝　吕海明　丑克壮　刘员　吕文禄　任成　张廷桧　王三美　张其的　张丕恭　刘生　蓝牧　以上俱二百　郝州　吕奉林　任义　宋有良　范宝荣　以上俱八十　丑克俭　吕如玉　□千恒　张成义　吕威　王进　王璨　王国山　吕海全　张进贺　冯应忠　刘文光　郝花　张福登　石敦成　张悦　张旺　吕厚山　宋的良　冯红　冯书升　尹克敬　吕海涛　刘俊　荆瑞虎　刘俊　张廷栋五八钱五百　葛趾　施□阁

画工付□咏

石工范祥云

铁笔周子音

乾隆廿四年仲春穀旦立

4. 清乾隆三十五年（1770）无题名批示碑

此碑位于义井村关帝庙墙壁内。碑为长方形，青石质。碑身高 1.6 米，宽 0.72 米，厚 0.16 米。保存较好。

碑文记叙了李老太爷遵照之前卖靛一瓮所抽取钱数的批示的告示。

【碑阳】

碑额：无

题名：无

遵批

李大老爷念此地苦累，卖靛一瓮抽用钱五十文，不可少与，不可多抽，又三十五年八月，蒙李老太爷批示遵成规，不得更改，此照。

乾隆三十五年八月初七日立

漾井镇乡地葛□　吕海珠　张金

5. 清乾隆三十九年（1774）增修观音殿记

此碑位于义井村关帝庙墙壁内。碑为长方形，青石质。碑身高 1.6 米，宽 0.72 米。保存一般。碑文由张振撰，任用仪书丹，张名扬篆额。

碑文记叙增修观音殿的经过，详细记录参与此次增修的人员名单及具体钱数。捐赠主体分布范围较广，并且多是商号参与捐赠，从侧面可以反映出当地清代商业活动的兴盛。

【碑阳】

碑额：无

题名：增修观音殿记

余义井镇旧有观音堂，正殿五楹，□□西向天佛□母殿三楹，阶砌之北东有旧禅室三楹，而西阙焉。山门无屏，而钟鼓楼更阙焉。岁辛卯，（邨）[村]人重新正殿，而余悉仍旧，非告备也，□有待也。余兄弟家居，窃议意欲独肩具任，移天佛殿为南向，改阶砌于西，其余阙者补之，旧者新之，而力苦绵薄，未之逮也。因募□四方交游间酿付一百三十余金，遂于甲午春，庀材鸠众，而兴工焉。工未竣而金尽，因出己赀八十余金，以终其事，事成，而前之有待者今告备矣。诚不可以不志，抑余闻之者其善□厥善区区微劳，何足挂齿，但以此一役也，四方士商之力居多，倘使湮没不彰，甚非所以劝善也，用敢略叙颠末，而题名于左。

吏部候选从九品张振撰文　辛卯科副贡郡人任用仪书丹　平定州儒学生员张名扬篆额

京都募缘人张代　张振　张仁

本村经理人张福全　冯书丹　王忠怀

乡地张福登　吕江　王彦

平阳府吉州知州陈铨　吏部候选通判冯成发　吏部候选吏目李奇升　国子监监生李奇良　以上十两

四库全书馆候选州同段兴文三两

吏部候选州同汪番　吏部候选县丞陈祖谋　内府中书科掌印中书王灏　以上四两

辛卯科举人候选知县董凝极五钱

辛卯科副贡候选教谕任用仪三钱

四库全书馆誊录监生曹秀榆五钱

贡生李养丰　监生张镛　以上五两

监生李大绪　监生任鑰　监生张暟　以上二两

游击赖廷瑞四两

京都布施

大成号四两

复兴号　永成号　广兴号　以上三两

广德号　兴盛号　永兴号　兴泉号　隆盛号　亨通号　以上二两

广和号　兴盛号　永丰号　以上一两

天和号　金益号　德胜号　隆盛号　德源号　兴成号　同兴号　兴顺号　广聚号　永兴号　义盛局　永和号　洪发号　天顺号　公盛号　元隆号　永裕号　天成号　合盛号　天成号　义诚隆　□兴美　义合号　晋顺号　天裕号　永丰号　裕源号　广和号　高士俊　安和　丁学谦　以上一两

兴茂号　王三云　毕廷富　陈顺有　大成号　广顺号　同盛号　永兴号　太山号　张善公　王登云　复兴号　永成局　全顺局　全盛号　广和号　天成号　永泰号　天成记　冯美　以上三两

杜贡　正茂号　温富立　兴豫号　王思文　孟合德　万盛局　以上三钱

乔□□　永丰号　王智福　万存义　崔宁□　陈自功　大成局　刘□　贾缉　王亮　傅铭　天成文　以上两钱

木匠张宝库　□创吉　尹仁

泥匠任海

瓦匠刘和

石匠范玉

大清乾隆三十九年岁次甲午七月吉日立石

住持道人张仁庆　徒史义镛　邓义镰

铁笔周德现　周吉

6. 清道光二十八年（1848）重立义东沟村帮贴夫役公费碑记

此碑位于义井村关帝庙墙壁内。碑为长方形，青石质。碑身高 0.94 米，宽 0.44 米。保存一般，碑面剥泐严重。

碑文记载了关于重立帮贴夫役公费的告示。碑文中提到"义东沟村产出蓝靛、芥丝，每卖蓝靛一缸，出钱五十文，卖芥丝一斤，出钱二文，帮贴往来夫役之费。故义东沟村不办差务，而义井村代为办理"。但义东沟村杨九仓不照旧规帮贴。因此，义井村状告杨九仓，结案后杨九仓迟迟不履行，此后诉讼不断反复审理，最终"仍照旧规帮贴"，并且"饬义东沟村现充地方张玉红兼公经理抽钱给义井村地方，年清年款，不准拖欠，嗣后贩卖芥丝者，若再违断狡混，依旧分办差务，以免兹讼"。

【碑阳】

碑额：无

题名：重立义东沟村帮贴夫役公费碑记

　　义井村与义东沟村当年原系一村，后因人口日繁，分为两村。虽系两村，而地面相接，东来差务，路过义东沟村，西来差务，路过义井村，则往来差务实属□村公共之差。而义井村独办差务者，何故？盖因义东沟村产出蓝靛、芥丝，每卖蓝靛一缸，出钱五十文，卖芥丝一斤，出钱二文，帮贴往来夫役之费。故义东沟村不办差务，而义井村代为办理。向有旧章，由来久矣，现有庙内碑版可凭。乃义东沟村杨九仓□贩卖芥丝、干菜，每年不减万余斤，狡诈抗违，以多记少，不照旧规帮贴。义井村绅耆公议，呈控杨九仓等在案，蒙前州主□大老爷堂讯数次，未经结案，又蒙署州主陈大老爷断令杨九仓等，每卖芥丝一斤，出钱二文，帮贴义井村办差之费。杨九仓已具结在案，息讼之后，义井村地方向伊索讨钱文，伊又躲避不面，仍然违抗。适逢锡州主荣任，复呈杨九仓等在案。蒙恩讯断，停止帮贴，各办各差，东来差务义东沟村承办，西来差务义井村办理。奈义东沟合村人等并杨九仓惟恐伊村承办差务，具呈恳恩情，仍照旧规帮贴。因而锡大老爷复讯断定，仍照旧规帮贴，饬义东沟村现充地方张玉红兼公经理抽钱给义井村地方，年清年款，不准拖欠，嗣后贩卖芥丝者，若再违断狡混，依旧分办差务，以免兹讼。两造已具结在案，今将锡州主堂谕结底开列于后，而镌诸石。屡次卷案俱存课程科。

大老爷堂谕

查义东沟村杨九仓等，贩卖芥丝，帮贴义井地方钱文，原为办理差务，今杨九仓等并不照规帮贴。断令嗣后东来差事，义东沟村办理，西来差事，义井村地方办理。如此各办各差，避免争狡，至义东沟地方有办差不谙之处，令义井地方张富凤指示明白。毋至遗误□，毋得违抗干咎，取具各结，附卷此谕。

义东沟合村人等具呈恳恩覆讯完案，堂谕查，义东沟村贩卖芥丝，每斤出钱二文，自系旧章程，杨九仓等违抗狡混，以致兹讯不休。余既呈明，情愿照旧办理，断令义东沟村杨九仓、张现等嗣后贩卖芥丝，每斤帮贴义井村地方钱二文，所有差事仍着义井村地方办理，均不得再行狡混，取具各甘结，附卷此谕。

道光二十八年三月十九日

具结人生员王鸣凤　里长从九品王钦　地方张富凤

缘生等控杨九仓一案，蒙恩讯断，义东沟村杨九仓等贩卖芥丝，不遵照旧章，每斤帮贴生等村地方钱二文，每年贩卖芥丝时，□义东沟地方兼公经理，抽钱给与生等村地方，嗣后不得翻悔，具结是实。

合村公立

7. 清道光二十八年（1848）无题名碑

此碑位于义井村关帝庙墙壁内。碑为长方形，青石质。碑身高0.32米，宽 0.34 米。保存一般。碑文由周宪章所刻。

碑文记载了参与递呈事项的人员名单。因碑没有碑额、题名等信息，具体事项也没有说明，因此无法确认由于什么事项而进行的活动，有待日后考证。

【碑阳】

碑额：无

题名：无

  吕全珍　刘钟　张运枢　吕书兰　范廷元　蓝法　荆秀　葛如芝　吕聘三　刘象麟　任汝翼各钱三百

  屡次递呈绅士人等开列于后：

  王鸣凤　张翰如　王元年　张国宾　张附凤　吕得才　吕明仓　吕贵宾　尹锡蒲　刘志深　吕步堂　年乡王绪地　年约王绪方　吕庆余　王致连　□□乡约冯忠孝　地方王保泰　杨怀信

  铁笔周宪章

  大清道光岁次戊申二十八年六月十五日合村公立

8. 清道光二十八年（1848）无题名诉讼碑

此碑位于义井村关帝庙马王殿西墙壁内。碑为长方形，青石质。碑身高 0.32 米，宽 0.52 米。保存较差，碑面剥泐严重。

碑文记载了因买卖干菜出帮贴费而引发诉讼的过程及处理结果。为防止之后再犯，"今将和息批词，并杨九仓甘结开列于后，复勒诸石以垂不朽"，从而警示后人。

【碑阳】

碑额：无

题名：无

缘义东沟村出卖芥丝，每卖一斤出钱二文，贴帮义井办理差务事，前兴讼屡屡，今春蒙州主公断，照遵旧，规业已刻立碑石，永无反复。不意今秋杨九仓等仍私卖芥丝，夤夜窃走，被乡地王宝泰等阻挠，得芥丝四驼。彼时，复控在案，杨九仓深悔故辄复蹈，必受究责，因邀上城张仓等说和，谨遵旧规，后勿再犯。今将和息批词，并杨九仓甘结开列于后，复勒诸石以垂不朽。

张仓为杨九仓等递和息批词：

杨九仓等违断抗帮，且又唆令妇女多人喊控狡闹，种种藐玩，本应究惩，故念尔代为求饶，且事以处妥，从宽免究销案。此后杨九仓等再敢抗玩，定行严惩不贷，着传谕知之，乃敢两造遵结送查。

杨九仓等亲具甘结：

缘义井村地方王宝泰，以违断抗帮等词，禀控小的等一案，经张仓查处，小的等照规，每卖芥丝一斤，出钱二文。此次卖出芥丝四驼，按斤数多寡小的等，业将钱交收清楚，嗣后照规办理，甘结是实。券存课程科。

道光二十八年十二月初一日合村公立

9. 清咸丰三年（1853）义井镇公立禁赌碑

此碑位于义井村关帝庙墙壁内。碑为长方形，青石质。碑身高 0.32 米，宽 0.50 米。保存较好。碑文由王鸣凤撰并书。

碑文记叙了义井镇因公开禁赌而立碑。鉴于本村人不务正业，州正大人令"保甲牌长协同约地，稽查户口，严禁赌博，如有玩法之徒，设局赌博，该牌甲乡地等立即赴州呈报"，从而整肃社会风气，使民众回归正常社会秩序。

【碑阳】

碑额：无

题名：义井镇公立禁赌碑

　　盖闻国家保甲之设，所以察奸邪，以安良善，其利甚溥。近日，本村人情不务正业，赌风日炽，以为赌中之图利甚便，而不知赌中之贾祸尤深也。今蒙州主大老爷堂谕谆谆，今保甲牌长协同约地，稽查户口，严禁赌博，如有玩法之徒，设局赌博，该牌甲乡地等立即赴州呈报，以凭差拿究办，局敢互相容隐，坐视不理，一经保长觉察，定行呈送究治，绝不宽贷。并可驱斯民于士农工商之中，而不妄为非分以干法纪，岂不美哉！爰勒片石永垂不朽云。

　　保长王鸣凤撰并书

　　乡地王积　吕生柱　李华

　　咸丰三年八月吉日

10. 清光绪七年（1881）义井镇纳草豆旧规碑

　　此碑位于义井村关帝庙墙壁内。碑为长方形，青石质。碑身高 0.38 米，宽 0.42 米。保存较差，碑面剥泐严重。

　　碑文记叙了有关义井镇纳草纳豆的规定。碑文中记载义井镇一改之前纳草纳豆的做法，为按地亩摊纳，并且具体说明不同人群所纳的区别，实行分类管理。

【碑阳】

碑额：无

题名：义井镇纳草豆旧规

　　义井镇纳草豆旧规，富民纳豆，贫民纳草，有顶戴者不纳。咸丰六年秋后，保长王鸣凤，生员王会友，武生王兴国为草豆事涉讼，在案未经了结。因以本镇房钱租米顶纳草豆，至今二十余年，房钱租米拖欠若干，纳豆纳草无处取办，合镇公议草豆出于地亩，□亩摊纳庶几不至短欠，因思先年成□未结，颇难推理，今特议妥法，略分差等。凡有顶戴者各定不纳之数，除不纳外有一算一，与无顶戴者同纳。

计开：

老民三亩不纳，报明者算，黑暗者不算，佾生五亩不纳，捐者同孔府、顶戴同从九品六亩不纳，军功与耆宾、议叙、同监生、例贡七亩不纳，文武生十亩不纳，武贡生十三亩不纳，文武举人十五亩不纳，文武进士二十不纳，翰林侍卫三十亩不纳。

光绪七年□□□□合镇公议以垂永远

11. 清光绪十一年（1885）无题名捐地碑

此碑位于义井村关帝庙墙壁内。碑为长方形，青石质。碑身高 0.32 米，宽 0.44 米。保存较差，碑面剥泐严重。

碑文记叙了所捐地的具体地段、四至等信息。

【碑阳】

碑额：无

题名：无题名捐地碑

于右：

石步云园地一段　随带原粮二升　系石玉芳柱

石敬宗施园地一段　随带原粮二升

石瑞施园地两段　随带原粮四升　系石萃芳柱

石宽荣施园地一段　随带原粮　系石起宗柱

已故石廷芳施园地一段　随带原粮二升

俱系义羊（漾）都七甲，东至古道，西至赵处，南至大河，北至葛外杨树南四尺余为界。又有乐楼后，同施官中。四至俱各分明，此为善举，愿后有凭。

大清光绪五年岁次己卯冬梅月阖村公立

此石延至十一年始成，各照石姓当日。[①]

12. 清光绪二十二年（1896）无题名捐地碑

此碑位于义井村关帝庙墙壁内。碑为长方形，青石质。碑身高0.31米，宽0.58米。保存较好。

碑文记载了义和庆东家将五亩地捐给义井镇关帝庙，作为永久香火之资。后本村石姓人将关帝庙乐楼后西地基一段，内有井一口，卖与义和庆，此钱归乡约账上，作为相关活动费用。

【碑阳】

碑额：无

题名：无题名捐地碑

  立施约人义和庆□□□铺内，原典到槐盛诚园仔五亩，典价大钱二百二十一千文，东伙情愿施与义井镇关帝庙内永作香楮之资，以垂永远。空口无凭，立施约为证。

当将本村石姓所施乐楼后西地基一段，内有井一圆，以义感情让卖与该铺为业，作卖价大钱二十千整，此钱归乡约账上。年官中缝布棚、栽树及镌此石□□□。

中人保□□地十

光绪二十二年四月初十日镌立

---

① 原稿并无添柱遗漏。

十三、晋中市寿阳县朝阳镇孙家庄关帝庙

孙家庄村位于晋中市寿阳县朝阳镇以北 3 千米处，总户数 566 户，总人口 1784 人。全村又分为孙家庄、井沟、曹家河、白矾岭四个自然村，是典型的农业行政村。全村主要收入靠种植业和养殖业。孙家庄关帝庙位于孙家庄村委会院内，关帝庙面阔三间，进深一间，庙宇破败严重，现在已经废弃，里面堆放了很多杂物。关帝庙碑文保存完好，并且碑文上还有用粉笔写的字，关帝庙曾被作为村里的学校。

1. 清道光二十年（1840）重修关圣帝君庙碑记

此碑现存孙家庄关帝庙大殿东、西墙上。碑为长方形，青石质，整体共由十六石组成。碑身高均为 0.50 米，宽度略有差异。第一石宽 1.60 米，第二石宽 1.20 米，第三石宽 0.97 米，第四石宽 1.0 米，第五石宽 0.83 米，第六石宽 1.09 米，第七石宽 0.7 米，第八石宽 0.93 米，第九石宽 1.22 米，第十石宽 0.95 米，第十一石宽 0.62 米，第十二石宽 1.5 米，第十三石宽 1.32 米，第十四石宽 0.53 米，第十五石宽 1.33 米，第十六石宽 0.95 米。碑刻保存完好。碑文由郭献琯撰文，赵纬书丹，赵永玉刻。

碑文记叙了始于道光十四年（1834）冬，完工于道光十五年（1835）秋九月的重修关圣帝君庙的经过。碑文首先追溯了孙家庄关帝庙创建于明崇祯九年（1636），二百余年间历经修缮。今为报神护佑之恩，同时对之前的戏楼一并移至山门外加以修缮。重修费用以外来募化为主，本地按地摊钱为辅。每一石的碑文记载了募化来自栾邑、东口、井陉、东口、京都、归化城、托克托城、山阴等外地，本邑的宗艾镇、南头、西关社、白凡岭等地，以及本村。捐赠主体多是外地和本地的商号，是了解本地外出经商及地方商

业活动的重要史料。同时，碑文对此次工程的开支明细有详细的记载。

【碑阳】

碑额：无

题名：重修关圣帝君庙碑记

粤稽圣贤古殿创建于崇祯九年，迄今二百余载，不无修理，奈风雨漂（飘）摇，难免倾圮。今阖村公议竭诚修补，以报神灵护佑之恩。因计及于戏楼在内，系天启十三年创建，日远年遥，栋梁折损，仍旧补葺。规模狭隘，廓其土宇，庙院窄小，不若移创于山门外地方宽阔，诸凡方便，将原台旧替姓名等移悬于新台中梁。此时一倡百和，莫不忻然率从。于是四方勤劳募化，本村努力捐资，人工车马踊跃争先，共敕胜事。工程浩大，费用必繁，复按地摊钱，以助不给。于甲午年冬十月兴工，迄乙未岁秋九月告竣，庶几内外辉煌，焕然一新，足壮观瞻矣。众欲勒石，俾余作序，余不学无文，何堪重任，第承众命，不揣固陋而妄为之序。

郭献琯撰文

赵纬书丹

赀捐题名

徐步方栾邑募化银七十三两五钱　照募开列　栾邑乐善堂施银一十二两　马璋施银八两　大有店施银五两　四维堂施银五两　大通店施银五两　太和号施银五两　下州村贡生聂子敬施银五两　栾邑人和盐店施银四两　广凝号施银四两　广兴号施银二两　陈培能施银二两　庆长号施银一两五钱　悦和店施银一两五钱　三和店施银一两五钱　公盛店施银一两五钱　存诚店施银一两五钱　德泰店施银一两五钱　裕成号施银一两　新盛号施银一两　亨兴号施银一两　元泰号施银一两　复庆店施银一两　三成店施银五钱　天义店施银五钱　四美园施银五钱　人和花店施银五钱　大来生施银五钱（第一石）

乡耆郭长才东口募化银五十一两　照募开列　诺尔义成秀施银三两　丰裕瑞施银三两　义盛李施银三两　广成西施银三两　公成店施银二两　玉成永施银二两　广德当施银二两　伦和店施银二两　魁隆号施银二两　广义油房施银二两　聚泰永施银二两　广信号施银二两　大合隆施银二两　顺成号施银二两　大成魁施银二两　日新昌施银一两　永宁合施银一两　广发号施银一两　忠信德施银一两　广合成施银一两　义盛美施银一两　公和魁施银一两　永玉亨施银一两　广兴源施银一两　正天吉施银一两　日新德施银一两　吉庆魁施银一两　万德魁施银一两　三义永施银一两　杨进宝施银一两　梁百基施银一两　赵成义施银一两

潘汝吉井陉县募化银四十六两八钱　照募开列　井陉恒裕当施银三两　德义当施银三两　双益当施银三两　德丰当施银三两　德盛当施银三两　获鹿和合号施银二两　三益同施银二两　横间镇合盛永施银二两　义盛恒施银二两　井陉三和全施银一两六钱　永庆合施银一两二钱　永成泰施银一两二钱　德盛林施银一两二钱　茂盛同施银一两二钱　恒久成施银一两二钱　德传永施银一两　横间镇公和永施银一两　三和公施银一两　获虎新丰店施银一两　同顺当施银一两　王鹏施银八钱　同泰号施银八钱　德和昌施银八钱　天吉诚施银八钱　四合公施银八钱　霍炽施银八钱　霍世昌施银八钱　序班霍英施银八钱　盛一章施银八钱　横涧镇庆亨□施银八钱　义合永施银八钱　合裕成施银八钱　华茂盛施银八钱　兴盛宝施银八钱（第二石）

武生郭武忠归化城募化银四十两　照募开列　化城广亨店施银五两　天盛泉施银四两　庆和美施银二两　天成美施银二两　永恒升施银二两　源盛昌施银二两　永合公施银二两　源隆店施银二两　永丰源施银二两　永兴成施银二两　信成号施银二两　丰亨泰施银二两　万兴成施银一两　涌溢源施银一两　逢源锦施银一两　信义诚施银一两　李思谦施银一两　义盛永施银一两　徐玉德施银一两　德昌号施银一两　广

源长施银五钱　黄甲坡任忠信施银五钱

　　周丽金东口募化银三十二两　照募开列　万恒永施银二两　丰隆当施银二两　保和长施银二两　聚源当施银二两　永顺成施银二两　公盛同施银一两　盛兴号施银一两　新合号施银一两　德源永施银一两　泰和裕施银一两　元和号施银一两　义恒有施银一两　万升店施银一两　三益永施银一两　公兴永施银一两　涌泉公施银一两　永和窑施银一两　永宁成施银一两　晋泰隆施银一两　晋泰亨施银一两　三合店施银一两　隆升成施银一两　永隆昌施银一两　三和成施银一两　北增盛施银一两　和兴号施银一两　逢源店施银一两

　　徐锦雯要东山京都募化银三十二两　照募开列（第三石）　张城□合泉施银五两　大泰□施银三两　天裕成施银三两　京都德盛号施银三两　天成号施银二两　晋泰福施银二两　万成号施银二两　通兴号施银二两　长永盛施银二两　万顺号施银二两　李北川施银一两　义和长施银二两　德兴号施银一两　迎祥号施银一两

　　周世宁山阴县募化银二十两零一钱八分　照募开列　山阴县元隆当施银一两　全盛当施银一两　长春元施银一两　广兴永施银一两　悠远当施银一两　德和永施银一两　富丰店施银一两　万锦元施银一两　元兴和施银一两　谦和当施银一两　永和公施银一两　天顺永施银一两　广恒德施银六钱六分　三合当施银六钱六分　永盛当施银六钱六分　马邑广盛永施银六钱　永茂义施银六钱　广盛瑞施银六钱　万盛永施银六钱　朔州复隆永施银六钱　永茂公施银六钱　永成泉施银六钱　万泉合施银五钱　岱岳聚兴店施银五钱　永益泉施银五钱　永盛全施银五钱

　　阎世昌本邑募化银一十七两四钱　照募开列　州同张矗凤施银三两　衍庆堂施银二两　吏员李培义施银一两五钱　议叙郑庆和施银一两　李映芝施银一两　举人张锦标施银一两　监生张岁羽凤施银一两　冀恒安施银八钱　郁文齐　恒兴永　万顺永　天顺诚　恒兴当　三

合堂　复成当　源兴溥　方兴当　以上各五钱　李廷彦　泰和当　李其芳　以上各四钱　萃锦当　安志止　以上各二钱（第四石）

周尚芳托克托城募化银一十四两　照募开列　托克城增兴店施银一两　庆成玉施银一两　丰盛奎施银一两　集成店施银一两　正泰德施银一两　义成德施银一两　德裕兴施银一两　永和公施银一两　永合店施银一两　永兴店施银一两　合兴义施银一两　世兴增施银一两　广泰店施银一两　广成店施银一两

要丕显本邑募银一十三两八钱　照募开列　武生郑邦贤施银一两　胡泰和施银一两　周世达施银一两　潘万年施银一两　刘发施银八钱　张汉杰　安如岱　阎思忠　杨月桂　阎大智　康世仁　崔泰来　张世英　阎生杰　张来聘　张奇德　温宽智　祁万森　长城油店　刘在壮　张清豹　福成永　东祥符　以上各五钱

康家庄冀兴玷施银一十三两四钱八分　赵玉贵施银五钱　冀□　冀昱　冀晋臣　冀晋望　冀星发　以上各三钱　冀凤达　冀斌　奠泰林　冀泰德　冀晋礼　以上各二钱　东白凡岭徐荣镜　徐必达　以上各四钱　徐仲元　傅智和　傅智清　□□成　闫家庄翟玉元　李相　李文炳　以上各施银一钱（第五石）

徐纯大东庄募化银一十三两四钱　监生朱炳离施银一两五钱　朱养真施银一两五钱　朱昇真施银一两　永合当施银一两　傅用筹施银六钱　义兴店　朱敦来　赵存权　杨万通　义合成　刘生银　朱树成　以上各五钱　朱海亮　朱广成　李维屏　朱现库　朱海澄　朱掌印　镕金齐　朱永喜　屡丰号　以上各四钱　涌泉染房施银三钱

郑国桢本邑募化银一十二两四钱　照募开列　卫□张翔凤施银二两　黄甲坡任廷模施银二两　泥庄韩振名施银一两二钱　石板沟贡生王钺仁施银一两　测石德盛永施银一两　下曲村武生张廷谕施银七钱　张净隆顺德　本邑天顺诚　测石泰昌和　以上各六钱　本邑德成泰　永盛魁　张净宏盛泰　以上各五钱　本邑天合永　郭星辉　测石永盛公　以

上各四钱

周翠芳归化城募化银一十二两　照募开列　化城福兴泉施银五钱　福兴玉施银一两五钱　万顺号施银一两　永盛公施银一两　牛铁炉施银一两　谦德炉施银一两　永远昌施银一两　义盛公恒盛德　永盛义　黄凤荣　昌兴合　和成局　以上各五钱　德福公　集义车辅　以上各三钱　永亨成　任永花　以上各二钱

医学郭献斑本邑募化银一十一两九钱　照募开列　上湖监生侯永封施银一两　从九品董有全施银一两　西沟村监生贾成鹤银一两　朱家沟介宾朱凤来施银六钱　乡耆杨朝桢施银六钱　常村孙德贵施银四钱　李坡乡耆李枝鹤施银四钱　李业根施银四钱　大水泉乡耆阎嘉诚　北河镇资深义　王村恒兴隆　常村觉魁　沟北村乡耆郭璞　广生当　隆庆当　朱家沟李路来　王村□元当　和上足崔彦安　□生□杨凤翔　逯村胡宗泰　合盛张　西沟村贾成美　南畔村任恒德　王村忆恒当　杜德文　以上各三钱　史家垴从九品庞锦周　庞锦标　王创德　王国栋　王国英　吴怀义　林家坡武生林永丰　以上各二钱　姜家寨姜生辉施银五钱　姜生元施银四钱　姜生库施银二钱　姜恒魁施银二钱　朱耀忠施银一钱五分　朱耀成施银一钱五分　姜生成　姜生仓　姜玉通　姜开福　姜进元　弓彤　高维荣　弓□　兰德元　姜生彦　姜玉墦　姜治荣　姜生锐　姜开德　姜开运　以上各一钱

徐生智募化南头　西关社施银一两六钱（第六石）

周玉清施银六钱　八宝庄募化银一十两零三钱五分　照募开列　丰镇四美庄常吉公施银一两　隆盛庄万益店施银一两　周全宝施银六钱　恒吉昌　后埵傅守箴　万顺粟店　大同广盛店　蔚家庄温广金　隆盛庄富荣馆　□庆庄庞廷栋　崔家垴李定全　以上各五钱　河底村王大通　八宝庄郭逢云　洪照村万荣永　万金庄杨海旺　杨河□　杨魁斌　郭逢阳　崔家垴李忠华　李忠贵　以上各三钱　南沟村刘效先　武敦厚　周全福　周成　张村李昌进　下州村聂品上　以上各二钱　隆盛

庄三义鞋铺一钱五分

  郑国梅托李业西白凡岭募化银九两五钱五分　照募开列　永和公施银一两　合和堂施银一两　李深施银六钱　程万荣施银六钱　阎兴仁施银五钱　弓圪旺　任国荣　任廷光　任九珍　以上各三钱　徐良运　李椿　李儒　徐良泰　李丰　阎兴泰　李芳　李花　李桂　李茂岭　李光岭　以上各二钱　李璋施银一钱五分　徐良斌　武丙寅　任国富　李凤　徐自清　徐璋　潘九荣　任国宁　张作富　生员任国良　弓兴旺　任裕泰　任国柱　李维兴　李文魁　任国俊　程永仓　任大壮　李顺　阎兴业　李九成　李喜　任国栋　以上各一钱　西厐庄耆民蓝生美施银六钱　西厐庄从九品蓝海璋施银六钱　西厐庄蓝德章施银五钱　西厐庄蓝俊成施银四钱　董家凹史建元施银四钱　史克全施银二钱　姜富元施银二钱　陈家垴陈海珠施银二钱（第七石）

  郭献宗施银一两　邓家窑募化银八两四钱　照募开列　代州窑新盛成施银一两　万成隆施银一两　复盛兴施银一两　任泰施银一两　朱玉玺施银一两　光□恒施银一两　郝生炜　代明山　李春旺　以上各八钱

  张文炳本邑募化九两　照募开列　武生傅用政施银一两五钱　傅用贤施银一两五钱　傅用成施银一两　议叙王天恩施银一两　武生傅用和施银一两　议叙郑庆和施银一两　吴宗周施银五钱　张冈凤施银五钱　温淮施银五钱　郭闵中施银五钱

  郭献璧本邑募化银七两　照募开列　宁远号施银八钱　意和公　天昌泰　广源丰　涌泉楼　江东瑞　天兴隆　任彩　以上各五钱　萃珍丰　宝源瑞　元淳德　恒远成　天顺肉铺　以上各四钱　德泉涌施银三钱　益泰堂施银二钱　恒泰玉施银二钱

  张文全　潘芝玉　郑国枢宗艾镇募化银七两　照募开列　傅用周施银一两五钱　袁兴泰施银一两　隆泰成　合盛公　义盛永　尚书绅　万和育　裕泰公　大源溥　悠久成　赵景玉　以上各五钱

  周大伦归化城募化银六两五钱　照募开列　周成基施银一两　傅德

安施银五钱　范喜施银五钱　赵履通施银五钱　段发　张春　白祥　陈光芳　郭义　永兴成　陈登高　邢道和　周顺　王作海　张大富　以上各三钱　贾兴德　孟其祥　以上各银二钱　陈福旺　阎辅荣　以上各银一钱五分

武生张麟仲募化东鹿旧城大兴烟店施银五两　井沟村周姓施银四两六钱　东庞庄阖社施银四两　福田寺僧会海航施银三两　曹家河阖社施银二两四钱　北沟阖街施银二两四钱　龙天庙三村阖社施银一两二钱　西庞庄阖社施银二两　陈家河陈圮仁施银一两（第八石）

周有花本邑募化银三两九钱　照募开列　张悦喜　李调元　苏克林　周锦章　李昌英　王栋　李继唐　陈俊荣　以上各二钱　苏禄太　张玉辂　苏国发　苏林道　苏来荣　苏庆惠　苏学德　李吉　张公发　周锦珠　周德智　王明忠　王万仓　郭上达　李培芳　苏□玉　苏震川　周德玉　苏朋玉　王登进　周世宝　李存泰　苏庆奎　以上各一钱

郑国梅　议叙张仁惇募化银二两六钱　照募开列　张仁恺施银二钱五分　生员钮凤纶施银二钱　永成当施银一钱五分　宝泉永　生员刘训陈　李玉润　任永光　隆兴永　吏员李典谟　张国瑞　张鹍羽　瑞文木店　永兴益　李耀东　万春堂　陈邦直　张椿龄　张国辅　张向垣　郝步云　生员钮凤旗　宝兰玉　白林　以上各一钱

郭俊南头村募化银二两四钱　照募开列　郭至经施银四钱　郭正忠施银二钱　吴守威施银二钱　霍芳圆施银二钱　康全魁　王封德　赵锦忠　武花元　董云章　郭观光　郭连登　李永花　郭安泰　李永根　郭运兴　任德禄　霍来福　霍文学　以上各一钱

石云麟庙沟村募化银一两　照募开列　敦善堂　丁志道　石瑄基　以上各二钱　苏庆奎　李大列　丁希秀　郑海英　以上各一钱

徐生智募化银六钱　照募开列　李和兴　张凤瑞　傅根成　杜万元　武春明　赵学连　以上各一钱

西□村郭兴泰施银六钱　中曲村赵恒识施银五钱　高家坡僧人觉卫施银四钱　后埋村张步禄施银四钱　张家堪郭献文施银四钱（第九石）

本村施舍捐资题名：

万历十四年要成仓　施小河地四亩　原粮一斗一升五合　今合村公议兑与郭姓换来故庄平地三亩随粮六升　施土人郭献徽　上梁供主徐正成　徐信成　要锦成施银一十二两　耆民周士杰施银一十二两　徐正成施银一十二两　介宾郭太平施银一十二两　武生郭武中施银一十二两　胡本林施银一十二两　郭经中施银一十二两　周大图施银一十二两　耆民徐克恭施银一十两　乡耆郭长才施银一十两　周成发施银一十两　耆民徐克己施银一十两　乡耆郭元平施银一十两　徐步先施银一十两　周世明施银一十两　郭宦中施银一十两　郑国正施银八两　张文炳施银八两　李树堂施银八两　徐步升施银六两　周锐芳施银六两　谦和当施银五两　兴盛远施银五两　周元成施银五两　徐锦清施银五两　耆民徐德秀施银五两　医学郭献廷施银五两　郭得中施银五两　周锡全施银五两　郭至中施银五两　郭文运施银五两　周德芳施银四两　郑国桢施银四两　徐德贵施银三两　耆民周迎宾施银三两　要东山施银三两　赵永泰施银三两　徐致广施银三两　周庠芳施银三两　潘汝吉　潘汝庆施银三两　周全宝施银二两　高尚德施银二两　徐德旺施银二两　周维德施银二两　张时智施银二两　白大有施银二两　要信成施银二两　郭献威施银二两　耆民周侨施银二两　周德功施银二两（第十石）　周满芳施银二两　郑国谟施银二两　徐锦雯施银一两六钱　白全泰施银一两五钱　周世宁施银一两五钱　周玉清施银一两五钱　耆民徐林升施银一两二钱　要举成施银一两二钱　周大全施银一两二钱　高尚光施银一两二钱　佾生张光宗施银一两　周和施银一两　周德辉施银一两　徐德永施银一两　郭长显施银一两　徐德兴施银一两　徐中元施银一两　李生发施银一两　周大赟施银一两　周美芳施银一两　赵立功施银一两　郭绣中施银一两　徐德仓施银一两　周成府施银一两　郭献谟

施银一两　徐致鳌施银一两　周有花施银一两　赵兴盛施银一两　徐德成施银一两　王凤麟施银一两　周大伦施银一两　徐锦光施银一两　徐生荣施银一两　郭继武施银一两　崔永贵　崔门徐氏施银一两　周维禄施银一两　耆民徐玉贵施银一两　李廷盛施银一两　徐安珍施银一两　郑玉和施银一两（第十一石）　白全德施银一两　郭持中施银一两　郭应中施银一两　周国谟施银一两　周大生施银一两　徐占元施银一两　要秉成施银一两　周俊发施银一两　要进富施银一两　张建寅施银一两　周德悦施银八钱　周士富施银八钱　王锦库施银八钱　郭尚清施银八钱　赵学忠施银六钱二分　吴川柱施银六钱　张步昌施银六钱　大成公施银六钱　吏员郭连城　弓体立　周有富　周尚芳　张文辉　李金玉　武生郭继泰　周俊文　要德正　郑吉昌　郑国栋　周吉芳　周应碧　周大元　徐生富　郭兴中　徐生智　郭长镜　周大永　要存全　吴永贵　要德辉　郭献璧　周道府　武生胡海泉　周大定　赵兴顺　郭绪中　高峰尚　吴大定　要存德　周希忠　赵国柱　杨继朝　郑国梅　郭富中　张文全　胡本荣　徐庆安　周丽金　赵九如　徐致福　周士威　郑殿杰　张步永　周国瑞　徐国英　以上各五钱　徐舒　周元泰　张步恩　贾来保　赵纬　郭有亮　徐光德　库进福　要普成　以上各四钱　郭长锡　郭献管　周朝　李福　王忠臣　白全智　周俊恺　郑门张氏　周大光　周希保　以上各三钱　李廷瑞　段人杰　白全昌　周汉芳　邢佩玉　徐迎官　周大智　贾佐盛　吴中福　孙志武　郭献瑢　郭蒲书　周世统　周士贵　徐景和　吴中海　张士元　郭长锐　郭至正　贾学忠　徐永安　边廷佐　徐致有　周宇忠　郭光中　阎万绪　郭麟书　要桓成　周丽正　徐梅　徐景悦　李发　郭凤仪　贾明远　李廷秀　边广绪　白大富　杨进泰　要海成　郭继祥　赵兴昌　郭献瑚　周有荣　徐致荣　王魁义　要存富　要攀桂　周俊安　郭文达　徐景元　李立正　要尚元　边中绪　白全礼　徐景泰　要存旺　李寿　郭献璔　徐德栋　郭向中　郭文定　张发有　以上各二

钱　王世臣　周继芳　赵绩　弓体道　赵廷光　周正芳　要进昌　周俊魁　要德广　吴中书　以上各一钱（第十二石）

施车牛工照晌开列　耆民徐克己施车工一十一晌　郭宦中施车工一十晌　乡耆郭元平施车工九晌半　徐步先施车工九晌　耆民周士杰施车工八晌半　郑国正施车工七晌半　李树堂施车工七晌半　乡耆郭长才施车工七晌　介宾郭太平施车工六晌半　徐正成施车工五晌　周锡全施人工六个　施车工四晌半　医学郭献斑施车工四晌半　崔永贵施车工二晌半　要信成施车工二晌

施人工题名　周希保施工六个　徐代通施工五个　银二钱　王忠臣施工五个　白大有施工五个　要德辉施工四个　杨继朝施工四个　周大元施工四个　周培芳施工四个　郭献瑚　要丕显　徐德栋　赵兴盛　贾明远　周大伦　周大纲　徐致福　张文光　郭献璧　白全智　徐代全　阎廷士　张文辉　徐致荣　吴中福　高尚德　周有富　周俊恺　以上各三工　郭长锡　张文全　张法有　周国瑞　白全德　郭献徽　徐德兴　白全昌　边廷佐　徐德仓　要存德　徐庆安　佾生张光宗　周大定　郑国梅　周成府　耆民徐林升　徐德贵　周宇忠　李生发　周元泰　李发　徐致有　周俊文　李金玉　周大智　郭麟书　郭有亮　孙志武　徐生富　徐安珍　周丽金　武生胡海泉　王世臣　要德广　要海荣　王景库　白全礼　弓体道　吴川柱　白德荣　李思荣　徐怀德　徐永安　郑吉昌　郭献瑢　李福　胡本荣　要玉明　周有荣　潘汝吉　郑玉和　徐梅　徐生荣　李寿　徐国英　张佐盛　周大永　潘汝庆　张士元　郭长锐　徐景和　库进福　赵兴昌　赵兴顺　贾学忠　徐致远　王魁义　吴中书　徐德永　以上各二工　要科成　徐迎官　耆民徐玉贵　要存富　要攀贵　郭献管　周元仓　周继芳　郭凤仪　要进昌　徐德旺　徐锦雯　周丽正　徐景元　赵廷光　周正芳　徐景光　徐景泰　郭向中　要海成　要存全　徐景悦　边广绪　周俊魁　郭文达　要桓成　吴中海　郭光中　边中绪　边成绪　郭蒲书　徐大荣　以上各一工

入十四年修大东房长钱九百二十一文　入十五年共长戏钱七十九千五百四十八文　入十六年四月内长戏钱六千八百三十文　入卖榆皮旧麻绳众油牌钱七千五百五十一文　入一宗按地亩共摊钱八十八千八百五十三文　以上一应共入钱一千一百一十六千零九十三文（第十三石）

出一宗缘布钱四千八百文　出一宗木料树钱八十六千六百文　出一宗橡钱二十四千文　出一宗石灰钱一十四千八百八十文　出一宗开石山价钱一十二千文　出一宗捣墼工、挖坯钱四千零七十四文　出一宗麦渣、麦糠钱二千一百零八文　出一宗铁货铁钱三十六千五百一十八文　出一宗苫席钱五千八百三十文　出一宗长头发、短头发钱三千□百八十一文　出一宗胶膘烟煤钱二千八八百九十三文　出一宗跑县钱四百文　出一宗买旧房钱五十三千文　出一宗税房纸钱七百文　出一宗炭钱一十三千二百一十一文　出一宗缝门帐工钱六百文　出一宗麻坯麻线绳钱一十四千五百文　出一宗砖瓦脊兽钱四十四千七百七十五文　出一宗翻身龙券口牌对头见钱一十七千八百二十文　出一宗包缘布梭缝门帐细线扶梁梭泥包梭展布钱一十千零二百七十四文　出一宗头绳带子沙茶壶皮条麝香苇子针钱九百一十二文　出一宗笤帚笊篱梓蓝钁柄钱六百七十一文　出一宗筷子酒镈碗沙锅笔池磁石吊灯钱一千七百六十四文　出一宗笔墨纸张香炮手烛钱六千一百五十文（第十四石）　出一宗黄灯木炭桐油□□棉花竹子钱一□□□十六文　出一宗修盖南马棚共花钱五十一千文　出一宗琴棹钱二千四百文　出一宗雇车工钱二十四千文　出一宗木泥匠工钱一百九十二千一百七十八文　出一宗石匠工钱一百一十八千八百文　出一宗铁匠工钱一十六千八百文　出一宗土工工钱三十四千五百六十文　出一宗抬石抱树工钱四千文　出一宗利钱一十千零六百文　出一宗画匠桐油颜料工钱九十一千二百文　出一宗开光酒席花费钱七十七千三百四十文　出一宗会茶酒席钱一十六千六百八十文　出一宗修车轮钱三千文　出一宗犒劳匠人钱六十一千二百三十九文　出一宗碑坯洗剥碑石钱二十七千五百四十文　出一宗刻字工钱一十二千七百文　出一宗阖社与庙施油钱一十四千文　出一宗赔银头补底子钱九千九百零二文　共出钱一千一百二十六千七百四十二文　以上一概除入净长出钱一十千零六百四十九文

同法眷高家坡住持觉卫　昭惠祠住持觉颖　大兴寺住持海福　峰沟庙住持海元　朝阳阁住持海艋　福田寺住持了元　本寺住持僧了梅　法侄悟本　门徒悟西　侄孙真如　真和

经理人耆民周士杰　耆民徐德秀　要秉成　武生郭武中　周德辉　耆民徐克恭　李金玉　周大赏　白全德　郑国梅　李树堂　胡本林　徐景清　郭长显　要德正　周士贵　徐中元　郭献璔　耆民周侨　要信成　周成发　郭至中　周锡全　徐德永　周大图

木匠泥匠周成生施银二两

石匠赵万成施银一两

铁匠周培芳施银六钱

画匠李树茂施银四钱

铁笔赵永玉施银四钱

土工徐德业周国瑞

大清道光十六年十二月二十日穀旦（第十五石）

郭毓中东口募化银二十四两五钱　照募开列　东口门涌聚店施银二两　云会仓施银二两　牛烂山天和店施银一两五钱　鞍匠屯恒泰豫施银一两五钱　顺义县郭家店　石□北兴隆店　丰宁县永丰店　三和永　三成店　王家店　张家口云盛店　永顺店　亨通店　朝家屯兴隆店　热河西大永　聚成店　广成店　口窑□永盛店　□□乔思禄　和合店　以上各施银一两

郭德中东口募化银一十二两五钱　照募开列　大和永　大昌成　正源吉　德生光　源渊长　兴盛泰　南得盛　益和祥　晋阳店　大泉

成　合春昌　义源隆　广大玉　世和成　万兴义　三和兴　广顺李　长兴和　南复兴　增盛通　正生隆　茂盛明　广丰正　东麒麟店　隆泰号 以上各施银五钱

　　以上两宗共入布施银三十七两

　　入一宗十八年九月内长来戏钱七千零七十文　入一宗耆民周士杰布施银一十四两五钱　入一宗武生郭武中布施银一十四两五钱　出一宗补十六年钱一十千零六百四十九文　出一宗赔银头钱五千零八十文　出一宗布施不齐出过利钱二十七千六百九十文　以上一概除干下余钱二十九千六百五十一文

　　此钱出与住持以香油奉神花费

　　道光二十年六月二十六日公立（第十六石）

后 记

山西作为关羽的故乡、关公信仰的"直根之地",据统计,现存各个时期关帝庙数量多达2600座。关帝庙碑刻是地方社会历史文化的文献载体,是丰富多样的关公文化的故事载体,是地方民众日常生活的展演载体,是感悟历史、传承文化的媒介载体。如何使用和处理代表民间文化的关帝庙碑刻成为首要解决的问题,并且,关帝庙碑刻具有历史学、经济学、宗教学、艺术学等诸多方面的价值。尽管围绕关帝庙碑刻的研究日益增多,总的来看还没有引起足够的重视。因此,以山西境内明清时期关帝庙及关帝庙碑刻为主要研究对象,对关帝庙、关帝庙碑刻资料的时空分布特征、文化内涵、内容概述、系列个案进行整体性研究,重点认识关帝庙与关帝庙碑刻之间的"互证"关系,实现"碑刻"的归户,弥补当下关帝庙碑刻整体性研究的不足,并探究新时期关帝庙、关帝庙碑刻这类文化遗产对于地方社会经济、文化建设、乡村振兴所具有的重要价值。因此,带着这样的思考,对于关帝庙碑刻的认知要进行革新,要从多维度来看待和解读,给予其足够的重视和充分利用,以便将这种文化遗产进行"传统的发明",在地方社会的各项建设中发挥更大的作用。

田野调查碑刻收集整理,绝非一人之功,更多的是来自各方人员的帮助,回忆起其中的艰辛,历历在目。在整体调研及后续复核中,有太多需要感谢的人,他们是杜瑞卿局长、天井关的马雅青师傅、老同学郭波、娘子关景区的海燕、杨佳楠同学、我的学生邹嘉,等等。2020年8月7日定襄关王庙的调查,是妈妈陪着我去的,但我却永远也见不到她了。这种感受,带给我对很多事情新的思考,重新认识什么东西可以被记录保存下来,其中碑刻就是一种很好的方式。我们对于碑刻的收集、整理、研究,实则也是对于历史记忆的一种触摸和感受。

  当然，目前对于各地选取的关帝庙碑刻还有很多不足，随着未来不断持续地深入调查，相信我们对于碑刻的收集和认识也会加强。书中难免存在问题，欢迎读者指正。

闫爱萍
2023 年 10 月于晋瑞苑